引用する極意
引用される極意

林　紘一郎
名和小太郎　著

勁草書房

まえがき

　この本は，学術論文の中で「引用する」という行為がどのような意味を持つかについて，その考え方と実用的な利用法を（丁寧に，といっても煩雑にならないように）示すことを狙いとしています（第1部および全体）。そして逆に，読者が書いた論文が頻繁に「引用される」にはどうしたらよいか，について論じています（第3部）。

　加えて，引用文献の表示法に凝縮されているエッセンスを「マニュアル」として紹介し，うち人文・社会科学系については，出典明示用の「お勧めテンプレート」を提示して，これを広く使ってもらうことを目指しています（第2部）。

　このような構成になったのは，同じ学術論文といっても，文系のものは「引用する」ことに細心の注意と努力が必要であるのに対して，理系のそれは「引用する」ことには関心が薄く，「引用される」方に注意と努力が要請されるからです（第8章）。世の中には，前者に焦点を合わせた書物でさえさほど多くないのですが（第1章），後者も視野に入れた書物となれば，邦文の書物では珍しいのではないかと思っています。

　いま，「マニュアル」「テンプレート」という言葉を使いましたが，これらの言葉について，いささか違和感をお持ちの読者もいるかもしれません。しかし私たちは，この手順書が，作業の進め方を示すことを直接の目的としながらも，なぜそのような手順が望ましいかについて，あるときは明示的に，あるときは暗示的に読者に伝え得るものにしたいと考えました。この意味で，本書は手順書でありますが，同時に講義のテキストになることも期待しています。

＊　　　　　　　　　　　　＊

　私たちは，この本の読者として若い研究者，たとえば大学院で修士論文を書く人を想定しています。ただし，大学で卒業論文を書こうとしている学生諸君

にも，社会人でありながら博士論文をまとめようとしている篤学の方々にも，役立つように配慮したつもりです。

今日，学術研究の分野においては，研究者間の競争がこれまでにもなく激化しており（詳しくは第1章），とくに若い研究者の間で顕著です。というのも，定職を持つことのできないポスドク（博士課程修了者）は少なからず存在し，希少なポストを求めて激しい競争をせざるを得ないからです。

それにもかかわらず，この分野への参入を志しているのが，現在の大学院の学生諸君ということになります。したがって，競争に巻き込まれる諸君が，第一に心掛けなければならないことは，まず優れた業績をあげることであり，それがたとえば修士論文ということになります。

したがって諸君は，優れた論文を書かなければなりません。では，優れた論文とはどんなものでしょうか。それは先輩の，あるいは同僚の研究者から，頻繁に「引用される」ものです（詳しくは第3部）。学問の世界では，他の研究者からの引用が多い論文は，研究者仲間で一定の尊敬を得たことを意味しているからです。

　　　　　　　　＊　　　　　　　　　　　　　＊

一方，私たち教師にも悩みがあります。それは，指導している学生が論文を書く際に，内容は満足できるレベルにあるのに，引用の仕方が粗雑であったり，出典明示の仕方が統一されていないために，練達の査読者によれば，一見して「学者として未熟」と判定されかねないものが，あまりにも多いことです。

原因としては，いくつかの要素が考えられます。「論文の書き方」という書物はたくさんあるのに，「引用の仕方」という書物はあまり多くないし，仮にそのようなタイトルの本があっても，著作権法の引用などの議論を中心にしており，手順書としてはふさわしくありません。加えて「引用法」という授業がほとんど見られないことも，背景にあるのではないかと思われます。

加えて，私たちが研究の対象としている「情報セキュリティ」というような学際的な分野では，もう一つ別の悩みがあります。それは，引用法が学問分野によって大きく違うため，学際的論文ではどれに準拠したらよいかが分からないことです。

つまり，私たちのように学際的な論稿を日々草稿として書き溜める運命にある者にとっては，ローカル・ルールではなく「作業用のグランド・ルール」が欲しいのです。「作業用のグランド・ルール」で草稿を準備しておいて，どれかの学会誌に投稿することになれば，今度は完全にローカル・ルールに合致するよう補正するのです。学際研究が普及するにつれて，こうしたニーズは私たちに特有の現象ではなく，かなり広汎なものになっていくでしょう。

＊　　　　　　　　　　＊

「引用」という言葉には，いくつかの意味が含まれていますが，著作権制度における理解を欠かすことはできません。この制度は，人びとの発表する創作物の「表現」部分について，その伝達のあり方をコントロールするためのルール集になっています。しかし，しばしば指摘されるように，世間一般でいう「引用」とは違った概念構成をしています。

著作権制度の方からみれば，学術論文は表現であり，だから原則として著作物（著作権のコントロールの及ぶもの）です（詳しくは第2章）。テキストも，表も，図面も，写真も著作物となり，加えて，引用も著作権上の重要な概念です。したがって研究者は，著作権についても一通りの理解を持たなければなりません。

学術研究は先人の業績のうえに自分の業績を重ねていく活動です。このため研究者の世界には，他人によって引用されるほど，その人の評価が高められるというデファクトなルールがあります。しかしこのような考えは，著者が自分の著作物に完全なコントロール（排他的支配）を及ぼしていくという著作権制度とは，両立しがたい面もあります。したがって，学術研究と著作権制度との間には，折り合いをつけていくべき点が少なくないのです。

実は，この折り合いのための巧みな仕組みが，著作権制度には内蔵されています。研究者はこの辺の事情について，子細に心得ておくべきです（詳しくは第2章）。

＊　　　　　　　　　　＊

もう一つ。21世紀になって，メディアの電子化は著しいものがあります（詳

しくは第4章と第5章）。この電子化によって，論文の書き方，出版の方法，評価の基準なども大幅に変化しており，私たちは，これらの動向に乗り遅れることはできません。引用の関連でもっとも注目すべきは，ウェブ・サイトからの引用です。インターネットの世界は，まさに玉石混淆で，最高の作品があるかと思えば，「こんなところを引用するなんて」と言われかねない「いかさま情報」も混じっているため，「石を捨てて玉を捜す」技術が要請されます。

こうした新技術に対しては，この波に積極的に乗ろうとする人と，敬遠して触れないでおこうとする人に分断されがちです。そして時として，前者に若い世代が多く，後者にオールド世代が多いと，世代間ギャップにもなってしまいます。このような状態で，程よい新技術との付き合い方は，どうあるべきでしょうか？　これも私たちが示したかった点です。

＊　　　　　　　　　　　　　　＊

現在世界の学界で主流を占めている引用法は，Chicago（Turabianを含む），MLA（Modern Language Association），APA（American Psychology Association）という，いずれもアメリカ発の引用法だと思われます（オンラインでオートフォーマットのサービスを提供している citationmachine.net も，この分野の傑出したマニュアルである Lipson [2008] も，この3種を主たるサポート対象にしています）。

しかし世界にはこれ以外にも，私たちが専門にしている法学における特殊な引用法など，多種多様な様式が存在します。また，学会誌ごとに特有の様式を義務化している場合が少なくありません。これらの分野で論文をアクセプトして（掲載を認めて）もらうためには，そのローカル・ルールに従わねばならず，それはそれとして割り切らねばなりません。

そこで本書では，こうしたデファクト・ルールの実例を示しながら，私たちが第2部で取り上げる「お勧めテンプレート」の意義を考えていただくことにしました。具体的には，「まえがき」「第1部」「第2部」は，原則として「お勧めテンプレート」に準拠していますが，「第3部」以降は理系の代表的な学術誌である『サイエンス』の投稿規程に準拠しています。

引用の本でありながら，部ごとに引用の仕方が違うのは，このような考え方

に基づくものですので，誤解のないようにお願いします。もちろん，どの方式に拠ったかは，その都度明記しています。

＊　　　　　　　　　　＊

ところで，この本の出版を言い出したのは，林の方です。現役の教師である林にとっては，指導している学生に「正しい引用法」を教え，彼または彼女の書いた論文が，頻繁に「引用される」ことが毎日の課題だからです。名和は理系の人間でありながら，著作権審議会の末席を四半世紀にわたって汚してきましたし，現在でも国会図書館の学術論文整備の審議や学術著作権協会の著作権処理の実務にかかわっているために，林の誘いにのりました。この両者の意図を解きほぐし，常に読者の立場に立って助言してくださった，勁草書房編集部の宮本詳三さんに感謝します。

＊　　　　　　　　　　＊

なお最後に一言。二人の著者の文体は異なっています。マニュアルと名乗った以上，これが不適当なことを私たちは自覚していますが，お許しください。また，二人が同じテーマについて論じる場合も少なしとはしませんが，二人の主張の強さや言い方が違っている場合があるはずです。これは二人の著者の専門的な背景が文系と理系であるためかとも思います。この意味で，読者諸氏は，引用に関する主要な論点について，多角的な見方にアクセスできるはずです。

2009 年 1 月 10 日
林　紘一郎
名和小太郎

[引用文献]
＊この出典明示法は，第 2 部における「お勧めテンプレート」に準拠しています。

Lipson, Charles［2008］"Doing Honest Work in College: How to Prepare Citations, Avoid Plagiarism, and Achieve Real Academic Success（2nd Edition）", University of Chicago Press

執筆分担表

第1部（第1章～第5章），引用文献	林
第2部（第6章～第7章），FAQs	林
第3部（第8章～第11章），参考文献	名和
付録（1および2）	名和

目　次

まえがき

第1部　引用する極意

第1章　学問における引用の役割 …………………………………………4
1．引用をめぐるトラブル　4
2．引用と剽窃　7
3．引用と学問の発展　10
4．アイディアと表現　13
5．引用はハウツーであると同時に，人間性が現れる　15
　コラム　盗作の文学史　18

第2章　引用と著作権法 ……………………………………………………20
1．引用の法的な定義と実務上の留意点　20
2．著作権制度の本質　22
3．著作権と言論の自由　26
4．著作権法における引用の4要件　28
5．最高裁の判例に見る追加2要件　33
6．普及書における一般的な解説　37
7．引用は禁止できるか　40
　コラム　文学者の考える「引用」　40

第3章　引用可能な著作物と引用類似の行為 …………………………43
1．引用可能な著作物　43
2．複製技術の進展と著作権制度，特に引用　45

3．引用の諸形態　47
　4．翻案引用と要約引用　50
　5．引用類似の行為：編集・翻案からパロディまで　54
　6．孫引きと伝聞（間接引用）　56
　コラム ウィキペディア以前と以後？　58

第4章　ウェブ・サイトからの引用　61
　1．デジタル化と著作権　62
　2．ウェブ上の他人の著作物を利用する場合　65
　　2–1　著作物性　66
　　2–2　保護期間　66
　　2–3　私的使用　67
　　2–4　引用　67
　　2–5　教育機関における複製　68
　3．他人の著作物を引用する場合の表記法　69
　4．他人の著作物にリンクを張ることができるか　72
　5．最新技術に関する諸問題　75
　　5–1　キャッシュト・リンク（cached link）　75
　　5–2　サムネイル画像とインライン・リンク　77
　コラム Web2.0と著作権法上の問題点　78

第5章　ウェブ上の論文発表と権利表明（＝引用されやすさ）　80
　1．学術論文とウェブ　80
　2．自己の著作物をウェブ上で発表する場合の法的問題点　81
　　2–1　ウェブ上の発表は「公表」に当たるか　81
　　2–2　ウェブ上の発表は，どのような場合に向いているか　82
　　2–3　パブリック・ドメインの考え方について　83
　　2–4　メーリング・リストなどの著作権　84
　3．自己の著作物をウェブ上で発表する場合の表記法　85
　4．初心者への注意　88

第1部および第2部の引用文献　90

第2部　出典明示の極意

第6章　共通ルール ……………………………………………………………… 96
1．出典明示の意義　96
2．ローカル・ルールの優先性　96
3．3つの共通ルール　97
4．その他の配慮事項　97
   - 4-1　収録の範囲：引用文献（reference）か参考文献（bibliography）か　97
   - 4-2　全書誌情報とは何か　98
   - 4-3　全書誌情報の位置：文中か文末か　99
   - 4-4　繰り返し引用する場合の表記方法　100
   - 4-5　該当ページを明記するか　102
5．二次的著作物と原著作物　105

第7章　お勧め出典明示法（テンプレート）と参考資料 ……………… 108
1．8つのルール　108
2．前章との関係　109
3．和書の具体例　109
4．洋書の具体例　111
5．ページの示し方　112
（参考）『サイエンス』誌にみるルール（自然科学用）　112
   1．共通ルール　112
   2．出典明示法の具体例　113

FAQs （Frequently Asked Questions） ……………………………………… 115

第3部　引用される極意

第8章　文系の論文 対 理系の論文 …………………………… 125
1. 引用法の視点で　125
    1-1　必需品 対 贅沢品　125
    1-2　アイウエオ順 対 番号順　126
    1-3　引用優先 対 被引用優先　128
    1-4　ブルーブック 対「生物医学雑誌への統一投稿規定」　129
2. 知的財産保護の視点で　131
    2-1　教典型 対 速報型　131
    2-2　完結型 対 累積型　132
    2-3　業績の分割と配分　133
    2-4　表現 対 表現以外　134
3. 品質保証の視点で　134
    3-1　引用 対 証拠　134
    3-2　サイエンス・ウォーズ　136
    3-3　無断複製，剽窃，そして偽造　138
    3-4　論文の撤回　139
4. 先行者 対 後続者　141

第9章　学術論文の内と外 ……………………………………… 144
1. 内の論理：研究者の報奨システム　144
    1-1　評判と尊敬　144
    1-2　寄与とはなにか　145
2. 内圧，外圧　146
    2-1　過剰生産，過少消費　146
    2-2　内圧：出版せよ，しからずんば，消滅せよ　147
    2-3　外圧：私有化，そして，収益増を　148
3. 外の論理：知的財産権　149
    3-1　表現，思想，事実　149
    3-2　ありふれた表現　151
    3-3　思想の先取性　152
    3-4　秘匿事実の引用　153
4. 産業の学術化，学術の産業化　155

第10章　学術雑誌の表と裏 …………………………………………………………156

1. 自主的な出版物　156
   - 1-1　著者すなわち読者　157
   - 1-2　ピア・レビュー　158
   - 1-3　印刷ではなく出版　158
2. 出版の商業化　159
   - 2-1　シリアル・クライシス　159
   - 2-2　ビッグ・ディール　161
3. ジャーナルの電子化　162
   - 3-1　ピア・レビューなし　162
   - 3-2　所有からサービスへ　163
   - 3-3　ハイパーテキスト化　164
4. オープン・アクセス　165
   - 4-1　公開原則　165
   - 4-2　オープン・ジャーナル，自己アーカイビング　167
5. 著作権との折り合い　168
6. 試行錯誤のなかで　170

第11章　引用されるためのノウハウ ……………………………………………172

1. 引用，表と裏　172
   - 1-1　建前としての意味　172
   - 1-2　言外の意味　173
   - 1-3　引用の寿命　175
   - 1-4　引用のコピー　176
2. アイデンティティの明示　176
   - 2-1　オーサーシップ　176
   - 2-2　クレジット　177
     - 2-2-1　オーサーシップの外　2-2-2　ネコババ型，あるいはバラマキ型
   - 2-3　署　名　179
     - 2-3-1　表記のゆれ　2-3-2　同名異人
   - 2-4　共著者　181
     - 2-4-1　共著論文　2-4-2　共著者名の順位　2-4-3　共著者名の引用
     - 2-4-4　共著者の責任
3. ジャーナルの選択　184
   - 3-1　コア・ジャーナル　184
   - 3-2　恐竜の首　185

3-3　サイエンス・サイテーション・インデクス　185
　　　3-4　インパクト・ファクター　187
　4．検索のされやすさ　188
　　　4-1　冊子体論文の検索　188
　　　　　4-1-1　ブラウジング　　4-1-2　インデクス・マニュアルの逆読み
　　　4-2　電子版論文の検索　190
　　　　　4-2-1　横断検索　　4-2-2　全文検索
　5．ウェブ 2.0 のなかで　193
　　　5-1　情報の断片化，不安定化　194
　　　5-2　ジャーナルの死　195
　6．二正面作戦のすすめ　197

第 3 部の引用文献 ……………………………………………………………199

付録 1　文献引用法の標準化 ……………………………………………209
　1．標準化の試み　209
　2．電子ジャーナルの場合　210

付録 2　読書案内 ……………………………………………………………213

索　引 …………………………………………………………………………221

第1部 引用する極意

　研究者の共同体は，それぞれの論文を互いに引用しあいながら活動していますから，引用を正確かつ公正に行なうことが，この世界においては必要不可欠な条件になります。この視点で，どのように引用すべきかを示すことが，第1部における私たちの狙いです。

　専業教師になって12年目に入った私も，依然として引用の問題に悩まされ続けています。それには二つの面があり，一つは私自身が論文を書くため他人の著作を引用する際，「このやり方で良いのか」と悩むときです。私の研究テーマは学際的なものが多いので，どの学会の規範をとれば良いのか，しばし悩まざるを得ません。このことが本書を書くきっかけの一つになったことは「まえがき」で触れたとおりです。

　もう一つは，学生にレポートを提出させたり，論文の査読を依頼された際，「作法がなっていない」と悩んだり，引用の仕方に疑問を持つ場合です。先の悩みは教師としての経験が長くなるにつれて，一種の「慣れ」で解消を図っていますが，こちらの方は年とともに少なくなるどころか，年々悩みが深刻になっています。

　私たちは，ビジネスマンとして仕事をしながら博士号（いずれも論文博士）を取得して，学界に転じた者です。今は学者専業あるいはそのOBになっていますが，転職の過程のどこかで「引用の作法」を習った覚えがありません。正規の大学院教育を受けていないので，私たちだけがこうした知識・経験に欠けるのかと思ったのですが，そうでもなさそうです。純粋培養（？）の学者に聞いても，「引用の作法」を教わったという人はいませんでした。

　同じように学者の中で，「教授法」を教わったという人も少ないようですが，私は逆に，会社の研修機関の教官（と呼んでいた）を命じられた際，「教授法」の授業を受けたことがあります。慶應義塾大学の教師になったとき，同様の簗を教えてもらえるのかと期待しましたが，何の研修もありませんでした。

どうやら日本の学界は、こうしたハウツーは教えるものではなく、「門前の小僧習わぬ経を読む」の喩えどおり、自身が工夫して習得するものだ、という考えをとっているようです[1]。しかし、今どきの修士の院生の大半は「マニュアル世代」に属します。マニュアルは時として思考停止をもたらすので、これに全面的に依存することは避けるべきですが、かといってハウツーを軽視するのもどうかと思います。

　しかも現代はデジタルの時代で、ここには従来にない陥穽が待ち受けています。例えば、昨今の学生のレポートにおける、コピー・アンド・ペースト（俗称「コピペ」）ぶりは、すさまじいばかりです。課題に関係したキーワードをオンライン検索して、見つけた文章を張り合わせて提出するので、前半部分は「ですます」調、後半は「である」調と文体が変わるとか、途中で仮名遣いやフォント（書体）が変化するのも珍しくありません。極端な例では、「わが社は」という主語が出てきたり、述語が「〜と本書は考える」となっていたりします。

　昔から学生は、卒業論文や修士論文を書くにあたって、先人の論文や関連するレポートから多くを学んだもので、気のきいた表現や感銘を受けた見解をノートに書き写すのは、褒められこそすれ非難されることではありません。むしろそれは、論文を書くための必要条件でさえあります。

　しかし、引用にはそれなりのルールがあり、それに触れると倫理的に非難されるだけでなく、場合によっては著作権侵害として法に触れる虞れもあります。そして、デジタル情報の引用となると、アナログに比べて突然いかがわしくなるのも確かです。コピペがなぜ問題かというと、それが頭を素通りした、単なる手作業に終わりがちだからでしょう。紙に文字を写すときには、指やペン先の動きばかりでなく、自然に脳の働きも加味されます。すばらしい表現を真似るときでも、自分の手で書く分には、少しは自己流にアレンジするものです。

　コピペした文章でも、自分流に書き直せば、そこにはいくぶんかの独自性が出るはずで、実際、そういうふうに「工夫」している例もあると思います。し

---

[1] 博士といえば research doctorate を指し、professional doctorate を重んじない風潮があることも、この点と連動しているのかもしれません。MBA（Master of Business Administration）などの degree を創設し、実践知を体系化しようとするアメリカに学ぶべき点もありそうです。

かし多くの場合，体裁を整えるために推敲するという，最低限の作業すらしていないものが散見されます。おしなべて，頭の働きがお留守になりがちなのは，コピペというデジタル情報が持つ魔力である，と言わざるを得ません（矢野・林［2008］pp.91-92）。

　コピペの弊害は，何も学生に限ったことではありません。新聞社のカメラマンが，写真に添える文章を他紙から盗用していたことが明るみに出たり，甚だしきは，新聞記者の鏡でもあるべき存在の論説委員長が，他紙の社説を10カ所にわたり盗用していたとも報じられています。こういう盗用が，これまたデジタル技術の粋ともいえる「検索」で明るみに出るのは，なんとも皮肉です。

　われわれは，デジタル技術の便利さの裏にある陥穽を，もう一度よく考えるべきでしょう。本書の第1部では，この問題に焦点を当てて，デジタル環境の中での「正しい引用」とは何か，を考えていきましょう。またデジタル環境の下では，「引用する」と「引用される」の関係が，リンクやクリックを通じて一瞬のうちに逆転することも起こり得ます。そこで第1部の後半では，「引用されやすいウェブ上の公表」のノウハウも（本来は第3部のテーマですが，便宜上）入れていることを，あらかじめお断りしておきます。

　なお第1部においては，しばしば著作権法に言及します。その際，言及の都度「著作権法」と表記するのは煩わしいので，単に「法」といったり，いきなり「第〇〇条」といったりしますので，お含みおきください。

第 1 章　学問における引用の役割

1．引用をめぐるトラブル

「引用」とは何でしょうか？　まずは国語辞典で引いてみると，以下のように説明されています。

- 自分の説のよりどころとして他の文章や事例または古人の語を引くこと。（『広辞苑』第 6 版，岩波書店，2008 年）
- 古人の言や他人の文章，また他人の説や事例などを自分の文章の中に引いて説明に用いること。（『大辞林』第 3 版，三省堂，2006 年）
- ①自分の話の間に他人の言葉を，地の文の間に会話分を交えること（現代において，その区分を明らかにする必要がある場合には，前後に邦文では「　」" " を用い，英文では" "（横書き）を用いたりする。これらの記号を「引用符」という）。②自分の説や論を有利に説明（証明）するために，他人の説や事例を持ってきて使うこと。（『新明解国語辞典』第 6 版，三省堂，2005 年）
- （自分の論を説明・証明するために）他の文章や事例を引くこと。（『岩波国語辞典』第 6 版，岩波書店，2000 年）

実は今私が実行した，「引用という言葉の意味を説明するために，国語辞典の内容を紹介する」という行為そのものが，「引用」の一種に他なりません。一方，法的な意味での「引用」という概念は，日常用語として使う場合とは，かなりの差があると警告している書物があります（豊田［1998］，宮田［2005］）。事情は相当入り組んでいますので，細かいことはおいおい理解していただくとして，ここでは日常用語との決定的な違いとして，法的な「引用」は，「①著作（権）者に断らないで行なっても，②合法的な場合」に限定された概念であ

る、ということに注意を喚起しておきましょう。

　したがって、世間でよく見かける「無断引用」という表現が、「無断」だけを非難しているのだとしたら、著作権法上の概念に関する限り「合法的」「当然」のことで、むしろ「無断」でない場合が考えにくいのです。しかし日常用語は、世間一般の「常識」を表している面があり、それを「法的には間違い」といって一蹴することにも、危険が伴います。

　たとえば栗原［2008］は、法的な「引用」とは別の概念である「盗作」をテーマにした良書ですが、その中には以下に列挙するような類語が並んでいます。

　盗作、盗用、無断借用、剽窃、パクリ、引き写し、──

　このように多数の言葉があるということは、実社会において「引用」として許された行為を超えたり、その境界にあると思われる行為が、いかに多いかということを示しています。

　このように「引用」は日常的な行為であり、私たちは知らず知らずのうちに、自ら引用という行為を行ない、知らず知らずのうちにそのルールを身に付けていきます。したがって、改めてそのルールや手順あるいはノウハウを語ることに、どれほどの意味があるかと問われるかもしれません。まず、この問いに答えておきましょう。

　この本の読者の多くは、大学や大学院で学び、論文（卒業論文、修士論文、博士論文）やレポートを書くことが成績評価の基準であり、日常的であると想定されます。その課程を無事終えることができれば、読者はやがて専門研究者の仲間入りをして、今度は私たちのように「いかにして引用するか」「いかにして引用されるか」を教える側に回るかもしれません。このような再生産の過程は、古代から長年にわたって繰り返されてきたことで、長期的かつ総体的に見れば、先生から生徒へと指導の過程で伝授されるだけで十分であり、何の問題も無かったかのように見えます。

　ところが、それは表面的なことに過ぎません。例えば2003年にメディア教育開発センターが実施した「引用に関する調査」（青木・杉村［2004］）には、自由記入欄に「あなたは、自分が『引用である』と考えて行なったこと（あるいは、行なおうとしたこと）について、他人から抗議や注意を受けたことがあ

りますか。また、あなた自身が他人に抗議や注意をしたことがありますか」という設問が設けられていました。

さらに「同僚など身近な人から『引用』について、抗議や注意を受けた話、あるいは抗議や注意をした話を聞いたことがありますか」という設問もありました。そして、前者には176件、後者には247件の回答があった（重複もあり単純に合計できませんが、合わせれば延べ400件以上）のですから、回答者1,910人のうち20％程度は、こうしたトラブルに巻き込まれるか、身近で経験したことになります[1]。

その内容を見ると、大きく2つの類型に分けられます。まず第一は、「論文が盗用（あるいは、それに近い形で利用）された」とするもので、具体的には以下のようなケースです。

・自分の研究内容が、その人の自説の如く扱われた。
・よく似ている。アイディアが盗まれた。逆に、たまたま似てしまい、抗議を受けた。
・定説・一般論と主張されてしまった。逆に、単なる事実あるいは公式的なものにもかかわらず、抗議を受けてしまった。

また、次のように無視されたケースも、これに準ずると考えられます。

・先行研究として触れられていないことに、抗議した。抗議を受けた[2]。

一方第二の類型は、「形式的には引用の要件を満たしているが、引用のされ方・仕方が悪い」というものです。具体的には、以下のようなケースがあります。

---

1) 弁護士の共著になる北村・雪丸[2005]によれば、「著作権の相談で最も多いのは、『いわゆる引用』に関するもの」（あとがき）だそうですから、これは学術分野に限らず、一般的な事象かもしれません。
2) 典型的な例として、次のようにまとめられています。「特に理系の分野において『引用されなかった』ことについて抗議した、抗議されたというものが目立っている。この一つの原因は、理系の分野においては、他者にどのくらい引用されるかが一つの評価基準になっていることがあると推測される」（青木・杉村[2004] p.42）。

・趣旨を違えて引用された。逆に，趣旨が違うと抗議を受けた。
・要約の仕方が不適切であると抗議した。抗議を受けた。
・量が多かったため，抗議した。抗議を受けた。
・批判的に使われてしまった。逆に，批判したところ抗議を受けた。

　加えて，次のようなケースも，この類型に準ずるものと考えられます。

・引用ではなく，参考扱いされた。

　なお，青木・杉村［2003］では「無断である。逆に，無断であると抗議を受けた」を前者の例に挙げていますが，上述したとおりこの記述は，法的には誤解です。なぜなら，引用とはそもそも「許諾」を得てするものではなく，「無断」でするものだからです。その限りにおいて，上記アンケートの記述は論理矛盾ですが，書き手の気持ちを斟酌すれば，「趣旨が違う」「不適切な要約」「大量の引用」など，上記第二の類型の被害を受けた（「黙示の許諾」という範囲を逸脱している）と言いたいのだと推測されます。

2．引用と剽窃

　ところで引用とは，法的に認められた範囲内での他人の著作物の利用であり，剽窃とは引用の範囲を超えた，あるいは引用とはそもそも無関係の，違法行為です。しかし，この両者の境界は「紙一重」というと言い過ぎでしょうが，少なくとも白か黒かというほど明確なものではありません。これは奥の深い問題ですが（例えば，読書案内の文献1，文献11，文献13参照），ここでは学問に固有の問題を指摘するにとどめましょう。
　学問分野における引用に，前節であげたようなトラブルがつきまとい，引用ではなく剽窃が起きやすいのは，それなりの理由があります。学問とは，人類が蓄積してきた知の総体に，何らかの新しい知見を加える行為です。したがって学問を志す以上は，他の研究者とは違った独創的な研究成果を出すことが期待されることになります。しかし「独創」というのは，たやすいことではありません。そこでは先人の業績と競争すると同時に，同時代人の独創性とも競争

しなければならないからです。

　まず第一の局面は，先人の業績との競合という時間的な要素です。多くの先人が，すでに同じような道を歩んできたわけですから，読者の前にそうした先人の業績が多数蓄積されています。本人は独創のつもりで書いたものであっても，その実先人の業績と競合することは，よくあることです。せっかく論文として仕上げたのに，そのテーマは先人によって解明尽くされており，新たな付加価値を加える余地がないため，それまでの努力が水泡に帰すことさえあります。あるいは，それほど極端でなくても，先人の独創性が際立っていて，付加価値を付けることが難しい場合もあります。

　こうした事態を克服するためには，研究を深める前に先人の業績（これらは公開されるのが学問の原則です）をできる限り幅広く調査し，それらを正当に引用する癖をつけることです。そして，先人の業績と同定できる部分は十分に吸収し，それを引用した上で，幾分かの独創を付加することをトレーニングする必要があります。

　俗に「サーベイ」と呼ばれる論文は，こうした調査を主体にしたもので，著者の独創性が発揮される部分は乏しくても，それなりの評価を受けています。私などは，「修士課程まではサーベイ論文をもって修了させても良い」と考えているくらいです（少なくとも，論文が書けなくなるほどの迷いが生じたら，「サーベイに帰れ」という指導をしています）。

　もっとも，博士論文にいたってもサーベイの域を出ないようでは，博士の資格がないと言われるでしょう。博士の語源であるラテン語の *docere* は「教える」ということで[3]，これを取得すれば「独立した研究者としてやっていける」ことが認められてきたのですから，それは当然です。

　このように論文の著者は，過去の著者と独創性の競争をしているわけですが，同時にそれ以上に過酷な競争を，同時代の著者と繰り広げています。そこで第二の局面として，同時代人の業績との競合という，空間的な要素を考えなければなりません。とりわけ理系の分野においては，誰が最初に論文にして公表した（あるいは特許を取得した）かが，決定的な意味を持つ場合があります[4]。

　3）柴田［1985］によれば，「教えること，示すこと，報知すること，立証すること，審査すること」となっています。

この分野で主要な役割を果たしてきたのが，学会誌あるいは学術誌，いわゆる（アカデミック）ジャーナルです。論文がジャーナルに掲載されることによって，その論文はその学会の品質レベルをクリアしたものと認められると同時に，それが掲載された時点が，その論文が公表された時点となります。したがって研究者は，自分の論文が評価の高いジャーナルに，競争者よりも早く掲載されることを目指して，同時代の著者との競争を展開するわけです（第9章参照）。

　ところが，ここに困った問題が3つも発生しています。第一は，質の高い論文だけを掲載することは望ましいが，それには厳重な審査プロセスが必要で，時間と労力がかかることです。先に述べたように，研究者は同時代の研究者と先陣争いをしているので，論文を提出すればできるだけ早く掲載してもらいたいところです。しかし，質を維持するには有能なレフェリー（査読者）による査読が欠かせないし，同じ分野の研究者が査読します（これをピア・レビューと言います）ので，査読者自身がライバルの場合もあります。また査読者も多忙であり，疑問や要改善点を指摘することまで求めれば，論文提出から掲載までに，月単位はおろか年単位が必要になる場合さえあります。

　そこで代替手段として発達したのが，ディスカッション・ペーパーやプレプリント版等の手段で，投稿論文に受理日を付け，ピア・レビューなしで直ちに発行します。今日では電子版へと発展し，掲載日時を証明するサイトまで現れました。いわば，時刻認証サービスの学会版のようなものです。これらの利用形態では，論文の内容自体は著者が自己責任で保証することになっています。つまり査読の時間をゼロにして，執筆即公表して時間の優位を獲得しようとする作戦です（この件に関する詳細は，名和［2002］および第10章参照）。

　第二の問題で，より引用のテーマに近いのは，剽窃を見抜くのが難しいことです。私が経験した範囲内でも，この2年の間に2件の剽窃事件があり，学会誌が刷り直されて前の版の返却を求められました。私も複数の学会誌のレフェリーを務めていますが，その経験からすれば，このような場合に査読者の責任

4）ノーベル賞を受賞した田中耕一さんの場合も，ライバルのドイツの学者が世界で初めての研究成果であることをあまりに喧伝するので，よく調べたら田中さんの方が早かったことが判明したと言われています（第10章3-3項も参照）。

を問うのは酷でしょう。査読者自身の著作が剽窃されたのならともかく，多数の文献の細部までチェックする能力も時間もありません。競争が激化すれば，このような事件はますます増えると思わざるを得ません（第8章3-3項参照）。

そこで第三の問題点である，執筆者倫理が問われることになります。現在，各学会とも論文（特に投稿論文）の執筆については，細かい規程を設けています。その内容は，章や節の立て方とか，フォントの使い方，図表の大きさや番号の付け方，文献の引用方法など，執筆手順に関するものがほとんどです。第2部において，私たちなりのテンプレートを用意したのも，このような動きに連動しています。

しかし近年，理系の学会の中には「当学会員は，このような姿勢で論文を執筆して欲しい」という態度表明をするものが現れてきました。これを，利益相反の禁止（名和［2006］）とか論文撤回声明の要請（第8章3-4項）といった形で，投稿規定に組み込む例も具現化しつつあります。倫理的な面についても「倫理綱領」を持つ学会が増えてきました（名和［1999］）。

ただし，引用の作法にまで踏み込むものは未だないようです。私たちは，そのような精神訓話が必要ではないかと考えています。本書では，古いと言われることを覚悟の上で，若干倫理的な解説もしていきたいと思います。

3．引用と学問の発展

繰り返しになりますが，どんな研究分野であろうとも，およそ学術論文というものであれば，必ず先人の論文の引用をすることになっています。たとえば研究者Aの論文についてみると，その論文の形式はつぎのようになります。

$$[Aの論文] = [先人Bの論文の引用] + [Aの寄与分] \quad (1)$$
$$[先人Bの論文] = [さらにその先人Cの論文の引用] + [Bの寄与分] \quad (2)$$
$$[先人Cの論文] = [さらにその先人Dの論文の引用] + [Cの寄与分] \quad (3)$$

式（1）から式（3）は，学術研究というものが，先行する研究者の業績によって組み立てられていることを示しています。しかも先人の論文を，まるまる引用するのではなく，その論文の一部——極端な場合には題名のみ——を引

用することによって，代替できることを示しています[5]（ここで先人と言いましたが，正しくは先人たち（複数）です）。

　つまり引用とは，研究者が各自の研究成果（つまり知的財産）を，互いに分割して利用し，リンクを張り合いながら価値を高めていく操作です。この分割利用によって，一人の創作の結果が多くの人々に共有・共感され，人類全体の叡智となって蓄積されていきます。このように研究者の共同体は，それぞれの論文を互いに引用しあいながら，活動していることになります（この点についてより詳しくは，第 8 章 2-3 項参照）。

　したがって，引用を正確かつ公正に行なうこと，またそのための著作権管理を適正に行なうこと（名和［2004b］）が，この共同体においては必要不可欠な条件になります。誰かがルール破りをして，他人の業績に「ただ乗り」（free ride）することを認めてしまえば，この共同体は崩壊してしまうからです。

　この点をより良く理解するために，「私が遠くを見ることができたのは，巨人の肩に立つことによってである」という文章に関する逸話を，紹介するのが有益でしょう。通常この言葉は，ニュートン自身が最初に発したと信じられていますが，坂本［2008］によれば，12 世紀のシャルトルのベルナールに始まっており（p.169），ニュートンはその後継者に過ぎないといいます。ここには，上記の式（1）から式（3）が延々と続く，学問の継続性・蓄積性が暗示されています（名和［2002］，併せて第 9 章 3-1 項も参照）。

　このことから「出典」（法律的には「出所」ですが，次章で説明するように私たちは「出典」を使っています）を明示することの意義も，自ずから明らかでしょう。その機能は，①先人の業績に敬意を表す，②先人の業績に直接アクセスするための便宜を図る[6]，③（それを通じて）先人の業績を検証・反証することを可能にする，の 3 点にあると考えられます（それ以外の「言外の意味」については，第 11 章 1-2 項を参照してください）。

　このうち①の機能は，学問が知識の積み重ねである以上当然ともいえます。

5）ただし，代替の仕方にも「教典型」と「速報型」，「累積型」と「完結型」との差があることに注意してください。詳しくは，第 9 章 2-1 項と 2-2 項を参照。
6）引用の例ではなく翻訳の例ですが，第 5 章で例示するヴェーバー（大塚訳）［1989］では，原著の該当ページが表示されているのは，同じ趣旨と考えられます。

著者は人格権として「公表権」「氏名表示権」「同一性保持権」という3つの権利を保有します（著作権法18条〜20条）が，中でも「氏名表示権」は学問における名誉に相当すると考えられ，最も尊重されねばならないものです[7]。

②と③の機能も，「学問ならでは」の要素があります。「自分の説を補強しようと思って他人の説を引く」のが学問上の引用だとすれば，その根拠を明らかにするのは当然の義務でしょう。そして，それが正しいかどうかが事後的に検証可能でなければ，フェアとは言えないし，学問の発展も望めません。しばしば，引用された論文に欠点があって，「特定の条件でしか妥当しない」とか，はなはだしきは，「全体として信頼性に欠ける」といった発見がなされることがあります。だが，先行者の業績が後続者によって訂正されたり否定されたりすることは，学問のあるべき姿です。

ところで，このような研究業績のバリュー・チェーン（付加価値の連鎖）的な説明は，当該研究分野において安定した共通認識があり，逐次的（インクレメンタル）な貢献が意味を持つという前提があって，初めて有効なものです。ここで共通認識とは，クーン［1971］が言うところの「パラダイム」の中の「パズル解き」と同じ意味だと考えてください。そうではなくて「パラダイム・シフト」をもたらすような論文の場合は，かつての理論を批判的に考察する限りで引用が意味を持ちますが，それ以外はほとんど独創的に書くしかありません。

このような変化は，科学・技術の分野で，特に顕著です。たとえば，「コペルニクス的転回」という言葉がありますが，天動説と地動説ではそれこそ「天と地ほどの差」があるので，彼以後の世界では，彼以前の論文を引用する意味はありません。仮にあるとすれば，「コペルニクス的転回以前の社会では，このような俗説が支配していた」という例証として示す場合だけでしょう。

一方，社会・人文科学の分野では考察の対象が人間そのものと人間の社会を含むので，パラダイム・シフトがあったとしても，それ以前の理論との対比が意味を持つ場合が多く，引用が有効です。そして，このことはサーベイ論文に対する評価にも関連があります。たとえば，最も保守的な法学の分野をみると，

7）私が考案したⓐマークという表示も，「権利保護期間の自主決定」とともに，「氏名表示権だけは譲らない」という意思表示だとも言えそうです（詳しくは，第5章3節を参照）。

論文の大半は過去にどのような議論がなされ、判決が下されてきたかの記述です。サーベイが90％以上で、著者の意見や新たな知見は10％未満の論文も多く、むしろそれが論文の標準フォーマットになっている感さえあります。

したがって論文は自ずと長めにならざるを得ず、引用は大量になるため、出典を巻末にまとめたのでは参照が面倒になります。そこで通常は、脚注を付してその中で判例や学説の出典を明示しています。極端な場合、本文は1行だけで他はすべて脚注というページを見ることがあります。

一方理系の論文の場合は、全体の分量が少なく、サーベイは簡単に済ませて、著者が主張したい新たな知見を簡潔に披露する仕組みになっていることが多いのです。それには、法学の論文とは別の引用方法が適しています（第8章1節参照）。このような両分野の違いを考慮して、本書の第2部では、文系・理系にふさわしいテンプレートを別々に論じています。

4．アイディアと表現

ところで、先に紹介したメディア教育開発センターによるアンケートの回答の中で、「アイディアが盗まれた」という記述があったのを、覚えておられるでしょうか？　この記述は法律的には誤りですが、実はこれには深い含意が隠されています。

知的財産制度の両雄は特許権と著作権ですが、この両者には表1.1に掲げるようないくつかの重要な違いがあります。しかし中でも、アイディア（日本法では「思想」）を保護するか表現を保護するかという点こそが、決定的な違いです。特許法においては技術的「思想」を保護することが産業の発展に資すると考えられている（特許法1条、2条1項）のに対して、著作権法の場合には「思想」ではなく「表現」を保護することが、文化の発展に資すると考えられている（著作権法1条、2条1項一号）からです。

これは、どうしてでしょうか？　この問いに対して、著作権法の標準教科書になりつつある中山［2007］は、以下のように説明しています。

「特許権の保護対象は『自然法則を利用した技術的思想』という客観的

表 1.1　特許権と著作権の比較表

権利の種類	権利の成立	権利の排他性	保護対象	存続期間	権利の制限	強制許諾(裁定制度)	域外適用
特許権	出願・設定の登録	先願主義で絶対的	技術的アイディア(思想)	出願から20年	なし	あり	なし(属地主義)
著作権	創作行為(無方式主義)	独立に創作された(依拠していない)創作物には権利が及ばない	表現	著作者の存命中および死後50年	私的使用や公益の使用などについて制限あり	あり	ベルヌ条約加盟国間では, 相互主義

存在であり，(中略)多くの技術には代替技術が存在する。その上，権利化するためには新規性・進歩性という要件が課されているし，審査・登録・公示やクレーム制度があり，保護期間も著作権の場合と比較して著しく短く，保護範囲も業としての実施に限定されているために，アイディアを保護しても弊害は小さいと考えられる。逆に技術的思想にまで権利が及ばないと容易に迂回されてしまい，経済財としての価値が低くなるため，特許権には遮断効を認める必要がある。つまり特許法を思想保護法として構成しても弊害は少なく，むしろ思想保護が産業発展に資すると考えられている。

それに対し，著作権法は思想・感情という人の主観的・情的側面を扱うものであり，その守備範囲は小説からプログラムに至るまで極めて広く，人の精神的な活動の多くの領域を覆っている。その広い範囲をカバーする著作権法において思想まで保護すると，新しい思想の創作へのインセンティヴを与えるという利点よりは，その思想から派生する新しい創作を抑えるという弊害のほうが大きいと考えられる」(同書, pp.46-47 [8])。

基本的な原理は上記の説明で尽きていると思われますが，文学作品を例にとると，ストーリーやプロット(推理小説におけるトリックなども)が，「アイディア」であるか「表現」であるかの線引きは容易ではないのが実情でしょう(栗原 [2008])。この点を究明しようと試みた福井 [2005] は，数々の具体例に

---

[8] ページ数の表示の仕方については, 第7章5節を見てください。

満ちた独創的な書物ですが，最終的には次のような結論に行き着いています。

　「では，どの程度まではアイディアだけを借りたとみなされ，どの程度を超えると表現を借りたことになるのか。文章でいえば，具体的なストーリー，エピソード，台詞などをある程度まで借用した場合には，表現を借りています。極端な例を挙げれば，『罪と罰』ときわめて似たストーリーで，起こる出来事や話される内容もとても似ている。でも，舞台は大正時代の日本に置きかえてあって，ラスコーリニコフは書生で，ソーニャは女郎になっていて，言いまわしは全部少しずつ変えられている。この場合，表現を借りていないから問題ないかといえば，それは明らかにおかしいですね。

　つまり，言いまわしを少し変えた程度ではもちろん駄目です。他方，テーマが同じというだけならば完全に問題なし。抽象的なテーマが似ている場合を一方の端として，ストーリー，エピソード，台詞がそっくり同じ場合をもう一方の端とすれば，そのあいだのどこかに，単にアイディアが似ているのではなく，表現が似ている段階に踏み込む境界があるはずです。しかし，その境界がどこであるか，正解が法律の条文に書いてあるわけではありません。」（同書，p.37）。

この点をさらに追求していくと，「独創性」とは一体何か，という基本問題に行き着きますが，ここではこれ以上深入りせず，翻案やパロディ・二次的著作物などを論ずる第3章で，もう一度触れることにしましょう。なお理系的なアイディアをめぐる話題については，第9章4節を参照してください。

5．引用はハウツーであると同時に，人間性が現れる

このように見てくると，引用が著作権の精神そのものと深く関わっていることが理解されるでしょう。つまり，引用を正しく行ない，それを活用することができるようになることと，一人前の著者になることとは，ほとんど同義なのです。したがって，引用はハウツー物であると同時に，価値観や倫理観を伴ったものでもある，とも言えます。

考えてみれば，文章を書くということは，知らず知らずのうちに書き手の人格が滲み出る行為です。「文は人なり」という諺があるように，何気ない表現であっても，結果としてある表現を採択するということは，可能性としては多数ある表現の組み合わせのうちから，一つを選択することに他なりません。その選択の過程に，人格が現れるのです。

　たとえば，批評という行為を考えてみましょう。対象となる作品にまったく同意できない場合にも，これを価値のないものとして罵倒する表現から，全体としての新しさを評価しつつも力不足の点があるとして今後の活躍に期待する表現まで，多種多様の表現法があり得ます。この中から「罵倒する」を選んだとすれば，そこに表現者の対象著作物と著作者に対する評価や感情が現れている，と考えるのが自然です。

　その結果が，批評の著者と対象著作物の著者との間の，人間関係に影響を与えることは必至です。欧米の場合には，「more speech（もっと討論を）」という慣行があり，また小さい頃からディベイト（討論）の仕方を学んでいるため，その過程を通じて相互理解が深まることは稀ではありません。つまり，批評―反論という関係がドライに処理されることが多いのです。

　これに対して，わが国ではこのような慣行や躾が欠けているため，両者にウエットな影響を及ぼすことが多いと思われます。つまり，当該批評が当該作品に対する一時的なコメントと取られるよりも，対象著作物のみならず当該著者の全作品に対するコメントと取られ，相互理解どころか憎悪感情をもたらすことがあります。そして，それを発散する方法を知らないため，陰口などに走りがちで，批評の著者と対象著作物の著者との間の，長期的な人間関係全体に影響することもあります。

　先人に対する配慮が必要な点は，「表現は盗まないがアイディアを無断で借用する」という行為についても言えそうです。繰り返しになりますが，創作に当たって先人の「表現」さえ盗用しなければ，その元になる「アイディア」をいくら盗用しても，法に触れることはありません。法的な論議に終始する限り，それはそれで正しいのですが，アイディアの盗用が法に触れないからといって，それを繰り返す著者が良い評判を獲得できるか，となると話は別です。

　先人のアイディアを生かしながら，それが学問的（あるいは芸術的）に高く

評価されるためには，先人を上回る評価を得なければなりません。なぜなら，聴衆は通常先人の業績を知っており，参照点として絶えずそれと比較しながら，新しい著作を評価するからです。この比較に耐えられる作品であれば，アイディアの元を問うこともありません。しかし凡庸な作品であるとすれば，むしろ最初から「先人だれそれのアイディアによる」ということを明言した方が，理解が得られやすいことは言うまでもないと思います。

　このようなわけですから，著作物を著し他の著者の作品等に言及するには，それなりの礼儀と覚悟が必要になります。といっても，怖気づく必要はありません，以下のような注意を守りさえすれば良いだけです。なお以下の諸点は，Lipson［2008］(pp.52-53) を参考にしながら，わが国の事情に合うよう，若干の工夫をしたものです。

① 書き手であるあなたは，論文の中の表現（アイディア，事実，解釈を含む）のすべてに対して責任を負う。

② 特に付言しない限り，論文中の表現は，すべてあなた自身の創作によるものと推定される。

③ あなたが他人の著作物や，アイディアあるいはデータに依拠している場合は，そのことを率直に記述しなければならない。アイディアやデータは，特許等で保護されたものでない限り，黙って借用しても違法性はないが，依拠していることを明記した方が，相手からも世間一般からも「公平である」という評価が得られる。

④ 上記③の方法には，3つのやり方がある。a) アイディアやデータを借用する場合は，出典を明示する，b) 表現を借用する場合は「引用符」でくくると同時に出典を明示する，c) 原文を意訳する場合は，明らかに自分自身の表現になるよう注意した上で，出典を明示する。それが出来ない場合は，b) の方法によるべきである。

④ 他人の著作物を利用する場合は，公正にしなければならない。作品の同一性を侵害することは違法であるし，「虎の威を借りる」ならば書き手の品位が疑われる。

⑤ 実験データなどを示す場合は，入手方法を明示して，読者に検証可能性を与

えなければならない。

ここに記述したルールは，一見手順の規則であるようでいて，実は「論文とは何か」という考え方と，深いつながりがあることがお分かりいただけるでしょう。Lipson［2008］は，上記のルールに関する章の末尾を，次の言葉で締めくくっていますが，まったく同感です。

　「これらの諸点は論文の『良いハウスキーピング』以上のもので，学問の清廉潔白性を守る基本的な規則である。これによって本来の学習が促進される。この規則は，教師にも学生にも同じように適用され，自由で公正かつオープンな思想の交換を促す……これこそ大学の核となる精神に他ならない」（Lipson［2008］p.53）。

コラム　●‒‒　盗作の文学史

『〈盗作〉の文学史』という，文学と引用の関係を究明する，意欲的な書物があります（栗原［2008］）。ここで「盗作」とは，「著作権侵害」とは異なり，「基本的に，何かしら議論や波紋を呼んだものを盗作事件と考えて」（同書「まえがき」）いますので，本書の論議とは隔たりがあるように思えます。

ところが著者は，「第５章　作品の自立と模倣の可能性」において，井伏鱒二の『黒い雨』が重松静馬の「日記」（といっても，文学性の高いもの）の「盗作」ではないのかという大論争について，数あるコメントのうち松本鶴雄の総括が「いちばん中立的かつ客観的といえるだろうか」と評した上で，以下のくだりを引用しています（同書 pp.307-308）。

　「資料100パーセントの作品でも，作品として自立した空間を構成しているならば問題はないはずである。ただ，そうなっているか，どうかだけが問われるだけである。似ているから，模倣だから悪いとは一概に言えない。失敗作に終われば模倣だ，盗作だとさげすまれ，成功すればパロディの名作の栄誉を受ける。そのような例はジョイスやマンに見るように世界文学に多数ある」（松本［2004］の「『黒い雨』は盗作か？」から）

この辺りは文学に限らず，学術論文においても妥当する可能性がありそうです。また，「第4章　素材と創作のあいだ」において，宮原昭夫の芥川賞受賞作品『誰かが触った』が鈴木敏子『らい学級の記録』の借り物ではないかとの，朝日新聞1972年9月10日朝刊の記事の中で，二人の評論家が期せずして同じようなコメントを発しているのは，学術論文を書く身にとっても，教訓となりそうです。

　「少なくとも文体が別のものであれば法律的な問題は起こらないし，作品としての価値も損なわれないと思う。しかし，常識的にはやはりどこかで注をつけるべきで，雑誌に発表する時点では新人という立場上，その要求を通せなかったとしても，芥川賞受賞後，単行本化するときはそうしてほしかった」（中村光夫）

　「文学作品は何らかの素材なしには成り立たないだけに，一方にドキュメントとしての感動があり，他方に文学としての感動があるなら，盗作とはいえまい。（中略）このような場合は，やはりあと書きなどで断っておく習慣をつけた方がよいと思う。宮原さんの話からもわかるように，出版社は作品をオリジナルなものと見せたがるあまり，昔書いた作品に手を加えて再発表する場合でさえ，そのことを断り書きすることをいやがる」（奥野健男）

以上の助言は，コピペが一般化した「デジタル環境」においては，ある程度強調しておいた方が良さそうです（もっとも，それが元で「言論の萎縮効果」が生ずるようでは，「角を矯めて牛を殺す」ことになりかねませんが）。

『デジタル社会の日本語作法』（井上・荻野・秋月［2007］）という書物の中で，著者たちがしきりに「手間隙をかけたメディアの方が価値が高いと（相手に）思われる」「迷ったら一番丁重に」ということを強調しているのは，それなりの意味があると思われます（p.16，p.174など）。

第 2 章　引用と著作権法

1．引用の法的な定義と実務上の留意点

　第1章で，引用に関する国語辞典の定義を紹介しましたが，それは多分読者の持っている常識に合致していたでしょう。それでは次に，著作権法における引用の定義はどうでしょうか？　条文そのものより先に，まず法律用語辞典の説明を見ましょう。

　　「報道，批評，研究等の目的で他人の著作物の全部または一部を自己の
　　著作物中に採録すること」(『三省堂知的財産権辞典』2001 年)

というのが，一般的な定義です[1]。果たして，こちらも読者の常識に合致するでしょうか。何気なく読み飛ばしていく限り，これで十分のような印象をお持ちかもしれません。しかし，7つの点で注意が必要です。
　まず第一は，引用の目的が明記されていることです。一般の辞書の定義でも一部，「自分の論を説明・証明するために」という件がありましたが，法律用語辞典の方では「報道，批評，研究等の目的で」と，目的をさらに明確にしています。これは，法律の条文がそうなっているからで，この点については4節で再度説明します。
　第二の留意点は，引用できるのは「公表された著作物」からに限る点です。上記の説明では単に著作物となっていますが，著作権法（32条1項）には「公表された」と明記されており，学問の場合，この要件が意外に難しい問題を提

---

[1]『法律学用語辞典』（有斐閣，2003年）も，まったく同じ定義をしています。また『知的財産権辞典（第2版）』（丸善，2005年）は，辞典というより著作権法等の解説書あるいは逐条講義に近いものです。なお『知的財産権用語辞典』（日刊工業新聞社，2002年）は，引用の定義そのものを，広辞苑から「引用」しています。

起する場合があります。たとえば，同じ分野の研究者から，推敲中で公表前の草稿について意見を求められる，というような場合です。

　相互に啓発しあうような優れた研究者同士であれば，お互いに触発されて次のアイディアが精緻になるかもしれませんし，自分の誤りに気がつくかもしれません。こうしたチャンスを生かすにはどうすればよいでしょうか。黙ってアイディアをいただいてしまっても，著作権侵害にはなりませんが，長年の信頼関係を破壊してしまうかもしれません。

　良好な関係を維持しつつ，しかも早い段階で他者の業績の上に自分の業績を積み上げるには，他者に早く「公表」してもらうのが一番です。このための便法として学会に通用しているのが，先の「プレプリント」や「メモ」（またはMimeo）という慣習です。これら（特に後者）は正しい意味で，著作権法の「公表」に該当するかどうか分かりませんが，学会では「引用可能」と理解されています。ただし，後述するように「メモ」が何らかの形で「固定」され，多数の人に利用可能でなければなりません。

　第三の留意点は，採録（すなわち引用）の対象が「他人の著作物」である点です。後述する条文に忠実に解釈すれば「著作物」に該当するものすべてが含まれるので，文章だけが引用の対象ではなく，音楽も絵画も映像も理論的には引用可能となります。しかし，文章以外の著作物については，実際上は引用の態様に種々の問題が含まれていますので，次章のテーマにとっておきましょう。

　第四の論点は，「全部」を引用することが許される，というのは常識に反しているように思われる点です。しかしたとえば，俳句を論評することを想定してみましょう。17文字の一部しか引用できないとすれば，論評そのものが成り立たなくなってしまいますので，全部を引用することは不可欠でしょう。しかし，このことをもって，すべての著作物について全部の引用が許される，というわけではありません。批判はあるものの，後述するパロディに関して最高裁判決が下した「自身の著作物が主で，引用される部分は従でなければならない」という原則（主従関係の原則）は，一応有効と思われます。

　第五の論点は，引用できるものは「著作物」に限るか，という疑問です。法匪的に回答すれば，「そのとおり」ということになります。しかし，これはあまり意味のない論争です。なぜなら著作物で無いものは，そもそも著作権の保

護対象ではなく，自由に利用できるのですから，「引用」して利用するまでもないからです。

　また逆に，引用する側に著作物性が必要か，といった第六の論点もあります。ここで旧著作権法では，節録引用（次章4節で再度検討します）は，「自己の著作物中に」なすものと規定されていたことが問題になります。現行法ではこの要件はありませんが，それは「当然の前提」だと考えれば，旧法時代と変わらず，引用する側が著作物であることが必要だという見方になります。一方，これを敢えて削除したのだと考えれば，著作物性は必要ないことになります。しかし，いずれの見方によっても，例外的なケースしか考えられません[2]。

　ところで，上記の定義には「書かれざる要素」が潜んでいます。これが第七の，より重要な問題点で，引用は「著者の許諾を得ないで」するものだということです。おそらく辞典の執筆者は，著作権法の条文に忠実な定義を試みたので，この要件を書き忘れたのでしょう。しかし実務的には，この点こそ引用の引用たる所以を示すものです。先のメディア教育開発センターのアンケート調査（対象は学者・研究者として20年～30年の経験を有する人が多かった）においてさえ，「無断である。逆に，無断であると抗議を受けた」との記述がありましたが，無断であることこそ引用の要件を満たすのです。

　そして，実務家が執筆した「引用」に関する書物の多くは，「無断」要件が法律的な概念で，一般常識とは違っていることを強調しています（豊田［1998］，宮田［2005］など。特に後者は，一般的な「引用」と著作権法上の「適法引用」を区別しています。p.5）。

2．著作権制度の本質

　それでは，なぜ無断で他人の著作物を引用することが許されるのでしょうか？　この疑問に答えるには，そもそも著作権法とは何かを問わなければなりませんが，そのヒントは以下に述べる，わが国著作権法1条の「目的」にあり

---

[2] 中山［2007］の挙げる例では，「歴史的事実を網羅してある文章（非著作物）の中に，他人の著作物を引用する」場合。また，田村［2007a］のように「取込型引用」を認める立場からは，「絵画の（サムネイル画像の）オークション・サイトへの掲載」は，引用となり得ます。

ます。

著作権法第1条（目的）
この法律は，著作物並びに実演，レコード，放送及び有線放送に関し著作者の権利及びこれに隣接する権利を定め，これらの文化的所産の公正な利用に留意しつつ，著作者等の権利の保護を図り，もって文化の発展に寄与することを目的とする。

難しい法律用語が並んでいるし，法律の目的を網羅しているため，読みにくい点は勘弁してください。多数の要素のうち，本書の目的に対応する点は，後段の「文化的所産の公正な利用に留意しつつ，著作者等の権利の保護を図り，もって文化の発展に寄与する」という部分をどう読むかです。

この点について，著作権法を起案した当事者である文化庁著作権課の担当者が執筆したため，有権解釈の書に近いと見られている加戸［2006］は，次のように説明しています。

> 「本条が何を書いているかといいますと，『著作者等の権利の保護を図』るということが，この法律の目的とする第一前提となるものでございます。それから，著作者等の権利の保護を図る図り方としましては，『これらの文化的所産の公正な利用に留意しつつ』という言葉がございますけれども，いわゆる公共の福祉，国民が著作物を利用する者であって文化の享受者であるということを念頭において権利の保護を図りなさい，という意味で保護の仕方についての規制を加えております。」(p.13)

> 「結局，『もって文化の発展に寄与することを目的とする』というのが大目的でございまして，この法律の窮極の目的とするところは，文化の発展に寄与するということにあるわけでございます。つまり，著作権制度を確立する趣旨といいますのが，著作者等の経済的あるいは人格的な利益を保護することによって，著作者等の労苦に報いる，その結果として，よりすぐれた著作物即ち文化的な所産ができあがっていくということで，文化の発展に寄与することになる，そういう考え方でございます。」(pp.13-14)

これらのパラグラフは，比較的客観的に著作権制度の趣旨を説明しているよ

うに思われます。しかし，次パラグラフはどうでしょうか？

> 「本条の見出しは，この法律の『目的』と書いてございますけれども，その趣旨とするところは，非常に抽象的ないい方でございますが，第2条以下を解釈する際の解釈基準として，著作者等の権利の保護が第一義的な目的であるということによって，この法律が解釈されるということでございます。そういう意味では，具体的な条文を理解する，あるいは解釈する際の大きな目安になるということでございます。」(p.14)

　実は，この解説はいささかミスリーディングではないかと思われます。なぜなら，著作者等の権利の保護が第一義と言ってしまうと，著作物の利用はその下位概念ということにならざるを得ませんが，それでは両者の「バランス」を欠くことになり，法律の本来の趣旨に反することになるのではないかと思われるからです。

　著作権法の精神は法学そのもので説明するより，経済学で説明した方が一般の方には理解しやすいでしょう。著作物も，究極的には何らかの「情報」に他なりませんから公共財的性格があり，他人の利用を排除することは難しい（非排他性）し，ある人が利用していると，他の人が利用できなくなるということもありません（非競合性）。こうした財貨の利用法を設計するには，事前に排他性を付与することによる著作者の創作活動へのインセンティブの付与効果と，事後に自由な利用ができることによる利用者の利便とのバランスをとるような制度が，望ましいことになります（中泉［2004］）。

　それでは具体的に，保護と利用のバランスを評価する尺度はあるのでしょうか？　一般論として著作権の保護が弱すぎると，コピーが出回るなどして著作物からの収益が減少して著作者は作品を制作する意欲を失うため，作品が創作されなくなり社会としての損失になります。一方保護水準が強すぎると，利用者の利用や次の創作者の再創造が進まず，やはり社会として損失が生じます。著作権の保護水準は，著作者側と利用者側の双方の利益をバランスさせて，社会としての最適点になるように定める必要があります。

　図2.1はこの関係を図示したものです。横軸zは権利保護の強さを表し，左の端が保護がまったく無い状態で，右に進むほど権利保護が強くなります。た

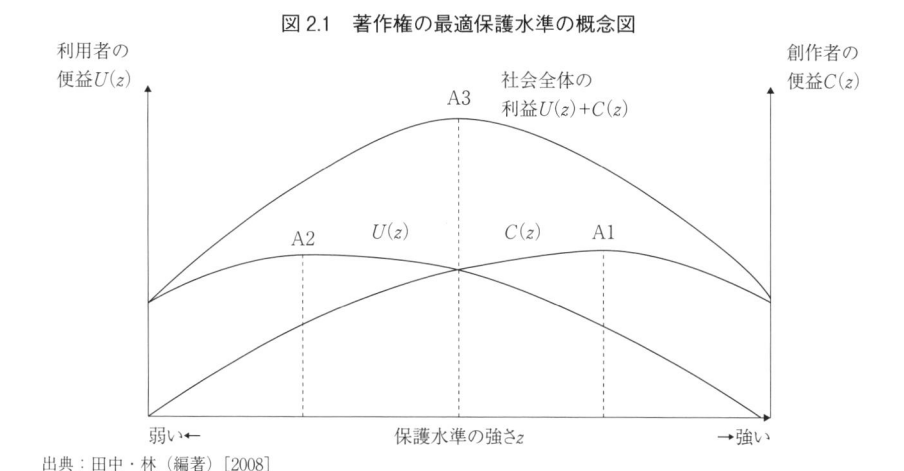

図 2.1 著作権の最適保護水準の概念図

出典：田中・林（編著）[2008]

とえば，右に進むほど私的コピーが厳しく取り締まられる，あるいは権利保護期間が長くなると考えればよいのです。縦軸のうち右側は創作者の便益 C（生産者余剰）を表します。創作者の便益は，権利の保護が強まるほど収益の機会が増えるので，曲線 $C(z)$ が示すように右上がりに増加します。ただし，あまり保護を強めすぎると，利用者の反発のために売上げが減少して収益は下がる可能性があり，図ではこれを反映して A1 点で逆転するように描いてあります。

縦軸の左側は利用者の利益 U（消費者余剰）です。利用者にとっては保護が弱いほど自由な利用が可能になって便益が上昇するので，曲線 $U(z)$ は z が小さくなるほど，すなわち左に進むほど増加します。ただし，保護があまりに弱くなると創作物がまったく供給されなくなり，利用者の便益は下がりはじめる可能性があるので，図ではこれを反映し A2 で逆転するように描いてあります。

社会全体の便益（社会的余剰）は，創作者全体の利益と利用者全体の利益の和 $S(z) = C(z) + U(z)$ で表され，図のように上に凸の曲線になります。社会全体の利益が最大になるのは図の A3 点です。つまり，権利保護の水準は左端の方に近くても右端に近くても社会的便益は減少し，便益は権利の強度が中庸

のどこかで最大になります。したがって制度の設計者は，この最大の点を探して適切な権利保護期間を設定すべし，ということになります（田中・林[2008]）。

このような場合に，権利をどのように配分したら良いかは難しい問題ですが，世界には大別して2つの方法論があります。一つはわが国も属する大陸法的な発想で，まず著作者に権利を与え，利用者の利用を制限しすぎると思われる範囲に限って，「権利を制限する」という形で個別・具体的な事象を定める方法です。もう一つの英米法的発想は，権利の付与と利用の自由とを並列して規定し，両者の利益衡量（どちらの利益を重んずるかというバランス論）については，最終的には裁判所に判断を委ねるというものです。

3．著作権と言論の自由

この考え方をさらに進めると，著作権は憲法に定められた「言論の自由」の発露である「表現」を，法的に保護すると同時に制約するものであるという視点から，より単純化した説明が可能ではないかと思われます（林[2008]）。つまり，ある時点でAという人の表現を保護すれば，その限りでAの利益は保護されるが，必然的に後発のBという人の表現を制約する場合が生じます（翻案・転載しようとする場合など）。このバランスをとるためには，権利が有限であることは，いわば内在的な制約ではないかと考えるものです。

基本的人権の一種である「言論の自由」と著作権との関連について，わが国ではごく最近になって論文が出てきた程度です。その契機になったのは，アメリカにおいてパブリック・ドメインに入った書物をボランティアで電子化して提供していた，エルドレッドが提起した憲法裁判でした。彼は，保護期間を20年間延長する法律（Copyright Term Extension Act = CTEA）によって，パブリック・ドメインに入るはずであった著作物の利用が困難になり，憲法の保障する「言論の自由」が侵害されたと主張しましたが，最高裁は7対2の多数で訴えを斥けました（この間の事情と論点については，城所[2004]参照）。

アメリカでは，著作権法の権威であるニマーが早くも1970年に「著作権と言論の自由のパラドクス」を指摘していましたが，それは，①表現は保護され

るがアイディアは保護されない（アイディア・表現の二分法），②フェア・ユース（fair use 公正な利用）の法理，③保護期間の有限性，という3つの「定義づけ衡量論」（definitional balancing）によって，一義的には解決可能であるとされていました（Nimmer [1970]）。本書で論じている「引用」はアメリカ的には②の一種であり，前述のようにここにも「バランス論」が反映されています。

今日では，以上のほか主として判例法上の概念として，④他に依拠することなく創作されたものは類似性があっても侵害とされないこと，⑤最低限の創作性が必要で「額に汗」しただけでは保護されないこと，⑥有体物に体現された場合，その有体物の利用は自由であること，⑦その有体物を譲渡した場合には著作権も消滅すること（消尽理論）なども，著作権の範囲を制限し，言論の自由を保障する仕組みと考えられます（林・福井［2008］）。

その結果著作権法学者は，著作権に関する紛争が裁判で言論の自由との調和を保たれることに自己満足してしまい，一方「憲法修正第1条（アメリカ憲法において言論の自由を保障した条文）法学者は，ごく最近まで，著作権が自由な言論と自由な表現の法理に対して持つ意味について，事実上無視してきた」と酷評されています（Samuelson［2003］。以上について，より詳細には山口［2005］参照）。

わが国でも，エルドレッド事件の判例評釈等をきっかけに，著作権と言論の自由の関係についての議論が急展開しました。横山［2004］の次のような言明は，この分野の到達点を示しているといっても過言ではないでしょう。

> 「我々人類は，先人の文化的遺産を模倣し，これを批判・継承することにより発展を遂げてきたのであり，著作物の自由な利用は，表現の自由，学問の自由等の憲法上の基本的な価値に深く根ざしたものである。著作権制度は，かかる私人の自由権を制約することと引き替えに『文化の発展』という公共的価値を実現する制度であるが，著作権保護が過剰になればその分，私人の自由権が大きく侵食されることとなり，『文化の発展』を目的とする著作権制度が，かえって文化の発展の阻害要因となりかねない。（中略）著作権保護において肝要なことは，著作者の利益と表現の自由等

の憲法的価値とのバランスを実現することであり，このバランスこそが著作権制度の本質をなすものである。」(pp.21-22)

4．著作権法における引用の4要件

それでは具体的に，著作権法における「引用」の要件と，関連する条文を見ていきましょう。著作権法32条は引用について規定し，関連して同法48条と50条には，以下のような規定があります。

著作権法第32条（引用）
1．公表された著作物は，引用して利用することができる。この場合において，その引用は，公正な慣行に合致するものであり，かつ，報道，批評，研究その他の引用の目的上正当な範囲内で行なわれるものでなければならない。
2．国若しくは地方公共団体の機関，独立行政法人又は地方独立行政法人が一般に周知させることを目的として作成し，その著作の名義の下に公表する広報資料，調査統計資料，報告書その他これらに類する著作物は，説明の材料として新聞紙，雑誌その他の刊行物に転載することができる。ただし，これを禁止する旨の表示がある場合は，この限りではない。

同第48条（出所の明示）
次の各号に掲げる場合には，当該各号に規定する著作物の出所を，その複製又は利用の態様に応じ合理的と認められる方法及び程度により，明示しなければならない。
一　第32条（引用）（以下略）

同第50条（著作者人格権との関係）
この款[3]の規定は，著作者人格権に影響を及ぼすものと解釈してはならない。

3）「款」は，法律の中で「章」「節」の次の区分として使われるものです。

32条の条文のうち，1項は狭義の「引用」に関するものですが，2項は「全部転載」も認めているので，「借用」のルールだという見方もあります（加戸[2006]）。しかしここでは，引用可能な著作物に関する特例と捉え，1項に吸収できるものとしておきましょう[4]。

　そうすると，1項における狭義の「引用」についての原則がすべてということになり，そこには，①公表された著作物から，②引用して利用する，③公正な慣行に合致，④引用の目的上正当な範囲内，の4要件が必要であるということになります。以下，個別に説明していきましょう。

　まず第一の要件は，「公表された著作物」から引用できるという点です。反対解釈[5]をすれば，「未公表の著作物」からは引用できないということで，学術論文におけるこの制限の問題点については，すでに触れたとおりです。また引用するのは「著作物」ですから，権利保護期間（著作権法51条，一般の著作物については，著者の存命中と死後50年）が切れて，パブリック・ドメインになった作品については，自由利用が可能で，取り立てて「引用」という必要はないことになります。古典を引く場合が，これに該当するでしょう。

　しかし，たとえばギリシャやローマの古典を，当時の言葉を習って読んだならともかく，通常は翻訳書を通じて理解する場合が多いでしょう。その際は，翻訳書の著作権が切れていない限り，翻訳書を明記する必要があります。また仮に，翻訳書もパブリック・ドメインになっていたとしても，先人の業績に学ぶという学問の特性に照らせば，何らかの敬意を表することが望ましいと思われます。後述する3大マニュアルにおいて，古典の引用法に触れたものがあるのは，このような「常識」を反映していると言えるでしょう。

　なお同種の事例で，実務的に悩ましいのは，官公庁の著作物です。先に示した32条2項において，官公庁の「白書」などは，一般的に引用自由の範囲が広いと考えられます。しかし，それ自体に著作物性がないのかとなると，13条を見なければなりません。アメリカのように「税金を使って作成された著作

4）39条には「時事問題に関する論説の転載等」の規定があり，32条2項は，それと同じ類型だとするのが妥当かもしれません。

5）法に明記されていない事項については，それとは反対の扱いを受けるとする解釈。反意語は，類推解釈。

物には権利が発生しない」(アメリカ著作権法105条) という国と違って，わが国の著作権法では，官公庁が権利を保有する著作物があり得ることになっています。

　著作権法第13条（権利の目的とならない著作物）
　次の各号のいずれかに該当する著作物は，この章の規定による権利の目的となることができない。
　一　憲法その他の法令
　二　国若しくは地方公共団体の機関，独立行政法人（カッコ内省略）又は地方独立行政法人（カッコ内省略）が発する告示，訓令，通達その他これらに類するもの
　三　裁判所の判決，決定，命令及び審判並びに行政庁の裁決及び決定で裁判に準ずる手続により行われるもの
　四　前三号に掲げるものの翻訳物及び編集物で，国若しくは地方公共団体の機関，独立行政法人又は地方独立行政法人が作成するもの

　この規定を読む限り，立法・司法・行政の行為によって生まれる著作物のうち，一定範囲のものが，いわゆる「著作権フリー」として，自由利用できることになりますので，その際は「引用」の可否を心配する必要がありません。しかし，その範囲は必ずしも広くないので，自由に利用できるかどうかは，個別に判断しなければなりません。

　加えて行政の場合には，先の32条2項によって，広報用資料などが「借用」（全部転載）可能になるので，自由度は増すように思われます。また，「情報公開法」などによって，行政情報は原則として公開すべきものとされているので，実行上はアメリカと大差なく，行政情報はかなり「著作権フリー」になっているとの見方もあります。

　しかし，「著作権フリー」が明記されている場合と，実行上それに近い場合とでは大きな差があり，そこには意外な落とし穴もあります。私が直接経験した例では，理系の学会で著作権を学会で管理している場合には，投稿規程の中に「引用する場合は，すべて著作（権）者の許諾を得ること」という条項を含んでいる場合があります。そこで，某省発行の白書から多数のグラフ等を引用

する件について，許諾を得る必要が生じたことがあります。

　白書は13条のいずれの号にも合致しないので，形式的には官庁に著作権がありますが，その本来の目的は国民に広く理解し利用してもらうことです。官庁の側も，そのことは心得ており，（全部転載さえ許されるのですから）許諾しないという選択肢はあり得ませんが，許諾の手順が定められているかというと，そうではありません。規定にないことをするのは面倒だし，どうしたら良いかも分からないのが現状です。

　一方私の方の事情は，どうでしょうか？　32条2項の主旨からすれば，許諾を得る必要は，法的にはないと言ってよいでしょう。しかし，学会と私の関係は私的なもので，著しく正義にもとる規定で無い限り，私はそれを守らなければなりません。かくして「黙ってやればよいのに」という官庁の思惑と，「形式は整えておきたい」という私の邪心との間に葛藤が生じました。結局は，係長クラスに電子メールを送り，その返事をもらって「許諾」とすることで両者合意に達しましたが，法を杓子定規に適用すると，面倒なことになることを痛感した次第です。

　第二の要件は，「引用して利用する」ことで，「自己の著作物の中に他人の著作物を採録するだけでなく，それを利用する」ことが要件になります。例えば，私がある書物かデータベースの編集者だとして，その書物（データベース）の中に複数の著者の論文（あるいはその一部）を採録する行為は，一見「引用」であるように見えますが，実はそうではありません。この場合は，「無断」で採録することは許されず，個々に許諾を得なければなりません。「引用して利用」とは，私が書く論文の中に，ある学説を取り込んで，それを解説したり批判したりすることを通じて，私の論文として完成させることを言うのです。

　第三の要件は，公正な慣行に合致することです。本書は，学界という範囲内で，何が公正な慣行であるかをマニュアル化したもの，とも言えそうです。しかし，何が公正な慣行であるかは，各業界あるいは著作物によって異なります。また，公正な慣行自体が存在しない場合もあると考えられます。このような場合に，慣行がない以上「引用」そのものが認められないとすると，新しい分野では一切「引用」が不可能になりますので，条理をもとに判断するしかないと思われます（中山[2007] p.257。後述のパロディや，絵画のオークションについて

の記述を参照)。

　第四の要件は,「引用の目的上正当な範囲内」です。まず「報道・批評・研究その他の引用の目的上」という条文の表現は,それ自体が「制限列挙」ではなく,「例示」であることを示しています。そこで「合目的性」を言い直せば,「他人の著作物を自己の著作物の中に持ってくるだけの必然性が認められる創作目的がなければなりません」(加戸[2006] p.244)とされることになります。

　しかし,研究目的での引用については,「なるべく多くを先人から学ぶ」という態度が望ましい以上,引用の頻度は自然に高まると思われます。Lipson[2008]も,「引用は多いほうが望ましい。何ページにもわたって引用が全く無ければ,たぶん何かがおかしい。一番ありそうなのは,引用をしたのに,正当な処理を忘れたことだろう」(p.239)と述べています。

　したがって引用の頻度については心配要らないとして,次は引用部分の量的あるいは質的な限度です。量的な目安としては,前述の俳句のように全部を引用することが許されるケースもありますが,それは例外と考えるべきでしょう。人文・社会科学の分野のように,かなり長文の引用を許さないと,正確な批判が出来ない分野もありますが,その場合でも常識的には「自分の著作の方が主で,引用する部分は従である」というのが一般的でしょう。この点は,次節で「主従関係」として再説します。

　最後に,引用の要件とは言えませんが,引用者には「出所の明示」が求められる(著作権法 48 条)ことに触れておきましょう。この規定に違反した場合の「出所明示違反罪」(122 条, 50 万円以下の罰金)は,正当な引用とはならない場合の「著作権侵害罪」(119 条 1 項, 10 年以下の懲役若しくは 1,000 万円以下の罰金又はその併科)に比べて著しく軽微であり,これを他の要件と同じと考えることはできないでしょう。

　ただ実際には「引用の作法」の大部分は,この「出所明示法」でもあると言えるほどで,本書の第 2 部の多くも,そのマニュアルの要素が強いものです。礼儀作法に属することが,意外にも大きな影響を及ぼす例と言えるでしょうか。

　なお,法律上の用語は「出所」ですが,書籍等では「出典」と呼ばれる場合もあります。「出所」には「刑を終って刑務所から出ること。出獄。」という意味もあり(『広辞苑』第 6 版,岩波書店,2008 年),必ずしも印象が良くないので,

本書では「出典」を用いています。

　また著作権法 50 条には，第 5 款「権利の制限」（引用もこの一例）に基づく行為が，著作者人格権に影響を及ぼすものと解釈してはならない，と規定されています。第 5 款に制限列挙された行為は，著作権（財産権）の適用を免れるが，それが同時に人格権に影響を及ぼすものではないことを，注意的に規定したものと言われています（加戸 [2006] p.330）。

　著作者人格権のうち「公表権」については，引用が「公表された著作物」からするものである以上，対象になり得ないことは明らかです。しかし，原著作者の氏名を隠して引用すれば，「氏名表示権」を侵害するケースは考えられ，「要約引用」の仕方が悪ければ，「同一性保持権」の侵害となるケースも考えられます。したがって，この件については次章でまとめて論ずることにしたいと思います。

　なおたとえば，他人の所説を批判することは自由ですが，それが人格攻撃にまで及ぶとなると，名誉毀損など別途の論議になり得ます。その際，「著作者の名誉又は声望を害する方法によりその著作物を利用する行為は，その著作者人格権を侵害する行為とみなす」（113 条 6 項）との規定まであることに注意を喚起しておきましょう（なお人格権侵害罪は，5 年以下の懲役若しくは 500 万円以下の罰金又はその併科。著作権法 119 条 2 項）。礼儀正しい引用や批判が，必要な所以です。

5．最高裁の判例に見る追加 2 要件

　ところで，上記の第四の要件である「引用の目的上正当な範囲内」に関して，最高裁判所が「明瞭区別性」と「主従関係」という著作権法そのものにはない概念を提示し，これがその後の判決に大きな影響を与えていますので，参照しておきましょう（パロディ事件第 1 次上告審，最三小判 1980 年 3 月 28 日民集 34 巻 3 号 244 ページ[6]）。

　これは，以下のような複雑な事件です。有名な登山写真家である X は，図 2.1 にあるようなカラー写真を制作し，カレンダー等に使用を許諾していました。グラフィック・デザイナーである Y は，この写真の一部を切除して白黒

図 2.1　X の写真（民集 34 巻 3 号 313 ページ）　　図 2.2　Y の写真（民集 34 巻 3 号 314 ページ）

写真にした上，自動車のタイヤの写真を合成してモンタージュ化して，図 2.2 のように発表したため，X が著作（財産）権と著作者人格権の侵害であるとして，損害賠償と謝罪広告の掲載を求めました。第一審が X の主張を認め，これを「引用には当たらない」としたのに対して，第二審はこれをまったく覆し，旧著作権法 30 条 1 項第 2 にいう「節録引用」（条文は本書 51 ページに出てきます）に当たるとしたため，X が上告したものです。

　最高裁は，以下のような判断を下し，第二審判決を破棄して，差し戻しまし

6）法学の分野においては，過去の判例を参照することが多いため，出典明示のための略語を用いています。この例は，最高裁判所第三小法廷 1980 年 3 月 28 日判決，最高裁判所民事判例集 34 巻 3 号 244 ページ以降，に収録されていることを示しています。なお，上の文章の中で「引用」という語を使わず「参照」としたのは，判決文には著作権がないからです（13 条三号）。

表 2.1 パロディ事件の経緯

第1次裁判	1972 年 11 月 20 日	一審判決（東京地裁）	X 勝訴，Y 控訴
	1976 年 5 月 19 日	二審判決（東京高裁）	X 敗訴，X 上告
	1980 年 3 月 28 日	最高裁（第三小法廷）判決*	破棄差し戻し
第2次裁判	1983 年 2 月 23 日	控訴審（東京高裁）判決	人格権侵害のみ認容，Y 上告
	1986 年 5 月 30 日	最高裁（第二小法廷）判決	破棄差し戻し
第3次裁判	控訴審において和解成立		

＊今回参照する判決。

た．その後の展開は，上の表 2.1 のように進み，再差し戻し後の段階で和解が成立しています．

「ここにいう引用とは，紹介，参照，論評その他の目的で自己の著作物中に他人の著作物の原則として一部を採録することをいうと解するのが相当であるから，（中略）引用して利用する側の著作物と，引用されて利用される側の著作物とを明瞭に区別して認識することができ，かつ，右両著作物の間に前者が主，後者が従の関係があると認められる場合でなければならないというべきであり，（以下略）」

ここで指摘された原則が，俗に「明瞭区別性」「主従関係」と呼ばれるようになったものです．このうち「明瞭区別性」については，学説・判例ともに反対意見はないようで，引用のための当然の要件と考えられています（中山[2007] p.258）．しかし，パロディのような「取込型」の引用があり得るとすれば（田村[2007a]），将来の検討課題ではあると思われ，この点については次章で再度説明します．

一方「主従関係」についてはどうでしょうか？　この点については，量的な面と質的な面を区別することが必要でしょう．まず量的には，引用する側の記述の方が多く，引用される部分の方が少ない，ということが語感的に想定されます．しかし，これは著作物の種類によっても，研究の対象によっても，一様ではありません．

一方，質的な面とは，引用する側の著作物性すなわち創作性が高く，引用される側を上回っていることをいいます．この意味での主従関係は，論文を書く人の心構えとしては期待したいところですが，これまた法律的な要件かとなる

表 2.2　引用の留意事項

前記最高裁判決（第1次裁判，民集 34 巻 3 号 244 ページ）のほか，絵画の複製に関する東京高判 1985 年 10 月 17 日（無体例集 17 巻 3 号 462 ページ）を参照。

制定法上の条件	①公表された著作物からの引用
	②引用して利用
	③公正な慣行に合致
	④報道・批評・研究その他の目的上正当な範囲内（以上 32 条）
	⑤出所の明示（48 条）
	⑥引用される側の著作者人格権を侵害しない（50 条）
最高裁の判断	①明瞭区別性
	②主従関係

と，断定できません。

　一般的に私たちの引用が，量的にも質的にも，「主従関係」の範囲に収まっていることが多いことは確かでしょう。しかし，世の中には多様な著作物と多様な引用方法があり，すべてがこの基準を満たすとも言えないようです。判例もこれに準拠しないで判決を下したと思われるものがあり，学説はこの 2 要件と著作権法の定める要件との関係に悩んでいます。

　また先の最高裁判決が旧著作権法下のものであり，「節録引用」という現在の条文にはない概念をめぐって争われたことも，事態を複雑にしています。そこで最近はむしろ，著作権法の文言に帰って再整理すべきとの主張が，勢いを得ているようです（上野 [2003]）。しかし他方，実務の世界では「公表された著作物」「明瞭区別性」「主従関係」「出所明示」を 4 要件と呼ぶべしとの主張もあります（北村・雪丸 [2005] 第 3 章[7]）。

　そうすると，私たちはどうしたら良いのでしょうか？　学問的な議論はさておき，実務的には，追加 2 要件のような議論があることを承知した上で，自らの判断に基づいて行動するしかないでしょう。法や判例に忠実であろうとすると保守的にならざるを得ず，かといって，それらを無視すればリスクが高まるのであれば，両者を秤にかけた上で，最終的な判断はケース・バイ・ケースで

　7）もっとも北村説は，「付従性（主従関係）」を引用側と被引用側の両著作物間の「皮相的な」関係と見るのではなく，「引用目的の範囲内にある」こととほぼ同義と見る点に注意が必要です（北村・雪丸 [2005] pp.177-182）。

下すしかありません。
　以上を踏まえて，引用の際留意すべき事項をまとめて表にすると，表2.2のようになるでしょう。

6．普及書における一般的な解説

　前述のバランスを図るためには，職業的に引用と向かい合っている作家や編集者に対して，引用の普及書がどのような指針を示しているかも，参考になるでしょう。ここでは谷井ほか［1998］を例として，その辺りを見ていきましょう。

　同書の中で谷井［1998］が挙げる「引用の3原則と1条件」とは，①自分の著作物が主，②引用が必要不可欠，③原文のまま，の3原則と，「出所明示」の1条件のことです。一方，同じ書物の中で豊田［1998］が挙げる，「3つの大前提と6つのアングル」とは，①著作権は私権だが時に制限される，②公正な慣行と正当な範囲内，③日常用語の引用と法律用語の差異，の3つの大前提と，（1）公表された著作物からしか引用できない，（2）公正な慣行・正当な範囲内とは必然性と必要最小限，（3）引用は常に従の位置にある，（4）出所明示，（5）著作者人格権の尊重，（6）必要最小限（量の多少ではない）の6アングルです。

　いずれも，実務で苦労されてきた経験が滲み出たものと思われますが，私がこれまでに述べてきたところと重複する部分と，それぞれの独自性が発揮されている部分があるので，まずそれを表2.3のように整理しておきましょう。

　これによれば，私たちの説明とかなり重複しており，独自の主張はごくわずかであることが分かります。そこで以下では，独自の主張に焦点を当ててみましょう。谷井説と豊田説で共通なのは，a）引用の不可欠性あるいは必然性と，b）必要最小限，の2点であり，谷井説にはさらに，c）原文のまま，という要件が加味されているとまとめることができるでしょう。これらは，それぞれ重要な論点ですので，以下に個別的に検討していきましょう。

　まずa）引用の不可欠性あるいは必然性ですが，これはどうやら創作芸術と学術論文の違いを反映しているのではないかと思われます。芸術作品の場合は，

表 2.3　谷井説と豊田説の共通項と独自性

区分	谷井説	豊田説
私たちと共通の主張	①主従関係,出所明示	①著作権の制限,②公正な慣行と正当な範囲内,③日常用語と法律用語の差異,(1)公表された著作物から,(2)の前半＝公正な慣行・正当な範囲内,(3)引用が従,(4)出所明示,私たちの説明と共通,(5)著作者人格権の尊重
独自の主張	②不可欠性,③原文のまま	(2)の後半＝必然性と必要最小限,(6)必要最小限（量の多少ではない）

作者のオリジナリティ（独創性）こそ大切であり，他から引用してくるのはごくわずかで，かつどうしても引用するしかない，という場合に限られるのでしょう[8]。これに対して学術論文の場合は，まずサーベイすることが基本であり，引用は多ければ多いほど良い，とも言えます。したがって，本書のように学術論文での引用を論ずるのであれば，参考にする必要はなさそうです。

次の b) 必要最小限は，上記と同様と考えられる面もありますが，心構え的なものも意味しているなら，参考になる面があります。というのも，「学術論文では引用はなるべく多く」とは言いましたが，引用が多いと（特に論文を書くのに慣れていない学生の場合）どうしても引用文献に引きずられて，自分の論を展開する妨げになることがあるからです。この面では，「引用は必要最小限に」という標語は，一面の真理を突いています。

最後に，谷井説の c) 原文のまま，について検討してみましょう。実はここには，重要な論点が隠されています。ここで「原文のまま」とは，縦書きか横書きか，漢字の使い方やルビの振り方，仮名遣い（旧仮名遣いなど），送り仮名の方法，西暦か元号か，外国語の表記法（ゲーテかギョエテかなど），改行するかしないか，などすべてを含めて，（仮に誤りがあったときでさえ）原文のままでなければならない，ということでしょう。

この点に関して著作権法は，極めて保守的ともいえる立場をとっています。用字や用語の変更でさえ，学校教育の目的上やむを得ないものに限るというの

---

8) 20世紀の前衛芸術においては，引用，パロディが重要な要素となっている作品が，とくに美術と音楽の分野で多数，創作されています。名和はかつて著作権審議会において，著名な現代作曲家に引用と著作権のあり方についてただしたことがありますが，言葉を濁らせ，核心に触れた回答を得ることができませんでした。前衛的な作品の具体例については，名和 [1996] を参照してください。

です。

　著作権法第 20 条（同一性保持権）
　2．前項の規定は，次の各号のいずれかに該当する改変については，適用しない。
　一　第 33 条［教科用図書等への掲載］第 1 項（カッコ内省略），第 33 条の 2［教科用拡大図書等の作成のための複製］第 1 項又は第 34 条［学校教育番組の放送等］第 1 項の規定により著作物を利用する場合における用字又は用語の変更その他の改変で，学校教育の目的上やむを得ないと認められるもの

　私たちも，いわゆる「物書き」の端くれですから，この感情はよく分かります。たとえば，新聞に寄稿した論稿を，後刻データベースから出力した際「これが自分の原稿か？」と疑うほどに違った印象を受けることは，よく経験しています。だから，自分の著作物を大切にする人であるほど，「原文のまま」にこだわりたくなるのでしょう。

　しかし自己流にこだわることは，その反面として他者の利用機会を狭めていることにも，配慮して欲しいと思うのは，私たちだけではないでしょう。前述のデータベースの例で言えば，これに収録することを拒否すると，自分の書いたものさえ検索できなくなって，不便この上ないのです（実は林は，日本経済新聞のデータベースへの収録に同意しなかったため[9]，現在でも不便をかこっています）。

　要は，このバランスを考えた上で，個々の著作者の判断に委ねるべきであり，いつでも「原文のまま」とか，いつでも「縦書きを横書きにしても良い」というような方針を立てることは難しいでしょう。本書では，「原文のまま」を絶対要件とはしていませんが，第 3 部は「原文のまま」をひたすら守っています。したがって，引用文と地の文との間に表記が異なる場合があります。

　なお，「原文のまま」にこだわる著作者もいることに鑑みれば，仮名遣いを

---

9) 同意しなかったのは，「過去・現在および将来にわたって日本経済新聞紙上に掲載する著作物について，包括的に著作権を譲渡する」という硬直的な契約書を提示されたからで，同社に対して特別の感情を抱いているわけではありません。

直したり，送り仮名を修正したような場合には，その旨注記するのが「心遣い」というものではないかと思われます。また，研究者の慣行になっている「ママ」［sic］という表記は，「原文に誤りがあるが，原文のままとしています」という引用者の評価を，率直に表現したものです。

7．引用は禁止できるか

　最後に，著者が引用を禁止することが出来るかどうかを検討しましょう。出版物には時として，「禁転載」「禁引用」「禁無断転載」などの表示があります。しかし，引用は無断でできるものですから，上記のような禁止条項は，契約関係にない一般の引用者に対して法的な効力を生ずるものではないと考えられます。引用は著作権法に定められた権利の制限（反射的効果としては，利用者の自由）であり，著作（権）者の一方的意思表示によって，これを禁止することはできないと思うからです。ただし，「転載を希望される方は事前に一報願いたし」というような，条件付とも見られる場合にどう対応すべきかは，ケース・バイ・ケースで判断するしかないでしょう。

　なお，著作（権）者と引用者が契約関係に入り，その条件の一つとして引用を禁止した場合は，別論になり得ます。そこでは，著作権法と契約の効力との一般論が展開されることになるでしょう。

> **コラム** ●● 文学者の考える「引用」
>
> 　文学のテーマの一つに「引用論」がありますが，ここでの「引用」は第2章で説明した「法学における引用」とは著しく異なっています。たとえば，高橋［1997］は，「文学における引用」を次のように捉えています。
>
> 　　「古典文学を読んでいると，いたる所で引用に出会う。かつて謡曲の詞章をさして，つづれにしきと呼んだというが，これは謡曲があまたの先行文学の一節，一句を幾重にも綴り合せて成っていることをさしていた。つづれにしきとは謡曲の引用性であった。謡曲に限ったことではない。古典の文章は，

先行の言葉や辞句を取って来て裁ち入れ，織り合わせたものがきわめて多かった。実情はそうでありながら，それを引用と意識し，引用と了解することはほとんどなかった。散文であれば，取ってきた言葉や辞句は，引用ではなく『典拠』であり，『出典』であった。他方で，詩歌とくに和歌については，『本歌取り』という方法がひろく行われてきた。しかし本歌取りという用語は普及したものの，これにしても文学史の中の個別的概念であるに止まり，引用とは意識されない時代が長かった，というふうに観察される。」(「まえがき」冒頭)

このような広い定義においては，「引用」は先行する作品を何らかの形で取り込むことになるので，改変の仕方によっては「パロディ」に近づいていきます。

「パロディという概念を取り込めば，この問題の前方に道がひらけ，風通しがよくなると思う。パロディは普通には物まねや模倣によって滑稽，諷刺を意図したものをさし，笑いや諧謔と結びつくと考えられている。しかし本来は物まね，模倣がパロディなのであって，笑いが直ちにパロディなのではなかった。結果として滑稽，笑いのパロディも生じ得たが，だからこそその反面には，真面目で粛然とした，笑いを伴わず，笑いの気配すらないパロディが存在していた。」(p.8)

「引用はパロディである。くりかえせば，このパロディは第一義的に笑いや諧謔を意味するのではない。変形，転換であるがゆえにパロディである，こう解してゆくことで，次に文学史（および芸術史）の中で引用論がどのような時期に，いかなる歴史の変り目に出現してきたのかを考えてゆくことができるだろう。」(p.9)

ここでの「引用≒パロディ」は，法律的には「翻案」に近くなりますが，著者の指摘したい点は，もっと深いところにあります。自身が超一流の翻訳者である高橋［1997］は，「翻訳と引用」の関係について，次のように述べています。

「一方に引用原文というものの廃案・廃絶，空無化，隠蔽，消滅が見出され，他方原文から放出されて諸所方々に散らばっていった引用文が発光し，輝きをはなち，人々に対して何かしらのメッセージを送っている状態が浮上してくる。引用問題ではそれも起りうる事態ではないか。たとえば翻訳というものを引用行為の重要な一種であると認めたときには，その状態を見出すのはそれほど困難なことではない。極端なケースとして言うならば，翻訳と

は原文の廃棄であり，引用文の全能化であるような引用にほかならないからである。」（pp.238-239）

　そして前者の代表例としての森鴎外の場合は，「鴎外に生じたのは創作と翻訳の境界線の稀釈，ないし抹消という一事」（p.241）であり，鴎外の翻訳物は「鴎外の創作として読んだというのとほとんど等しい」（p.241）。これに対して，後者の代表例として小林秀雄の場合は，ランボー等の原作者を立て，自らをやや離れた距離におきながら，「ランボーとのあいだに極度の，危険な接近法を敢えてして，その結果，落差なしを実現してしまった」（pp.247-248）ため，「奇妙にもこれには森鴎外の場合との相似さえも感じられる」（p.247）というのである。

　その原因は，「翻訳は自己と他者の関係が成り立つことを前提としてなされる言語行為」（p.249）であるため，とりわけ先行作品等に尊敬の念を抱き，「述べて作らず」（p.236以下）の態度を貫けば，「原作者への無限の接近行為であると同時に，原作者からの苛烈な離脱でもある」（p.260）ことが可能だから，と述べています。

　このことは，現著作物と「引用」「編集」「翻案」「パロディ」「新しい著作物」のそれぞれの関係を，「依拠」「離脱」の軸に並べた図3.1と併せて読まれると理解が深まるでしょう。

第3章　引用可能な著作物と引用類似の行為

1．引用可能な著作物

　第1章以来，引用は学問の発展にとって不可欠の手段であると繰り返してきましたが，それでは著作物ならどんなものでも引用できるのでしょうか？　この点を検証するために，Chicago（Turabian を含む），MLA（Modern Language Association），APA（American Psychological Association）という3大マニュアルが，どのような著作物の引用法を示しているかを調べてみました。引用法を示していなければ，直ちに引用不可と判断するのは早計かもしれませんが，まずはそう考えることにしましょう。

　結果は，表3.1に掲げたとおりであり，これを一見したところ，何と多くの著作物が引用可能かと驚かれるに違いないでしょう。しかし仔細に調べていくと，この広範なリストに漏れている著作物がある（たとえば，ラジオ番組，彫刻，建築物など）ことに気づきます。そこで，引用可能な著作物と不可能なものを決める要因が，何であるかが推測できます。

　今日では複製技術が驚くほどの変化を遂げ，また誰でも利用できるものになったため，どこから引用してきたかを示す「出典表示」に工夫が必要になっています。なお複製物ではなく，オリジナルそのものを引用することも可能な場合がありますが，特別な扱いにならざるを得ません。表3.1において「オリジナル」について独立の分類がなされているのは，そのことを物語っています[1]。

　多量の「複製物」が存在する環境下で，学術論文での「引用」という行為が認められるためには，どれを引用するかが特定（同定）可能でなければなりま

1）オリジナルからの引用と複製物からの引用について，どちらかしか存在しない場合と，どちらも存在し得る場合の2つがある。どちらも存在し得る場合とは，両方とも「公表された著作物」の条件を満たす場合に限られる。

表3.1　3大有力マニュアルに引用法が説明してある著作物

書籍（単著），書籍（同一著者による複数の著書），著書（複数の著者の連名），著書（複数の版），書籍（編者による），書籍（匿名あるいは無名），書籍（オンライン出版），書籍（複数巻），書籍（複数巻のうちの1巻），書籍（復刻版），書籍（翻訳本），書籍のうちの1章，学術誌論文（単著），学術誌論文（複数の著者の連名），学術誌論文（オンライン），学術誌論文（外国語），新聞・雑誌の記事（署名なし），新聞・雑誌の記事（署名付き），新聞・雑誌の記事（オンライン），書評，未公刊論文・博士論文・修士論文，プレプリント**，要旨，マイクロフィルム・マイクロフィッシュ，古文書・資料・草稿・収集資料***（ハードコピー・オンライン），百科事典（ハードコピー・オンライン），リファレンス本（ハードコピー・オンライン），辞書（ハードコピー・オンライン・CD-ROM），バイブル・コーラン，古典**，講演・学術講演・講義，インタビュー（電話・手紙），個人的会話，詩***（印刷物・オンライン*），演劇***（脚本），実演***（演劇・ダンス），テレビ番組，映画フィルム，美術作品***（オリジナル），美術作品***（複製物），美術作品***（オンライン），写真（オリジナル），写真（オンライン），図形・地図・図表・グラフ・表，音楽レコード***，音楽ビデオ***（そのコメントを含む），シート・ミュージック（1枚刷りの楽譜）***，ライナー・ノート（CDやレコードに付された解説文）***，広告（ハードコピー・オンライン），政府文書（ハードコピー・オンライン），ソフトウエア，データベース，ウェブサイト（全体），ウェブページ（著者あり），ウェブページ（匿名），ウェブログ（開設者書き込み・コメント），ビデオクリップ（ニュース），ビデオブログ（サイトのビデオ・ビデオ投稿），ポッドキャストとビデオ・ポッドキャスト，個人ネットワーキング・サイト（Facebook，Myspace）Eメール・インスタントメッセージ・ニュースグループ・リストサーブ。

*は，Chicagoにはない事項。
**は，MLAにはない事項。
***は，APAにはない事項。逆にAPAにしかないもの＝書籍（複数版で著者なし），試験・診断手順とマニュアル。

せん。しかも創作の時点と引用の時点は異なり，しばしば長期間の差があり得ますから，元のままに再生できなければなりません。よって「引用」が可能である要件は，①最初の創作物（オリジナル）が複製されて何らかの記録媒体に記録（固定）されていることと，②その記録媒体から記録された状態のまま再生可能であること，になりそうです。

「複製」とは，著作権法の定義によれば「印刷，写真，複写，録音，録画その他の方法により有形的に再製すること」（2条1項十五号）です。ここで著作権が，出版という事業とともに発展した権利であることは，事の本質を暗示しています。つまり，グーテンベルグの印刷術が発明されるまでは，文字情報を

固定して長期間維持可能にし，かつ大量に頒布する手段がありませんでした。そこで，オリジナル（原本）を写し取る（写本）か，口述という形での文化の伝承はなされていましたが，複製された出版物を「引用」するという，現在の形での文化の伝承は不可能でした。

印刷術を嚆矢とする各種の複製技術の進展により，文字情報は書籍・論文として，音声情報はレコードなどの記録媒体に，静止画情報は絵画・写真として，映像情報はフィルムという形で固定され，固定されたものを目で見，耳で聞くことによって再生可能になることから，「引用」が成り立つことになったのです。

なお，引用可能な2要件のうち前者の「固定」要件は，わが国では著作権そのものの成立要件ではありません。たとえばレコードは，その性質上「音を固定したもの」ですが（2条1項五号参照），「即興音楽」のようにまったく固定されていないものでも，創作性があれば著作物として保護されます。

国際的な著作権制度の標準化を図った「ベルヌ条約」においても，「固定」を要件とするかどうかは同盟国の権限として留保されていますから（ベルヌ条約2条（2）），これは国際条約に違反するものではありません。しかし引用の場合は，事の性質上「固定」が自然的要件とされているかに見えます。著作物の要件ではなく，「学術論文における引用」という事実行為からくる「被引用著作物に求められる条件」という程度にとどまるかと思われます（この点についてより詳しくは，次章を参照してください）。

2．複製技術の進展と著作権制度，特に引用

考えてみれば，印刷術の発明以降の著作権の歴史は，複製技術を法的にどう扱うかの歴史であったとも言えます。特に20世紀に入ってからは，レコード・映画・ラジオ・テレビ・複写機・コンピュータというように次々と新しい情報機器が誕生し，従来では考えられなかった態様の複製が可能になりました。そのため，「複製権」を中心として構成されている著作権制度は，これらの新技術に対応するため，毎年のように改正を繰り返してきました。

中でも，コンピュータの登場による「デジタル革命」は，ベルヌ条約から数

えて100年余，著作権法の第1号とされるアン法から数えれば400年近い歴史を持つ著作権制度を，根本から揺さぶっているようです。デジタルで何が問題かと言えば，①複製がほとんどタダででき，②複製を繰り返しても品質が劣化せず，③伝送もタダで品質も劣化しない，という特性を持っていることです。

もともと著作権制度とは，著作（権）者に「複製権」（これは一読する限り，自ら複製する権利のように読めますが，その実他人に複製を許諾するか禁止する権利です）を中心とした独占権を認め，創作のインセンティブ[2]を与えようという制度です。したがって，他人の複製を禁止することが技術的に可能でなければ，実効性を担保することができません。デジタル化は，この縛りを解き放ち，利用者が自由に複製できる手段を提供するわけですから，著作権制度を抜本的に見直さざるを得ません（より詳しくは，名和［1996］，名和［2004a］，林（編著）［2004］，田中・林（編著）［2008］参照）。

これを「引用」の面の変化としてみれば，従来「複製物」として「固定」することも「再生」することもできなかった創作物が，技術進歩に伴って，「固定」も「再生」も可能になることを意味しています。したがって引用可能な対象著作物が増えるのは当然のこととも言えます。表3.1が意外に多くの著作物を列挙していることも，肯けるでしょう。

アナログの時代から，演劇の上演を録音・録画して，これを引用するというようなことは行なわれていましたが，臨場感などは今日の比ではありませんでした。デジタル化によって，動きがより早いスポーツ中継でさえ，録画・再生・加工が可能になっています。デジタル革命は，あらゆる著作物をデジタルの世界に飲み込む勢いを，持っているかのようです。

しかし，こうした技術進歩によって，あらゆる著作物が電子化されるかとなると，話は別です。ベンヤミンが『複製技術時代の芸術』（ベンヤミン［1970］）で指摘したように，複製では生の持つ「アウラ」が伝わらないからです。したがって将来とも，ライブを中心に活動したいという演奏家がいてもおかしくないし，現にテレビに登場しない歌手はかなりの数に上ります。逆に，両方に出演している場合は，相乗効果を狙うことが可能になります。

2）本書14ページの引用文中にある「インセンティヴ」と異なる表記をしているのは，引用の場合は「原文のまま」という原則（38ページ）を尊重したからです。

どうやら，どこに価値があると考えるかは，著者の意向にもよるし，著作物の種類にもよるようです。たとえば，現在書籍の原稿を書いている私たちからみると，この草稿そのものが仮に保存され続けたとしても，それ自体に大きな価値が生まれるとは思っていません。運よく価値が生まれるとすれば，印刷され出版された「複製物」としての書籍の方でしかありません。

　他方で，建築家が建物を建てる場合は，その価値は建物そのものであって，それが3次元映像に収録されたものに，「より多くの価値」があるとは考えていないでしょう。また，建物には必ず設計図がありますが，これを「引用」する機会は少ないものと考えられます。「引用」があり得るとすれば，前述の3次元映像や写真集などがあって，それを引く場合だと思われます。この場合，写真集等は，それ自体が別の著作物です[3]。

　このように「引用」が頻繁に起こるのは，大量の複製物が流通することを通じて，そこに体現されている「思想」を広く流布することを，著者が期待している場合であり，書籍や学会誌の論文がまず取り上げられるのは，それなりの理由があると考えられます。

　ただし，デジタル革命はこの分野にも及んでおり，旧来の紙ベースの書籍に代わって，電子ブック（e-ブック）が普及しつつあります。こうした新しい複製物には，それなりの引用法が必要であるため，本書では，これを独立させて次章で扱うことにしています。その際，e-ブックにこだわらず，電子的記録による著作物を広く検討の対象に加えたのは，前述のデジタル化のインパクトが，書籍だけでなくあらゆる著作物に及ぶ可能性があると考えたからです。

3．引用の諸形態

　引用の態様は，種々の視点から分類可能と思われますが，本書に関連する分野では，①引用する著作物と引用される著作物とが相互に独立しているもの（参照型引用），②引用する著作物が引用される著作物を一体として取り込んでいるもの（取込型引用），③時事の報道のための引用（報道型引用），の3つに

---

[3] ついでですが，「屋外の場所に恒常的に設置されている」美術の著作物と「建築の著作物」は，原則として自由に利用することができますので，写真を撮るための許諾は必要ありません（46条）。

分けておくことが有効かと思われます。なおこの3分類は，田村 [2001] のアイディアによるものです[4]。

①の「参照型引用」は引用の典型とも言えるもので，本書で解説しているのは，主としてこの形態を念頭においています。③の「報道型引用」は特殊な例で，著作権法41条に，次のような規定があるため，これによって（ことさら「引用」と言わなくても）利用が正当化されることが多いと思われます。前章4節に出てきた「借用」と，同じ類型かもしれません。

　著作権法第41条
　写真，映画，放送その他の方法によって時事の事件を報道をする場合には，当該事件を構成し，又は当該事件の過程において見られ，若しくは聞かれる著作物は，報道の目的上正当な範囲内において，複製し，及び当該事件の報道に伴って利用することができる。

しかし，映画スターの死去の際に出演した映画の1カットを流すような場合や，画家の死去に関する論評抜きの簡単な訃報（これには著作物性がない）に代表作を付ける場合などは，この条件を満たすかどうか分かりません（田村 [2001]）。こうしたケースでは，「引用」を弾力的に解釈する余地があるのではないかと思われます。

これら2つのケースに比べて，②の「取込型引用」は，より多くの問題点を内包しているかに見えます。その代表例はパロディです。前章で紹介した裁判があれほど長引いたのも，「取込型引用」という形態が「本歌取り」など社会的には広く行なわれていながら，法的には認知されていないことに，原因があると思われます。

しかし，パロディ・パスティーシュなどは，芸術の一分野として認められたものですし[5]，そのような利用の態様を，「引用」以外の条文で認めるものが

4）ただし田村の最近の分類では，①が「研究批評型」，②が「取込目的型」となり，③については触れていません（田村 [2007a]）。
5）フランス知的財産権法122の5条の（4）には，次の規定があり，これらを「権利の制限」の中に位置づけています。「もじり，模作及び風刺画。ただし，当該分野のきまりを考慮する」（著作権情報センターの外国著作権法データ・ベースから，大山幸房訳，http://www.cric.or.jp/gaikoku/france/france.html）。併せて，佐藤 [2001] pp.53-54 参照。

第 3 章　引用可能な著作物と引用類似の行為　　49

ない以上,「取込型引用」という形態を認めざるを得ないと思われます。この点は,わが国の「権利の制限＝利用の自由」の規定（30条〜50条）が「制限列挙」という方式を採り,アメリカの「フェア・ユース」に相当するような「一般条項」を欠いていることにも関係しています[6]。

　このような事情を勘案した結果でしょうが,実は田村説の射程は「取込型引用」の枠を超えて,「引用」という規定に「フェア・ユース」の代行機能を持たせてはどうか,という点にも及んでいるように思われます。というのも,横浜市が差し押さえた絵画をネット・オークションにかける際に,絵画のサムネイル画像を表示することが適法かどうか争われた裁判[7]に関して,田村はこれを「引用」に該当するとする説を展開しているからです（田村［2007a］）。

　すなわち田村は,わが国の著作権制限規定の特徴は条文が多いこととともに,「著作権を制限する一般条項,個別の条項を置くまでもなく一般的に公正な利用だったらセーフですというような形で,あとは裁判所に委ねるという形の条文がないというところ」（田村［2007a］p.3）にあるとします。その上で,サムネイル画像をオークションに使う上で考慮しなければならない,以下のような事情があると言います。

① 著作物を展示するか否か,譲渡するか否かは,著作者に認められた支分権[8]（展示権＝25条,譲渡権＝26条の2）です。
② このうち譲渡権は,適法な譲渡がなされれば消滅（消尽）します。
③ 譲る受けた人は所有権を得ますので,絵画の場合,これを展示することができるようになります（45条1項）。
④ 譲渡の場合に,著作者の展示権だけを留保することは,通常考えられません。
⑤ 上記③の場合,新たな所有者は同時に,「観覧者のためにこれらの著作物の

---

6) 現在文化審議会などの場で,わが国にも「fair use」に似た規定を導入すべきではないかという議論が続けられています。
7) この事件は結局取り下げられたため,裁判所の判断は示されませんでした。
8) 著作権は多数の権利を束にしたもので,大別すれば「著作者人格権」と「著作財産権」に分けられますが,その中にも個々の権利があり,分割して移転・利用の対象とすることができます。そこで,この最小単位を「支分権」と呼んでいます。後者の財産権としては,本文に上げた展示権（25条）,譲渡権（26条の2）のほか,複製権（21条）,上演及び演奏権（22条）,公衆送信権（23条）,翻訳権・翻案権（27条）などがあります。

解説又は紹介をすることを目的とする小冊子にこれらの著作物を掲載することができ」ます（47条）。

　上述の横浜市のオークションは，上記の手続きのうち②と⑤を，同時にかつ電子的に行なおうとするものです。インターネット上でオークションをするということが，合法的でかつ入札率や成約率を上げる合理的な手段であることは疑いないでしょう。ところが，ここで所有権は未だ移転していませんので，サムネイル画像が前所有者の譲渡権を侵害しているため差し止めができることとすれば，「譲渡権の消尽」という事態を無意味にしかねません。

　そこで田村説は，「本来立法で解決していただきたいところなのですが，特別の立法がないときにも十分，32条1項の引用でいけるのではないか，というように私は思っているところです」（田村［2007a］p.16）としています[9]。この説は，解釈論として必ずしも大方の賛同を得ているわけではありません。むしろ立法的な解決を促すところに，重点があるのかもしれません。

4．翻案引用と要約引用

　さて，本書の読者層が行なう引用の形態は，論文という文字情報を中心としたものが圧倒的に多いでしょう。ここで，世間で広く信じられている俗説の一つに「要約して引用することはできない」という見方があります。現に，他人の著作物を「翻訳」して引用することができることは，著作権法43条二号の規定によって明らかですが，逆に要約して引用できないことが，同条三号の反対解釈で明確だとの指摘は根強いものがあります。

> 著作権法第43条（翻訳，翻案等による利用）
> 次の各号に掲げる規定により著作物を利用することができる場合には，当該各号に掲げる方法により，当該著作物を当該各号に掲げる規定に従って利用することができる。

---

[9]　この小冊子が電子化されたものがオークション・サイトであると考えれば，もっともな気がしますが，絵画に固有の慣行だという気もします。

一　（略）
二　（前略）第 32 条［引用］，（中略）　翻訳
三　第 37 条の 2［聴覚障害者のための自動公衆送信］　翻案（要約に限る）

　まず「翻訳引用」できることについては，二号の規定そのものなので，問題はないでしょう。他方，「要約（翻案）引用」ができないとの指摘は，文理解釈[10]からして当然とする説や，「著作権の制限」は限定列挙であり二号の反対解釈から引き出されるとの説，など種々のものがありますが，学説は総じて否定的だと言われています（中山［2007］p.263）。1979 年まで有効であった旧著作権法においては「節録引用」の規定があったのに，それが現行法では削除されていることも，否定的な要素と思われます。
　因みに，旧法の規定とは，以下のようなものでした。

旧著作権法第 30 条（著作権の制限）
　既に発行したる著作物を左の方法に依り複製するは偽作と看做さず。
　第二　自己の著作物中に正当の範囲内に於て節録引用すること。

　現行著作権法の制定に携わった人々の手になる加戸［2006］も，「翻案して引用することは認めておりませんから，ダイジェスト引用はできず，著作権が及ばない程度の要旨引用にとどまると解されます」としています（p.245）。「要約引用」と「要旨引用」の差については，それ以上触れていませんが[11]，「表現が類似しない態様で要旨を展開することを求めている」（田村［2001］p.246）という主旨でしょうか？

---

[10]　法の字句や意味を文法的に明らかにすることを中心とする解釈。反意語は，論理解釈。
[11]　実務家の間では，要約（digest）と抄録（abstract）に分け，後者をさらに指示的（indicative, 50 字から 100 字まで）と報知的（informative, 400 字から 800 字まで）に分けて，「指示的」なら著作物性なし，報知的ならケース・バイ・ケースと論じている書物もあります（豊田ほか［1998］）。指示的抄録と報知的抄録との可否については，データベースの草創期に，どこまでを可とするかで，関係者の間で議論がありました。前者は，本文を参照しなければ結論が分からないもの（つまり本文の主題を示したもの），後者は抄録に本文の結論が含まれているもの，といった解釈があり，前者は許される，としていました。ただし，これをいちいち確認していたのでは手間がかかるので，抄録の長さで区別しようということで，その長さの基準がたとえば 200 字といっていたかと，名和は記憶しています。

しかし実態的には，要約引用はかなり広範囲に見られる現象であり，研究論文では当たり前のように受けとめられています。第1章1節で紹介した「引用に関する調査」（メディア教育開発センター，2003年実施，青木・杉浦［2004］）では，「法律では認められない要約引用が慣行として行なわれている」を「高等教育分野における引用認識の特徴」の一つに挙げているほどです。

　このような現状を踏まえ，また著作物の引用が言論の自由を促進する効果を持つ，との前章3節の論理からすれば，これを否定的に解する必要はないでしょう。もちろん引用によって著作（権）者の利益を不当に害してはなりませんが，すでに「公正な慣行」「正当な範囲内」という要件によって縛りがかけられています。加えて，要約引用が多くなったからといって，学術論文に限っては翻案権の市場が侵食されるという事態は考えにくいからです[12]。

　逆に学術論文の場合には，先人の業績を与件として，その上に何らかの付加価値を付けることが期待されているのですから，要約引用ができないとすると不都合が生じます。たとえば，原文のままの引用が必須だとすると，関連する箇所を切れ切れに引用することになって，かえって論点が分かりにくくなるケースも考えられます。「表現が類似しない要旨」を強制すれば，逆にその要旨の是非が論争の種になりそうです（第8章3-2項に，要約引用の具体例があります）。

　私などは，私自身の論文に関する他の学者の「要約引用」を読んで，自分の論文の価値を見直したことさえあります。「要約」には，そのような役割もあるのです。この点が争われた『血液型と性格の社会史』という書物をめぐる裁判で，「（引用の成立）の要件を満たすような形で，他人の言語の著作物を新たな言語の著作物に引用して利用するような場合には，他人の著作物をその趣旨に忠実に要約して引用することも同項により許容されるものと解すべきである」との判決が下されていますが，下級審の判決とはいえ一般化が可能な，妥

---

12) 他の著作物の場合は，翻案を広く認めてしまうと，「音楽の著作物を編曲して引用したり，美術の著作物を変形して引用したり，あるいは，脚色または映画化のように異種の表現類型へ変換したり，物語の時代や場所を変更する等典型的な翻案をした上で引用する」（本文にある東京地裁判決）ことをも認めることになりかねません。現に原作に基づいたメディア変換やグッズなどへの展開は，新たなビジネス・チャンスとして期待されています。

当な結論と思われます[13]。
　その際，判決が挙げている根拠は，おおむね以下のとおりです。

① 「原著作物をそのまま使用する場合に限定されると解すべき根拠はない」
② 原文のまま広い範囲の引用をすれば，「引用の名のもとに他人の著作物の全部又は広範な部分の複製を認めることにな」り，「公正な慣行に合致するとも，正当な範囲内のものともいえなくなるおそれがある」
③ 「一定の観点から要約したものを利用すれば足り，全文を引用するまでの必要はない場合がある」
④ 「原文の一部を切れ切れに引用する」よりも，「原文の趣旨に忠実な要約による引用を認める方が妥当である」

　懸念があるとすれば，要約が適切でないために，著作者の「意に反する改変」がなされるのではないか，すなわち著作者人格権の一つである「同一性保持権」が侵害されるのではないか，という点でしょう。ただし，この権利を定める条文が，同時に「やむを得ない改変」をも認めていることは興味深い点です。

　　著作権法第20条（同一性保持権）
　　１．著作者は，その著作物及びその題号の同一性を保持する権利を有し，その意に反してこれらの変更，切除その他の改変を受けないものとする。
　　２．前項の規定は，次の各号のいずれかに該当する改変については，適用しない。
　　　一　（略）
　　　二　（略）
　　　三　（略）
　　　四　前三号に掲げるもののほか，著作物の性質並びにその利用の目的及び態様に照らしてやむを得ないと認められる改変

　結局，「翻訳引用」とのバランス論から見ても，通常の「要約引用」は上記

---

[13] 東京地判1998年10月30日，判時1674号132ページ，判タ991号240ページ。

20条2項四号によって認められると考えるべきであり，例外として要約の仕方が著しく著者の人格を傷つけるような場合は，人格権侵害の問題となると考えるべきでしょう。

5．引用類似の行為：編集・翻案からパロディまで[14]

さて「引用」という形態は，原則として（「要約引用」などを除けば）原作品を改変することなく利用（使用）する場合です。これを部分的にせよ改変する場合は，どうなるのでしょうか。一般的に，改変は著者の意に反するものであれば，翻案権等（27条），または著作者人格権の一つとしての同一性保持権（20条）の侵害になります[15]。ただし，改変に創作的価値があり，新たな著作物が創作されたと考えられる場合には，著作権侵害にはなりません。それどころか，新たな著作物に，別の著作権が発生します。

その中間にあって，許諾を受けた正規の「編集著作物」（12条）や「データベース」（2条1項十の三，12条の2），「翻案等」に該当する場合（二次的著作物，2条1項十一号）には，二次的著作物等の著作権そのものは有効ですが，このことは原著作物の著作権には影響がないとされています（12条2項，12条の2第2項，11条，28条）。したがって二次的著作物等を利用したい人は，当該作品の著作者だけでなく，原著作物の著作者の許諾を得なければならないことになります。

以上の関係を図示すれば，図3.1のようになります。最右翼が「引用」で，これは現著作物を「元のまま」に維持した上で，これを許諾を得ないで利用できる制度です。仮に，著作物の利用者が自由利用できる範囲を「フェア・ユース」という語で包含できるとすれば，その代表例ということになります。

「引用」より縛りがきつく，著者（著作権者）の許諾を得て行なうのが「編集」です。ただし「編集」に創作性があれば，編集された著作物（編集著作物，

---

14) 本節を読まれる前に，第2章のコラム「文学者の考える『引用』」を読んでください。
15) 翻案権等の侵害と同一性保持権の侵害については，前者が「内面形式を維持しつつ，外面形式を変更するもの」で，後者は「内面形式をも変更するもの」という区分が提唱されています（加戸［2006］pp.171-172）が，ここでは深入りしません。

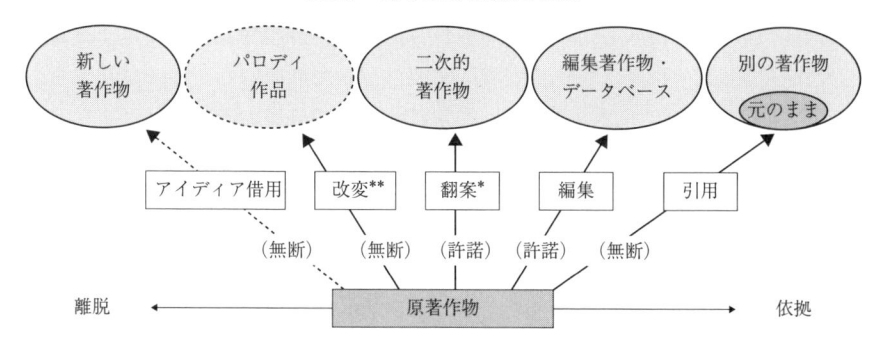

第3章 引用可能な著作物と引用類似の行為　　55

図3.1　引用と引用類似の行為

```
  新しい     パロディ      二次的       編集著作物・    別の著作物
  著作物     作品         著作物       データベース    元のまま
    ↑         ↑           ↑             ↑           ↑
  ┌─────┐  ┌────┐    ┌────┐       ┌────┐      ┌────┐
  │アイディア│  │改変**│    │翻案*│       │編集│      │引用│
  │ 借用  │  └────┘    └────┘       └────┘      └────┘
  └─────┘  （無断）   （許諾）      （許諾）     （無断）
   （無断）
  離脱 ←──────────── 原著作物 ────────────→ 依拠
```

＊翻案権・同一性保持権との関連あり。
＊＊ただし原著作物が容易に推定できる。

データベース）には，それ独自の著作権が成立します。次いで著者（著作権者）の許諾を得て改変するのが，「翻案」（翻訳・編曲・脚色など）です。この場合も，出来上がった作品に創作性があれば，それ独自の著作権（「二次的著作物」）が成立します。

　一方，著作権は表現を保護するもので，アイディアを保護するものではないことには，繰り返し触れてきました。したがって，原著作物のアイディアだけ借用して，別の作品を作り，それに創作性があれば，新しい作品は著作物として保護されます。借用に許諾は必要ありませんし，そもそも著作権法の外の問題ですので，図では点線で表示されています。ただし利用の仕方によっては，著作権侵害や「剽窃」という非難が付きまとうことについては，第1章のコラム「盗作の文学史」などを参照してください。

　この間にあってパロディは，原著作物を無断で改変しつつ，新たな創作性を追及するものです。一般に，他人の作品に刺激を受けて新たな作品を作る場合は，もとの著作物（原著作物）の「翻案」になるため，原著作者の許諾が必要ですが（27条），パロディには「茶化し」あるいは批判的な要素があるため，許諾は得ようとしても得られないことが多いと思われます[16]。

16）ハッチオン［1993］によれば，「茶化し」は必須の条件ではなく，「批評的距離を置いた拡張的反復」（訳書 p.21 および p.86）や，「文脈横断の複雑な形式と転倒」（p.39）「コードの共有」（p.61）「意図／解釈の領域を拡張する」（p.78）などが，パロディの特徴とされます。

パロディの場合，片方で原作品が類推できなければ面白みがないので，形式的にはそれに「依拠」しており「類似性」があると言わざるを得ないでしょう。したがって形式的には，著作権侵害の2要件を満たしていることになります。しかし他方でパロディは，原作品に通常は「辛目の」付加価値を付けるものであって，芸術の一つの類型だと言われています。

　したがって，パロディをどの程度許容するかは，その国の文化的風土と関係を持っており，わが国は諸外国とは違って，あまり許容度が広くはないようです[17]。第2章5節で述べた最高裁の判決が，パロディを扱いながら「引用」の先例となったのは，ある意味では不幸なことだったかもしれません。ただし，これ以上深入りすると，何冊もの本を書かねばなりませんので，文献案内のハッチオン［1993］などを参照していただくとして，この辺りで終わりとします（本書の中でも第8章3-3項以下に，補足説明があります。またアメリカの代表的なパロディ訴訟については，名和［1996］を参照してください）。

6．孫引きと伝聞（間接引用）

　本章の最後に，いわゆる「孫引き」と「伝聞」に触れておきましょう。
　繰り返すように学問の発展は，先人の業績に後代が何ほどかの付加価値を追加することによって，成し遂げられてきました。したがって時代が下るほど，より多くの蓄積が利用可能になっている，ということを意味しています。このことは幸福でもあり，不幸でもあります。
　幸福というのは，過去の偉人でさえ知らなかったことを，私たちは当然の知識として身につけていて，それを知らなかったとしたら陥りそうな誤りから逃れているからです。不幸というのは，私たちは，過去の偉人が学ばねばならなかった事柄の何倍，何十倍もの知識を，学んで身につけなくてはならないからです。
　この後者を可能にしているのが，先人の業績を圧縮して身につけるという手法で，引用もそのことに一役買っています。しかも，かつてはそれを文字情報

---

[17] フランスは，注5）で述べたとおり著作権法の中に根拠規定を置いており，アメリカなどでもパロディが広く認められているように見受けられます。

によって得るしかなかったのですが，技術が発達した現在では，文字・データ・静止画・動画などあらゆる形態で知得することができます。私たちが「知っている」と考えていることの大半は，自分で原典を読んで確かめたり，実験その他で経験したことではなく，こうして間接的に得た情報で占められていることでしょう。

したがって学術論文を書く際にも，誰それがああ言っていたとか，どこそこにこう書いてあったということを真に受けて，その根拠を十分確認しなかったり，出典を明記しなかったりする危険が増えています。中でもとりわけ陥りやすいのが，誰かが引用している書物なり論文なりの断片を，そのまま「再引用する」，いわゆる「孫引き」です。この危険は，次章で述べる「コピペ」の危険と平行して進んでいるようです（第11章1-4項では，これを「引用のコピー」と呼んでいます）。

しかし皆さんのように学者や研究者を目指している方々は，「孫引き」や「伝聞」に基づいて記述できるのは，ごく限られた場合だということを肝に銘じてください。限られた場合とは，原典に当たることが不可能か，きわめて困難なケースです。具体的には，古典に属するもので閲覧の許可が要るとか，外国に所在するものでアクセスが制限されているような場合です。

それ以外は，原典を直接引用するか，自分で原典に当たって確認するように努めてください。「孫引き」の場合には，引用者が引用箇所を間違えていることもありますし，内容を読み違えていることもあります。書誌学者の中には，間違った引用がどれだけ連鎖しているか，という統計をとっている人もいます。練達の査読者なら，原典に当たったかどうかを，何らかの兆しで見抜いてしまうかもしれません。

「伝聞」の場合には，伝え聞いた内容を確認できる証拠を探してください。これがないと，第1章3節で引用の機能として挙げた3つのうち，「②先人の業績に直接アクセスするための便宜を図る」と，「③（それを通じて）先人の業績を検証・反証することを可能にする」の部分が欠けてしまいます。確認がとれないがどうしても引用したい場合は，確認できない事情を述べておくのが良いでしょう。

なお，辞典類やデータベースから，その引用部分を含めて引用する（引用部

分については再引用する）ことは，出典を明示すれば許されます。辞典類の目的が，世間一般ですでに常識化している事項を，分かりやすく説明することにあるからです。ただし，論文のテーマが，まさに辞典類の掲載事項そのものに関する場合は，原典から引かねばならないのは当然のことでしょう。

　このことは，翻訳書とその原典との関係についても言えます。語学が達者であれば，原典を読んでそれを引用するのが，正しい方法です。しかし，すべての書物を外国語で読みこなすのは，容易なことではありませんし，大量の情報が行き交う現代に，それを求めるのは非現実的です。そこで信頼できる翻訳書であれば，翻訳書を読み，それを引用することも許されている，と考えるべきでしょう。

　ただし学問的に論争になりそうな箇所は，原典に当たって訳が正確がどうかを確かめておかれることを，お勧めします[18]。また，翻訳書に「誤訳」があった場合にも，引用者が責任を免れることはできません（山内［2001］p.133 も同様の主旨を述べています）。

　原典に当たることは，手間隙のかかる作業です。とくに締め切りに追われつつ論文を執筆している場合は，この作業は後回しになりがちです。しかし，この最後のチェックをないがしろにしたために職を失った人や，信用を著しく低下させた人など，私たちのような年配になれば，回りに何人もの実例を見てきています。読者がその仲間に加わることだけは，何としても避けたいものです。杞憂であれば良いのですが，コピペが容易になっただけに，余計心配です。

コラム ●─● **ウィキペディア以前と以後？**

ウィキペディアは，ある事柄を調べるに当たっての第一ステップとして，大まかな知識を得るためには，ベストに近い手段です。しかしあまりに迅速・簡便・安価に情報が手に入るので，麻薬に近い効用があり，うっかりすると中毒になりか

---

[18] 私たちが本を出すときも，原典に当たったかどうかを，常にチェックされています。勁草書房をはじめとする名のある出版社は，校正の際に『出版年鑑』を手元において，著者の引用した書物が正しい著者名・書名・出版社・出版年で掲載されているかどうか，一つ一つチェックしています。

ねません。以下の記述は，アスリーヌほか［2008］の冒頭からのものですが，この間の事情をよく伝えています。

「『では，これまでどうやって調べていたのですか』
　この一年，私が何度も思い返したのはこの言葉だ。シアンスポ（パリ政治学院）・ジャーナリズム学科マスター・コースの学生たちの誰もが私の主張に異議を唱え，議論の終わりに一人の学生がぽつりと漏らした質問。今や大学入試資格試験バカロレアで「優」ないし「優の上」をとる学生は情報ソースとしてウィキペディアを当たり前のように利用している。それを確認したあとで，私は学生たちにいっそうの用心，批判精神，知的厳密さを持つようにと訴えた。しかし二時間にわたって説明し議論したが，理解してもらうのは困難だと諦めざるを得なかった。そのとき，『では，これまでどうやって調べていたのですか』との質問。唖然とした。ウィキペディアが登場する前，我々はもっときちんと調べていたのだから。
　オンライン百科事典の登場前も資料探しができたことを，優秀で将来性のあるこれら学生たちが知らなかったという単純な事実は，我々の認識が浅かったことを露呈するものだった。新しいものを受け入れる姿勢で彼らに敗北したと大げさにいったところでどうなるものでもない。将来のエリートたちは，ジャーナリズムが記事の情報ソースを探して確認したり，歴史家が昔の記録や分析を報告するため図書館をかけずり回ったり，資料係が信頼できる文献から議論の余地のある文献まできちんと整理していたことを，想像すらできなかったのだ。
　そうなら事態は極めて深刻だ。ウィキペディアが情報ソースにあたるべしというルールをやがてだめにして行くかもしれない。」

ウィキペディアは「みんなの知恵（the wisdom of crowd, スロウィッキ［2006］）を集めるところに威力を発揮しますが，「みんなの意見は案外正しい」（邦訳書のタイトル）というのが正直なところで，「常に正しい」わけでもないし，「より正しくする」ための編集作業もボランティアに依存しています。また，その編集が「匿名」でも可能であるため，これを学術論文の典拠とするのは，しばらくは避けておいた方がよいでしょう（「匿名編集」の割合は，フランス語版19％がもっとも低く，日本語版の47％は「突出して高い」（木村［2008］p.151）と言われています）。

もちろん編集者がいれば「必ず正しい」とは限りませんが，著名な編集者を確

保することによって,「正しい蓋然性を高める」ことは必要でしょう。たとえば,スタンフォード大学が主宰する Stanford Encyclopedia of Philosophy = SEP では,世界の学術機関に所属する大学教授などの専門家が「編集委員会」(編集長 3 名,編集委員 106 名,2008 年 8 月 11 日現在)を組織して,項目選定,執筆依頼,ピア・レビューを行なって,インターネット上で公開しています(項目数は,2008 年 11 月に 1,000 を超えたと称しています)。

　「この事典の特徴は,オンラインであることを活かし,一方で,記事が(大幅に)修正,更新される余地を残すとともに,版管理を明確にし,年に 4 回「確定版」をアーカイブ化して,オンラインに所蔵する点にある。つまり,ある項目は絶えず修正・更新される可能性があるが,学術的論考である以上,修正・更新もまた,ピア・レビューを受けるため,(略)最初に公開された項目,修正・更新を受けた項目を,それぞれ『2002 年冬版』『2007 年春版』といった形で,年に 4 回アーカイブ化する機会を設けて,『化石化』を行なう」(木村[2008]p.146)。

したがって,先に述べたように,ウィキペディアを学術論文の典拠とするのは,しばらくは避けておいた方がよいという結論になります。「学術的情報源としてみた場合,少なくとも哲学の領域に関して,ウィキペディアは SEP に及ぶべくもない。他の学術的領域に関しても,専門的議論になればなるほど,ウィキペディアは専門家たちの編集する事典に肩を並べることは難しいだろう」(同上)という懸念は当たっていると思われるからです。

因みに,SEP サイトでは「以下のように引用して欲しい」としています。

Wilson, George, 'Action'. The Stanford Encyclopedia of Philosophy (Winter, 2007 edition), Edward N. Zalta (ed.).
URL =〈http://plato.stanford.edu/archives/win2007/entries/action/〉.

第4章　ウェブ・サイトからの引用

　インターネットが普及して，「情報のネット検索」が一般化すると同時に，著作権との関連が注目されています。インターネットは情報の宝庫ですから，検索エンジンで検索すれば，図書館等で原典に当たりながら調べ物をするのに比べて，圧倒的に広範囲な調査が，しかも短時間で可能です。そしてヒットしたサイトから，「コピー＆ペースト」（俗称「コピペ」）すれば，瞬時に他人の著作物を利用した「素材」を手にすることができるからです。

　ここで私が，注意深く「素材」という言葉を使ったことに注意してください。皆さんもコピペをしたものを，ほんの少し変えるだけでレポートを作成して，無事単位を取得した経験がありませんか？　その際，大部分の人は「これはもともと他人の作品だから，そのままでは著者に失礼であるし，著作権侵害の疑いもある」ということや，「素材」をもとに自分なりの考えを示すことが，レポートの課題として問われていることを知っています。

　そこで前後を入れ替えたり，表現を微調整したり，自分なりの意見を書き加えたりするうちに，締め切りが近づいたので心ならずも，中途半端なまま提出してしまったのではないでしょうか？（そうでない「確信犯」は許されません）。私たちが「引用の作法」というようなテーマで，大学院で講義をしてみると，「ウェブ・サイトから引用する場合も同じですか？」という質問が圧倒的に多いのも，こうした現状を反映しているものと思われます。

　このような事情を踏まえて，本章ではインターネットとブラウザの普及で一般化した，ウェブ・サイト上の著作物と引用との関係について，現状と問題点および若干の解決策について述べます。その態様は大別して，「ウェブ上の他人の著作物を利用する場合」，「その場合の表記法」，「他人の著作物にリンクを張ることができるか」，「最新技術に関する諸問題」の4つのケースに分かれます。

1．デジタル化と著作権

　本題に入る前に，デジタル化・ネットワーク化という現状が著作権法にどのような影響を与えているかという点について，一般的な説明をしておきましょう。往々にして，こうした一般的知識の有無や豊富さが，その人の判断に影響を与えて，時として異常な逸脱行為を誘引したり，逆に硬直的な法解釈に固執したりする場合が見られるからです（名和［2004a］）[1]。

　著作権法は，ベルヌ条約を起算点にしても 100 年以上の歴史がありますが，その間の技術進歩はめざましいものがあります。レコードや CD・DVD など主として音声・映像情報の録音・録画技術，複写機やコンピュータ・外部メモリーなど主として符号情報の（記録）複製技術，ラジオ・テレビやインターネットなど主として伝送技術の登場は，ベルヌ条約の複製権（字義通りには「複製する権利」ですが，著者等が複製することは稀であり，その実は「複製を許諾したり禁止したりする権利」です）を中心とした法構造を脅かすものでした。

　しかし先人達は，予想すらできなかった新技術に対しても，著作権法の主旨を巧みに解釈することや，法律の条文に最低限の補正を加えることによって，これを既存の法体系の中に包摂してきました。このような曲芸が可能であったのは，近代著作権制度が，①「著作物」という言葉に表されるように創作の結果は「モノ」に体現される，②オリジナルは特定できる，③複製にはコストや時間がかかり品質は必ず劣化する，④伝送による複製は品質の劣化で不可能か，極度に高くつくか時間がかかりすぎる，⑤改変についても事情は同じ，という暗黙の前提の上に成り立っていたからです（林［2003b］［2008］）。

　これはアナログ技術の制約と言い換えてもよいのですが，その制約が逆に制度の安定をもたらしていたとも言えます。なぜなら，「モノ」に体現されたオリジナル（原本）が存在するということは，本物と偽物（コピー）を見分けることを可能にし，複製すれば確実に品質が劣化することは，違法コピーの蔓延にも技術的な上限があることを，意味することになるからです（牧野［2002］）。

1）デジタル化，ネットワーク化の著作権制度に対する見通しを最初に指摘したのは，米国議会技術評価局（OTA）の報告書（OTA［1986］）だと思われます。

ところがデジタル技術においては，①創作物を「モノ」に体現させずデジタル的素材のまま交換することができ，②複製することは瞬時にほぼ無料でき，③かつ品質も劣化せず，④これを伝送しても条件は同じ，⑤改変もまた同じ，ということになってしまいます（林［2004］［2008］）。

　たとえば，小説をパソコンで書いて，そのまま電子ファイルで保存しているとしましょう。ある日気が変わって，一部を手直しして上書き保存したとすると，修正済みのものが新しい創作物になって，前のものはなくなってしまいます。もちろんバージョン管理を厳密に行なっていれば，新作・旧作ともに自分の著作物だと主張することは可能ですが，通常は絶えず更新を続けることが多く，どれがオリジナルかは本人もわからない場合があります[2]。

　またこの小説を，ネット上で交換する場合を考えてみましょう。相手が親しい友人であれば，お互いに無償で交換して批評してもらうこともできますし，知らない人との有償・無償による取引も可能です。しかし中には契約を守らない者がいて，勝手に第三者に送信してしまうかもしれないし，内容を改変してあたかも自分の作品のようにして発表するかもしれません。

　かつてのアナログ時代には，このようなコピーや伝送を繰り返せば必ず品質は劣化するので，オリジナルとは価値が違った別商品に転化してしまったとして，違法コピーを目こぼししてもあまり問題はありませんでした。また，有形物に体現された取引が一般的であれば，違法コピーの発見や差止めも容易であり，最初の販売時点を抑えておけば，次の販売は自由にしておくこともできました（消尽理論＝権利の目的が達成され，あるいは権利が使い尽くされたため，その権利が及ばないこと）。

　しかし，デジタルではオリジナルと同じ品質のものが再生され，世界中に拡散され，一次販売も二次販売もなく，創作者の被害は甚大になります。加えて，権利侵害に対して裁判による救済を求めようにも，デジタル財には次のような特性があって，うまく機能しないことが分かってきました（林［2004］［2008］）。

①オリジナルがどれかも判然としないので，複製がオリジナルに「依拠」した

2）また，この旧作が気に入らないので完全に廃棄したつもりでも，どこかにキャッシュされていて，後刻著者の知らないうちに復刻されるかもしれません。

ものかどうか判断が難しい。
②ネットワークを介して複製が行なわれると，被害は世界規模になり，加害者を特定し難い（林［2001b］）。
③被害額が膨大であり，短期間に発生するので差止めの効果が薄い。
④そこで勢い，情報の仲介者の責任を問うことになりがちである（いわゆる「プロバイダ責任（制限）法」は，こうした要請に応えて制定され，実際の運用も著作権侵害とされるコンテンツの削除依頼が，圧倒的に多いといいます）。
⑤国境を越えた紛争になりやすく，準拠法・裁判管轄などの問題が発生する。

　著作権法は本来，創作者に対して創作物の一定期間内における排他権を与えて，創作のインセンティブを与えるとともに，他方これを利用する人々が使いやすいよう担保して，両者相俟って文化の発展に寄与しようとするものです（「インセンティブ論」という説明の仕方で，通説となっています）。

　しかし，デジタル財についてアナログ時代と同じ保護レベルを維持しようとすると，次のいずれかに傾きがちです。

　　状態A：デジタル技術を活用して，1回しかコピーできないとか，特定の（権限のある）人しかコピーできないといった，制約を課すことが可能である。また，コピーの軌跡を追跡することも可能であるから，著作権は完璧に守られるし，従来不可能であった個別（相対）ライセンスも可能である。
　　状態B：上記の技術は「抜け道」を誘発し，強制力に疑問があるため「禁酒法」と同じ運命を辿る恐れがある（林［2001a］）。逆に厳しい設定が有効に機能すると，利用者に不便になり利用度が落ちて，ビジネスとして成功しないかもしれない。加えて「公正な利用」など，本来利用者が自由に使える領域を狭める恐れがある。

　ここで状態Aと状態Bのバランスをとることは，極めて難しくなります。つまりデジタルの「離散的」という性格そのままに，どちらかの状態に振れやすく，権利者と利用者の利益の考量を再構築する必要が生じます。現在，著作

権に関する多くの紛争が発生し,しかも誰もが納得する解決が難しいのは,このような事情によるのです(名和[1996][2004a])[3]。ただし,誰もが創作者にも利用者にもなれるインターネット時代には,前者と後者の分類は固定的なものではあり得ず,時として立場が逆転することがあることにも留意すべきです。

ウェブ上の著作物の取扱いについては,上記のような問題点が凝縮されていますので,そのような問題意識を持って,論を進めていきましょう。

2．ウェブ上の他人の著作物を利用する場合[4]

ウェブの特徴は,発表者が広く使ってもらうことを想定していると思われる点にあるので,自由に使えるのはどのような場合かを検討してみましょう。

ウェブ上の他人の著作物を利用しようとする場合も,著作者(あるいは著作権者)の許諾を得れば,その条件内で利用できることは,他の著作物の場合と変わりありません。これを使う側から見れば,著作権法との関係で以下の諸点が問題になります。

①わが国の著作権法が定める著作物に当るか。これに該当しなければ,自由に使ってよいことになります。
②著作権の保護期間内か。保護期間を過ぎていれば,自由に使えることになります。
③著作権法が定める「著作権の制限」(30条～50条)に該当し,当該著作物を自由に利用できるか。

これらを順に検討し,もし著作権侵害となる恐れがある場合には,著作権者から使用許諾または著作権の譲渡を受けなければならなりません[5]。なおここ

---

3) 最も新しい著作権法の概説書である中山[2007]は,このような現状を「著作権法の憂鬱」という言葉で表しています(p.2以下)。
4) 著作権法では,利用と使用は明確に区別されています。「公正な利用」を述べた同法1条と,「私的使用」を規定した同法30条を対比してください。ただし,なぜか許諾については「利用許諾」と言わず「使用許諾」という用法が慣用化しているので,本章でもそれにならいます。
5) 岡村[2000]は,上記のほか「わが国で保護されているものか」を検討事項に挙げますが,これに該当しないケースはごく限られているので,ここでは省略しました。

では③をさらに,「私的使用」「引用」「教育機関における複製」の3つに分けて議論します。

2-1 著作物性

著作物とは,「思想又は感情」を「創作的」に「表現」したものであって,「文芸,学術,美術又は音楽の範囲に属するもの」であることが要件です（2条1項一号）。ここで前3者の規定から除かれるものを例示すれば,「単純なデータ」「機械的な模写」「アイディア」などが挙げられています（加戸［2006］pp.19-21 参照）。また判例では,「ありふれた表現」も保護されません[6]（なお,この点については,第9章3-2項により詳しい説明があります）。

後者の範囲は意外に緩やかで,「知的・文化的な包括概念の範囲に属する」（加戸同前）かどうかで判断されています。つまり,特許権における「自然法則を利用した技術的思想の創作のうち高度のもの」（特許法2条1項）とは異なり,著作物の保護範囲は相当広いと考えておくのが安全でしょう。その分,自由に利用できる範囲は限定されていると思ってください。

2-2 保護期間

実名または周知の変名の著作物は,著者の存命中および死後50年保護されます（51条2項）。無名・変名の著作物は公表後50年の保護ですが,それ以前に著者の死後50年が明らかな場合は,その時点までです（52条1項）。団体名義の著作物は,公表後50年ですが,創作後50年以内に公表されなかったときは,創作後50年までです（53条1項）。

このように保護期間は一般的に「50年」が基準ですが,映画の著作物についてだけは,公表後70年で,公表されなかったときは創作後70年で消滅します（54条1項）。以上の保護期間内にある著作物については,次項のような例外を除けば,著作者から使用許諾を得なければなりません。

---

[6] 東京地判 1995 年 12 月 18 日。知裁集 27 巻 4 号 787 ページ。

2-3 私的使用

30条1項は,「著作物は個人的に又は家庭内その他これに準ずる限られた範囲内において使用すること」(私的使用)を目的とするときには,原則としてその使用する者が複製できるとしています。「私的使用」の範囲は,「社内の同好会とかサークルのように10人程度が一つの趣味なり活動なりを目的として集まっている限定されたごく少数のグループ」(加戸 [2006] p.225)が代表例です[7]。したがって,ウェブ上の公表物を自己の作品の中に取り込む行為も,ローカルでしか使用しない私的日記のようなものに取り込む場合を除けば,「私的使用」に当たらないと考えられます。さらに取り込んだ作品を再度ウェブ上で公開する行為も,この「私的使用」のケースではありません。いずれに場合も,次の「引用」に当たるか否かで判断されることになります。

2-4 引用

他人の著作物を自由に利用できる代表的事例は「引用」です。32条1項は,「引用」に関して,「公表された著作物は,引用して利用することができる。この場合において,その引用は,公正な慣行に合致するものであり,かつ,報道,批評,研究その他の引用の目的上正当な範囲内で行われるものでなければならない」と規定しています。本項にいう「引用」に当たる場合には,出所を明示することによって(48条),著作者の同意がなくても他人の著作物を利用することができます[8]。

次に「引用の目的上正当な範囲内」かどうかに関して,他人の著作物を自己の著作物中に持ってくる必要性が問われます。この要件を欠いて,ある著作物をホームページ中に用いることや,絵画を表紙や挿絵に用いることは適法な「引用」に当たりません(岡村 [2000])。ホーム・ページが流行し始めたころは,インターネットは「何でもあり」の世界で,このように他人の著作物を自由に

---

[7]「複製を有する者の属するグループのメンバー相互間に強い個人的結合関係があることが必要」であり,「個人的結合関係の存在とグループの規模の小ささを前提としている」と解されています(加戸 [2006] pp.225-226)。

[8] 出所を明示するには種々の方法がありますが,私の場合は,本書第1部の[引用文献]欄が示すような要素が,不可欠だと考えています。詳しくは,第6章と第7章を参照してください。

利用できると誤解した人も少なくありませんが，今日では「適法な引用」でなければならないことは，常識化しているかと思います。

さらに引用に当たっては，カギ括弧をつけるなど，自分の著作物と引用部分を区別すること（明瞭区別性），自分の著作物が主で，引用される著作物が従であること（主従関係）が必要であることはすでに述べたとおりです（最高裁1980年3月28日判決[9]）。

2-5 教育機関における複製

2003年の著作権法の改正において，「学校その他の教育機関における複製」を定める35条が大幅に改正されました。まず1項「教育を担任する者」が「……及び授業を受ける者」と改められ，受講者も授業中に発表するために，他人の著作物を複製などして，提供（配布）・提示できるようになりました。これは，本書の主たる読者層である大学院や学部の学生さんなら，従来から学内では日常的に行なってきた行為かと思いますが，それが法的に追認されたことになります。

また新設の2項において，対面授業で認められていた原作品と複製物の提供（配布）と提示の公衆送信（送信可能化も含む）ができるようになりました。これによって一定の要件を満たせば，他人の著作物が含まれる教材を，インターネットなどを介して遠隔地にいる受講者にも提供（配布），提示することができます[10]。

しかし，35条2項の要件に関する一般的解釈によれば，

・教育主体が，非営利目的教育機関であること，
・「主会場」（「教育を担任する者」と同じ場所に受講者が存在すること）と「副会場」（主会場と時間的には同一）が存在する授業形態であること，

---

9) 第三小法廷判決「パロディ事件第1次上告審」民集34巻3号244ページ。なお同判決は，本文の2条件のほか「著作者人格権を侵害しない」という第3の要件も掲げていますが，これには賛否両論があります（斎藤・半田［1994］における田村説と，同［2001］における伊藤説を対比してください）。
10) 併せて2項において38条の営利を目的としない上演，上映なども公衆送信可能となったので，他人の著作物が含まれる映像や音楽などをインターネットを介して公衆送信し，受講者に提供（配布）・提示することができるようになりました。

・視聴（受講）できる者に上限があること，
・生中継される授業を受信地点で同時に受ける者に対する公衆送信であること（同期型の授業のみ）
・主会場で教材として配布等が行なわれている著作物であること，

などが必要とされています[11]。

しかし，このような一般的解釈には，次のような問題点があります。

・「送信可能化」とは，受信者側において情報受信の時期を決定できるように，情報をサーバ等においておくということである。同期の授業しか認めないならば，「送信可能化」の主旨と合致しない（ストリーミング送信でも対処できる）。
・インターネットを利用した教育では，非同期の授業がかなりの比率を占める。
・35条は大学教育までの適用を前提としているので，同期授業中心の初等・中等教育を念頭おいた解釈の要件を，再検討する必要がある。

distance education はインターネットを利用した教育を行なっていく上で，権利者と利用者の利害関係について他国との整合性が必要な分野であり，わが国においても，もう一歩突っ込んだ検討が必要と思われます[12][13]。

3．他人の著作物を引用する場合の表記法

前節で述べた利用が認められる場合の態様は，法的には「私的使用」「引用」「教育機関における複製」などさまざまでした。しかし皆さんが大学院等で行なう活動を想定すれば，論文中に使うにせよ発表に使うにせよ，一種の「引

---

[11] 文化庁（編著）[2003] および岡村久道氏の講演資料などを参考にしました。
[12] 合衆国著作権法110条を改正するアメリカの TEACH ACT（Technology, Education and Copyright Harmonization Act of 2001）では，Digital Distance Education において，非同期のものを含めて，public transmission を認めるべく詳細な条件が記載されています。
[13] 現在アメリカやイギリスの大学で distance education を受講している日本人が相当数おり，この面では高等教育の国際競争は顕在化しています。日本の大学が時流に遅れ，日本の法制もそうだとすれば，日本の高等教育の空洞化が生ずる虞れがあります。

用」に該当すると考えて対応すれば間違いないと思われます。そうすると，引用の要件の一つである「出典明示」が必要になりますが，それではどのような表記法をとったらよいのでしょうか？

　この点について，基本的には一般のルールと違った点はありません。ただしウェブという表現手段が比較的新しいことと，日進月歩で進化していることから，伝統的な表現方法とは趣を異にしていることは事実です。

　すでに述べた Chicago，MLA，APA の 3 大システムにおいても，ウェブ関連の表記法について，以下の 10 のパターンに分けています。

①ウェブ・サイト全体
②著者が明らかなウェブ・ページ
③無記名のウェブ・ページ
④ウェブ・ログの投稿またはコメント
⑤ビデオ・クリップまたはニュース・ビデオ
⑥ビデオ・ブログ，ウェブ・サイトのビデオ，それらのコメント
⑦ポッド・キャスト，ビデオ・ポッド・キャスト
⑧パーソナル・ネットワーキング・サイト
⑨メーリング・リスト，ニュース・グループ，リスト・サーブ
⑩個人的なメール（ただし，APA には入っていない）

これらに共通する表記法は，概ね以下のとおりです。

　　Yale University, History Department Home Page
　　〈http://www.yale.edu/history/〉（accessed September 10, 2008）

ここで若干のコメントを加えておきましょう。

(a) 著者，著作物名，公表者名を表記することは書籍の場合と変わりませんが，ホーム・ページの場合は通常著者と公表者（ウェブの運用者）は同じなので，後者は省略されています。
(b) URL（Universal Resource Locator）を表示するのが，ウェブ系の出典明示の基本です。その書き方には種々の方法がありますが，全体を〈　〉で囲

むのが，紛らわしさを減らす意味で良いかと思います（MLA の方法）。
(c) アクセスした日を表示することをお勧めします。というのも，更新が頻繁に起きたり，時にはサイト自体が消滅しかねないこともあるので，どの時点の情報であるかが重要だからです。ただし，引用の都度表記するのではなく，本文中や注記で一括してアクセス方法を記しておくことも可能です。

以上が，現在アメリカで認められつつある一般的なルールです。ただし実は，これだけでは十分ではないと思われるケースがあります。それは常に更新を続けることを前提にした電子辞書である「ウィキペディア」のようなサイトを引用する場合です。この場合には，世界中どこからでも，いつでも更新される可能性があるし，また管理者もそれを期待しているわけですから，どの国の時間の何字何分にアクセスしたのかを示した方が，信頼度が高まるでしょう。したがって表記法は，

　（accessed 19:30 JST, September 10, 2008）

のようになります。

ところでウィキペディアの問題点は，他にもあります。この分野の先駆的論文である Denning et al.［2005］は，ウィキペディアの記事を信頼することに伴うリスクを，次の6点にまとめています（この点を，より良く理解するためには，前章のコラムを先にお読みください）。

①正確性（Accuracy）（どの項目も常に誤っている可能性がある）
②動機（Motives）（記事を執筆したり編集したりする目的は多様）
③不確実な専門性（Uncertain Expertise）（執筆者がどこまで知っているか分からない）
④不安定性・変動性（Volatility）（記事がいつ再編集されるか分からない。悪意ある編集の可能性がある）
⑤対象範囲の偏り（Coverage）（全体の組織的体系化に欠け，参加者の関心に左右される）
⑥参照元（Source）（参照文献・資料への言及の少なさ，偏り）

これらの項目は，本書の主題である「引用」に，多かれ少なかれ関係のある事柄です。前章のコラムに掲げたアスリーヌほか［2007］の見方を参考に，読者の一人ひとりが考えてください。

4．他人の著作物にリンクを張ることができるか

　私たちが自分の作品をウェブ上で公開する場合に，その中で引用したい作品もまたすでにウェブ上で公開されているとしたら，書籍などで一般化した「引用」の仕方に準拠するのに加えて（あるいは，それに代えて），直接リンクを張って良いでしょうか？

　まず「リンクを張るためにはリンク先から承諾を受ける必要があるのか」という論点があります。この点については，技術進歩が早いため現在では実行上「リンクは自由」という社会常識が出来上がっていると言えるでしょう。「リンクお断り」の表示があるかどうかを問わず，「無断リンクであっても原則として著作権の侵害に当たらず，リンク先の承諾は不要」であるとする見解が一般的です。

　この結論は，リンク先がトップページであっても下位のページ（深層リンキング）であっても同じでしょう（岡村［2000］）。ただし，ここでの議論は法制面に関するものであり，エティケット（ネティケット）としては，深層リンキングの場合などは事前連絡が望ましいと言えるでしょうか。なぜなら，サイトの開設者は「いきなり深層のページに行くのではなく，ページをめくるような形でたどり着いてもらいたい」と考えているかもしれないからです（途中に広告が入っているという，経済的側面もあるかもしれません）。

　ここで，やや法解釈論に深入りすることになりますが，「なぜ著作権侵害ではないか」を理論立てて説明しておきましょう。わが国の著作権法との関係で問題となるのは，複製権（21条）と公衆送信権（23条）であり，さらに実演家やレコード製作者が関係するケースでは送信可能化権（92条の2，96条の2）も問題となります。

　まず複製権との関係を考えてみましょう。この権利は，著作者に無断でコピー（複製）することを禁止する権利ですが，リンク元はリンク先のコンテンツ

を自分のサイトにコピーしているわけではないし，リンク元が一度自分でコピーしてから，当該コピーを閲覧者に送信しているわけでもありません。リンクを張る行為は，閲覧者が自分でリンク先のURLをキーボードで打ち込む手間を省き，自動的に閲覧者がリンク先に飛べるようにしているだけです。したがって，無断リンクを張っても複製権を侵害したことにはならない，と考えることができます。

　リンクを張るためには，リンク元にリンク先のURLやドメイン名を記述しなければなりません。しかしURLやドメイン名自体には創作性が認められないので，著作権法で保護されるべき「著作物」（2条1項一号）だと考えることはできません。したがって，これらを無断で記述しても複製権の侵害には当たりません。

　これに対して，リンクが複製に当たるとする考え方を前提に，無断リンクが適法な「引用」（32条1項）の要件に当たるかどうかを考えるべきだという見解も，少数ながら唱えられています。この論者は，リンク先ウェブ・サイトを閲覧者が見る行為自体が違法（複製物の複製）であるという見方に立ち，そうした閲覧者の違法行為をリンク元が助けており，寄与しているのだと主張します。

　アメリカでは，単にメモリ上にロードすることも著作権法上のコピーに当たるとする見解が有力で，この見解によれば確かに閲覧者はリンク先ウェブのコンテンツを自分のパソコンにダウンロードすることによって，複製していると見る余地もあります。しかしわが国の著作権法の解釈としては，こうした見解は採用されていませんし，また仮に侵害という解釈をすれば，誰もが見ることができるウェブ・サイトをリンク先が開設すること自体と矛盾してしまうので，複製権の侵害という立論は採れないと思われます[14]。

　次に無断リンクは公衆送信権の侵害となるかどうかを検討しましょう。「公衆送信」とは，「公衆によって直接受信されることを目的として無線通信または有線電気通信の送信を行うこと」（2条1項七の二）を言います。「公衆送信

---

14) もっとも，著作権侵害のコンテンツを集めたサイトのURLを一覧にして提供するなどして，もっぱら著作権侵害行為を誘引しているとしか考えられないケースでは，寄与侵害であると認定される場合がないとは言えません。

権」とは，著作物に関しこうした公衆送信行為を独占的にコントロールできる権利です。

　しかし，閲覧者がリンク元にあるリンクをクリックすることによって受信ができるのは，リンク先ウェブが閲覧者へのコンテンツの送信を許可しているからにほかなりません。したがって，リンク元が無許可でリンク先ウェブのコンテンツを送信しているわけではない以上，リンク先の公衆送信権を侵害しているわけではありません。

　翻って考えてみれば，リンク先が特定の閲覧者にのみ閲覧を許したいのであれば，たとえば ID とパスワードを要求すれば済むはずです。このような措置が可能であるにもかかわらず，これを講ずることなく単に無断でリンクを張ったというだけで違法視するのは，不当と言うべきでしょう。

　結局のところ WWW の世界は，すべてが公開され他人によって勝手にリンクが張られることを前提にした世界であり[15]，自分の作品にリンクを張られることを快く思わない人は，WWW に作品を公開すべきではない，ということになるでしょう。

　以上のとおり，無断リンクであっても著作権の侵害とならないというのが原則ですが，例外的に問題となるケースがあり得ます。たとえば「リンク先のコンテンツをリンク元のフレームの一部に表示する」という形のリンク（いわゆる「フレーム内リンク」）を張った場合を考えてみましょう。この場合リンク先の URL は表示されず，閲覧者のブラウザに URL としてリンク元の URL が表示されたままになるので，フレーム内に表示されたコンテンツが誰の著作物か不明確で，リンク元の著作物の一部のように誤解されるケースが発生することがあります[16]。

　このように，リンクの結果，リンク先の著作物がリンク元の著作物であるかのような誤解を生ぜしめるような場合には，翻案権，同一性保持権，氏名表示権等の侵害に該当するケースもあり得ると考えられます。代表的な事例として

---

[15] 法的には，著作者人格権は保護されるべきですが，著作（財産）権は，会員制を取る等のアクセス制限によってしか保護されない制度であると考えるべきでしょう。

[16] また「他人のコンテンツであるグラフィックスだけにリンクを張る」ような場合も同様に，あたかもリンク元のコンテンツの一部であるかの如く見せかけることが可能となります。

トータル・ニューズ事件[17]）があります。トータル・ニューズ社は，世界中の新聞社等のウェブ・サイトへのリンク集を作成して自分のホームページに掲載していました。これはフレーム技術を使用してL字型に区切られ，左上部にリンク集が下端にトータル・ニューズ自身のスポンサー広告が表示され，残り大部分の画面はユーザーがリンク集から選んだ新聞社等のウェブ・サイトが表示されるようになっていました。

5．最新技術に関する諸問題

　「ドッグ・イヤー」という言葉があるように，インターネット関連の技術は「日進月歩」どころか「分進秒歩」で進んでいます。こうした新技術をいち早く活用すれば，企業が競争優位に立てるとか，個人が友達を出し抜いて優越感を味わうことができる，といったメリットがあります。しかし他方で，こうした技術は著作権法が想定している範囲を超えるため，新しいタイプの侵害行為ではないか，という疑いも発生します。

　この相容れない要素のバランスをとるにはどうしたらよいかについて，2つの事例で考えましょう。①キャッシュ・リンク，②サムネイル画像とインライン・リンク，の順に取り上げます。

5-1　キャッシュ・リンク（cached link）

　Googleなどの検索サービスを使うと，すぐに結果が表示されることに驚かされます。検索事項にマッチすると思われる各ウェブ・サイトのタイトルと同時に，やや小さいフォントで当該サイトの短い抜粋が表示され，その次にURL（Universal Resource Locator）が示されます。それをクリックすると，オリジナルなサイトに導かれます。

　その次に，Cached（日本語版では「キャッシュ」）と示された，別のリンクが表示されることがあります。これをクリックすると，オリジナルなサイトで

---

[17］訴えたのはワシントン・ポスト，CNN，ロイターズなどです。第一審で和解したため，公式の裁判記録はありません。

はなく，検索サービス会社が蓄積している保存コピーが表示され，それがキャッシュされたデータであり，必ずしも最新のものではないことが付記されています。一例を示します。

　「これは Google に保存されている http://www.citi.columbia.edu/elinoam/ のキャッシュです。このページは 2008 年 8 月 4 日 15:00:14 GMT に取得されたものです。そのため，このページの最新版でない場合があります。」

このような「キャッシュ」は，検索ロボットという自動化されたプログラムが，インターネット上を巡回（crawl）して自動収集するものですが，著作権に触れることはないのでしょうか？

この件が直接争われたアメリカのケース[18]では，①ウェブ・サイトに掲出した作品については，検索サービスを提供する事業者による複製と公衆送信に関して，「黙示の許諾」（an implied license）を与えていると考えられる，②検索ロボットに crawl されたくなければ，HTML のメタ・タグ等を利用して禁止（opt-out）することができる，③ Google による当該著作物の利用は，米国著作権法における「フェア・ユース」に該当する，④ DMCA（Digital Millennium Copyright Act）によりシステム・キャッシュは侵害に当たらないことが明記されている，ことなどから，著作権を侵害していないと判断されています[19]。

このような判断の背景には，キャッシュト・リンクにより，(a) 素材をアーカイブすることができる，(b) それにより変更履歴などを比較できる，(c) 検索語がハイライトして示されるので便利，といった利点が認識され，ビジネスや日常生活にとって検索エンジンが不可欠になりつつある，という現状認識があるものと思われます。

わが国で同種の紛争があったとしても，条理上は同じような判断が下されるものと思われますが，わが国には③や④のような明文の規定がないことから，

---

[18] Field v. Google Inc., 412 F Supp. 2d 1106（D. Nev. 2006）．
[19] ただしこの事案では，Google がキャッシュを作成したことではなく，ユーザーがキャッシュト・リンクをクリックして素材をダウンロードしたことが，グーグルによる原告の著作権の直接侵害であると主張しています（因みに原告フィールドは，オンライン作家兼弁護士です）。本件の解説に，作花［2007］，田村［2007b］があります。

不確実性が残っています。そのことも作用したのか，Googleのような検索エンジンの開発では，わが国も遅れをとったわけではないのに，著作権上の不確実性があだとなって，ビジネス展開が遅くなって「first mover advantage」の機会を逸してしまったのではないか，との指摘もなされているところです（牧野［2008］）。

著作権法による権利の保護と，新技術の登場による利便性の向上や産業の発展について，どこにバランスを求めるべきかを考える上では，格好のケース・スタディになると思われます。

5-2 サムネイル画像とインライン・リンク

サムネイル画像とは，多数の画像を一覧表示するために縮小された画像のことで，「親指（thumb）の爪（nail）」という意味からきています。

インターネットは文字情報のやり取りから始まりましたが，高速・大容量化に伴って，静止画や動画もやり取りされるようになりました。検索も同じで，かつては文字やデータが検索の主体でしたが，今では多数の映像も検索可能です。試しに私自身を検索してみると，24,600件もヒットし，画像をクリックすると12,800件もありました（Googleによる，2008年8月15日）。中には，別の紘一郎さんも含まれていて，情報の信頼性はいま一つですが，逆に「どこで探してきたのだろう」と本人が驚くほどの貴重映像が混じっていることも確かです。

このような場合に，まず表示されるのがサムネイル画像で，1画面に横に4枚ほどの画像が入っています。そのどれかをクリックすると，今度は画面一杯に（フル・サイズで）当該画像が表示されます。後者の場合，ユーザーのブラウザは，画像が掲載されている元のサイトに直接アクセスして（これをインライン・リンクと言います），画像を取り出しています。

このことからも分かるとおり，画像ファイルが増えてくると名前等だけでは判別しにくいので，大雑把に絵柄が分かるように表示するのが便利です。また，常に全体を送信することにすると時間もかかるので，ファイル・サイズの小さいものをまず表示してから，本来のサイズで表示するかどうかを選択する，というのは賢い方法だと思われます。

しかし、こうした表示をすることに、著作権侵害の疑いはないのでしょうか？　この問題が直接争われたアメリカのケース[20]では、地方裁判所で一旦著作権侵害と認定されましたが、控訴審において、以下のように侵害が否定されています。すなわち、検索エンジンによるサムネイル画像の利用は、transformativeな（変容的、あるいは「付加価値を生む改変」的）性格を持っていることと、公共の利益に資するものであるため、「フェア・ユース」に該当するというのです。

「フェア・ユース」の概念は、わが国の著作権法でも30条から49条の「権利の制限」として具体化されているとの見方もありますが、一般条項ではなく制限列挙とされています。それに対してアメリカの場合は、①利用の目的と性質、②著作物の性質、③利用される分量と実質性、④市場への影響、を総合的に勘案して判断されるもので、このうち①については、consumptiveではなくtransformativeなものほど、「fair use」として認められやすいとされています。

わが国でも、裁判において「利益衡量」を図るためには、個別の「権利の制限」には直ちに該当しないケースを判断するためにも、「フェア・ユース」の規定を定めるべしとの立法論が高まっています。先の検索エンジンのcrawlingと同様、著作権侵害の懸念がビジネス展開に「萎縮効果」を与えることがないよう、配慮が必要と思われます。

なお、このサムネイル画像に関する論議は、それ自体として面白いテーマだとしても、本書の主題である「引用」には関係がないと思われるかもしれません。ところが、意外なところでつながりが出てきました。ネット・オークションと「取込型引用」を論じた第3章3節を参照してください。

コラム　Web2.0と著作権法上の問題点

ウェブが進化して、いわゆるWeb2.0の時代を迎える中で、アップロードされた素材（コンテンツ）に関するユーザーの評価や閲覧・視聴行動を集計して、人気コンテンツを抽出するなどのサービスが提供されるようになっています。また、

---

[20] Kelly v. Arriba Soft Corp., 336 F. 3d（9th Cir. 2003）.

情報を共有する文化の発展とともに，複数の異なる技術やコンテンツを混ぜ合わせて，新しいサービスを提供する「マッシュ・アップ」というサービスもあります。そして，このような提供者は必ずしもサーバを管理しているわけではなく，まったくの個人の場合もあることが，時代の変化を表しています。

このような新しい展開と，著作権法上の問題点については，未だ十分に解明されているとは言えません。ここでは一戸［2008］によって，想定される問題点を，できるだけ「引用」に関連しそうな順に，列挙するにとどめましょう。

① ミニブログという簡便な仕組みでSNS・チャット・ブログを併せ持ったサービスにおいて，他人の著作物を複製して張り付けることが流行している。この場合に，「引用」の要件は満たされているのだろうか？
② 共有サイトに投稿された動画について，embedタグに書かれた情報の信頼性は誰が判断するのだろうか？
③ タグを使って，特定の分野やキーワードに関する更新情報を常に取得して，これを送信可能にすることは，何ら問題ない行為であろうか？
④ マッシュ・アップ型のサービスの場合，技術的に利用可能なコンテンツがすべて合法なものとは限らない。違法な情報があった場合，誰がどのような責任を問われるのだろうか？
⑤ 動画にコメントを付けるサービスは，動画の著作権者との関係で，どのような法的問題にさらされるのだろうか？
⑥ 動画をジャンル別に分類して，それぞれのベストセラーなどの情報を提供する場合，その内容について，どこまで責任を問われるのだろうか？　表示するだけで，削除権限がないとすれば，どう裁いたらよいのだろうか？
⑦ わが国著作権法では，違法なコンテンツをインターネット接続サーバにアップロードすれば，「送信可能化権」の侵害となる。しかし，その違法コンテンツにリンクを張ったりコンテンツを抽出する行為は，「公衆送信権」の侵害となるのだろうか？

第5章　ウェブ上の論文発表と権利表明
　　　　（＝引用されやすさ）

　前章で述べた「ウェブ上の他人の著作物を利用する場合」「他人の著作物を引用する場合の表記法」の発展型が，本章で検討する「自己の著作物をウェブ上で発表する場合」と「その表記法」になります。前２者が「利用者の立場」からインターネットを活用するケースであるのに対して，後２者は「創作者（または権利者）の立場」からウェブを活用する形態です。

　この章で述べることは，前章のような利用形態について，「権利の表明をどうするか」「それによって引用されやすくするのはどうしたらよいか」にかかっています。したがって，第１部の目的である「引用する極意」ではなく，第３部のテーマである「引用される極意」に当たりますが，前章までの流れを汲んでいますので，ここで一括して説明します。

１．学術論文とウェブ

　これまでの記述で明らかなとおり，ウェブ上での発表は従来のメディアに比べて複製される可能性が著しく高く，著作権侵害の危険は従来の比ではありません。しかし，それにもかかわらず，ウェブ上で作品を公表したいという人が後を絶たないのは，そこに従来のメディアにないメリットがあるからと考えられます。

　学術論文についても，このことは妥当します。たとえば，しばしば引用される有名な論文ですが，一度も紙メディアに掲載されたことはなく，出典が常にウェブ・サイトである，というものも出現しています。この場合，著者が何を狙っていたのかは必ずしも明確ではありません。メモ代わりにしたかった，第一発表者の栄誉が欲しかった，多くの読者の反応が見たかった等々，種々の思惑がない交ぜになっているものと思われます。

このような傾向は、論文発表競争が熾烈になればなるほど、盛んになるものと思われます。しかし他方で、そこには危険も潜んでいます。学問の世界では、ピア・レビューが大切であることは、繰り返し述べました。ところがウェブ上の発表は、ピア・レビューを省略して、いきなり大衆に訴えかけるものです。そこで、学問的品質管理の面から見ると、とんでもない「まがい物」が紛れ込むことは避けられません。

読者がウェブ上での論文発表を選ぶとすれば、その論文が「まがい物」と推定されるリスクをも、甘受する覚悟が必要です。したがって、この章で述べることは、いささか「上級者向け」になります。章の末尾で、この点についての注意を再度繰り返します。

2．自己の著作物をウェブ上で発表する場合の法的問題点

ウェブ上での論文発表の法的問題点を、①ウェブ上の発表は「公表」に当たるか？ ②ウェブ上の発表はどのような場合に向いているか、③パブリック・ドメインの考え方、に分けて論じていきましょう。そして最後に④として、共同発表とも呼ぶべきメーリング・リストでの議論について述べます。

2-1　ウェブ上の発表は「公表」に当たるか

4条2項は「著作物は（著作者またはその許諾を得たものによって）送信可能化された場合には、公表されたものとみなす」と規定していますので、著作者または著作権者がウェブ上に作品を発表しアクセス可能にすれば、公表されたことになります。その結果、引用が可能になる（32条）などの効力が生じます。

実務上はこれで問題ありませんが、法理論としては「みなす」とは「Aということとは本来性質の違うBということを、ある法律関係で、同一にみるということ」（林（修）［1975］）です。したがって著作権法は、ウェブ上の発表を本来の「公表」の形態とは認めておらず、法的効力の点だけ「公表」と同じ扱いにしたに過ぎないことに、留意する必要があります。

こうした規定の背景には、著作権の発生そのものが出版というメディアと分

かち難く結びついている，という事情があります[1]。しかし今後，出版そのものが「電子出版」の形を取ることが多くなれば，ウェブ上の発表が，むしろデフォルトになっていくかもしれません。

2-2 ウェブ上の発表は，どのような場合に向いているか

私たちが創作を行なう場合に，一人で考え抜いて良い結果が得られる場合もありますが，誰かにコメントをもらった結果，思いもかけぬ展開ができる場合があります。これが，自発的なピア・レビューの成果です。

これはインターネットのガバナンスの方法として誕生して，今や広く合意形成の一方法となりつつある RFC（Request for Comment）[2] を真似たものとも言えます。この比喩からも分かるとおり，このシステムは，①ドッグ・イヤーで事態が変わるような変化の激しい分野，②オンライン上で一種のコミュニティが形成されるようなインタレスト・グループがはっきりしている分野，③自律分散の意思決定が向いている分野，などでは威力を発揮するものと思われます。

しかし他方で，(a) 長期的な視野が必要な場合，(b) 多様な意見を持った人々の合意を得る必要がある場合，(c) 権威主義的な意思決定が不可欠な場合，などには向いていないことも明らかでしょう。学術論文は，権威を表わす面が強いとすれば，上記の (c) に当たることになりますから，「向いていない」方に分類されるかと思います。

加えて学術論文をウェブで発表することについては，見逃せない課題が2つあります。第一に，文系の一部の学会を除き，著作権を本人が行使できない形になっていることです。論文を学会あるいは出版社に委託することが，さらに学会あるいは出版社経由で著作権管理団体（日本の学術著作権協会，アメリカのコピライト・クリアリング・センターなど）に委託することが，デファクト

---

[1] このことは，3条の「発行」と対比してみると理解しやすいと思われます。同条1項は「著作物は，その性質に応じて公衆の要求を満たすことができる相当程度の部数の複製物」が，著作者（著作権者，出版社を含む）によって作成され，「頒布された場合において，発行されたものとする」と規定し，これを受けた4条1項は「著作物は発行され」た場合において「公表されたものとする」と定めています。

[2] RFC が生まれた事情と，その発展の背景については，脇 [2004] を参照。

なルールになっているためです。したがって，ジャーナル投稿論文については，自分の論文だからといって，それを勝手に自分のウェブにのせることはできません。

　第二に，ジャーナルにも電子化の流れは顕著です。しかし，その扱いはウェブ上の発表という点では保守的です。多くの学会あるいは出版社は，投稿論文——それが電子媒体による論文であっても——が刊行前に発表されることを，二重投稿として禁じています。学会によっては，研究者が事前に仲間にメーリング・リストで自分の意見を確かめることも，二重投稿としている場合があります（第11章参照）。

　現実に，あなた方がインターネット上で正式の学術論文にアクセスしようとしても，これにアクセスするためには学会や出版社から与えられたパスワードを必要とするが場合が多くあります。このように現状では，学術論文はインターネット環境から隔離されていることになります。したがって，ジャーナル自身に自分の論文を掲載することが，あなた方の目標になります。

　ただし，近年，学術論文の分野でもオープン化の流れが出てきました。詳しくは第11章に紹介しますが，このために投稿者に一定の自由を認める場合もあります。たとえば，学会や出版社の中には，正式の出版の半年後に，公的なウェブや自分の所属する機関のウェブに載せることを認めるものもあります。

　繰り返しますが，ピア・レビューの有無が，学術論文をそれ以外のものと切り分ける重要な尺度になっているのです。プレ・プリントのような例外があるにしても，です。学術ジャーナルはピア・レビューを受けることが建前です。このピア・レビューに時間がかかり，投稿者の先取権に影響が及ぶとしても，です。

　したがって当面，ウェブ上の発表は，「メモ」の代わりという程度に考えておくしかないでしょう。

2-3　パブリック・ドメイン[3]の考え方について

　前項からも分かるとおり，ウェブ上で作品を発表することが有効なのは，緩

---

3) public domain は，田中［1991］では「公有：公有の著作物（発明）」と広く定義していますが，知的財産権に特化した辞典である北川・斎藤（監修）［2001］では「著作者が金銭的な諸権利を放

やかではあるが価値観を共有したコミュニティがあり，そのコミュニティ内の情報共有の手段として使う場合です。コミュニティは学会であれ，NPOであれ，趣味のサークルであれ，政治運動であれ，何であってもかまいません。

ウェブを使って公表する人の大部分は，社会全体に情報を発信している形（事実アクセスに制限が付されていない以上，技術的にはそうなのですが）を取っているものの，本当に読んでもらいたい相手は，価値観を共有できる人だけでしょう。そこでは著作権の保護を主張するよりも，作品をパブリック・ドメインに提供し，多くの人に読んで（共感して）もらいたいという気持ちが強く働いていると考えられます。

ところが，わが国の著作権法では「著作権の放棄」に関する明文の規定がなく，「権利の不行使」が事実上のパブリック・ドメインを担保しているに過ぎません[4]。これでは著者の気が変わって，いつ権利の主張をされるか分からないので，利用者の側は自由に利用することを躊躇せざるを得ないことになります。

ウェブ上の発表を好む人々の中には，パブリック・ドメインに提供したとしても作者としての表記はして欲しい（氏名表示権は保持したい）という人もいるでしょう。また，完全なパブリック・ドメインにするほどの割り切りはできないが，現行著作権法の定める「著者の存命中＋死後50年」という長期の保護は遠慮したい，というケースもあるでしょう。現行の著作権法は，これらの要請に応えることができないので，契約という手段を使って，著者の願望を実現する手段を工夫する必要があります（林［1999a］，［1999b］，［2002］）。

2-4　メーリング・リストなどの著作権

なお以上の論議はすべて，個人を単位に論じてきましたが，インターネット

棄し，さらに著作権さえも放棄している状態」とした上で，ソフトウエアに限られるかの如く説明しています。

[4] わが国では政府が税金で作った報告書であっても，財務省印刷局などから出版されれば，著者（職務上の著作であれば当該官庁）に著作権が発生することになっています（13条二号の反対解釈）。アメリカでは，政府の著作物には著作権の保護が及ばないことが明記されている（合衆国著作権法105条）ことからも，パブリック・ドメインに対する考え方の差が現れているように思われます。

の特徴は多数の人が共同で議論したり，作品をつくったりできるところにあります。この点が具体的問題になるのが，メーリング・リストやブログを使った議論に創作性がある場合ですが，これは法的には，以下の4つのケースに分けられそうです。

第一は，個々の発言が著作物の単位であり，ブログ自体はその集合体に過ぎないと考えられるケース（集合著作物＝立法上の概念ではなく解釈上の概念）。第二は，相互に触発された発言が多いため全体としての価値が高く，個々の発言を切り離すと創作性が薄くなるもの（共同著作物＝2条1項十二号）。第三は，座談会の司会者のように管理者が有能で，司会（とその後の編集）の妙によって全体の価値が高まっているようなケース（編集著作物＝12条）。第四は，編集機能よりも検索機能やリンク機能によってサポートされ，あたかも辞典のようになったもの（データベース＝2条1項十号の三，12条の2）。

このいずれに属するかによって保護の態様も微妙に変わってくるのですが，今のところ机上の理論であって，裁判上の争いにはなっていません。ただし『電車男』（中野［2004］[5]）に見られるように，当人たちは「たわいもない会話」と考えていることが，意外に市場性を持つ著作物に発展する場合もありますから，これをどう考えていくべきかは，思ったより重要な課題かもしれません。

3．自己の著作物をウェブ上で発表する場合の表記法

ウェブ上で簡単に著作物を公表することができることは，従来マス・メディアを介して行なわれてきた表現活動を万人に開放するものであり，画期的な意義を持っています。しかし残念ながら，世界中のすべての人が善人であるとの保証はありません。現にインターネットでは，著作権侵害や名誉毀損，ブログやウィキペディアに対する「荒らし」（vandalism）など，インターネットの匿名的性格（必ずしも，すべてが匿名であるわけではないのですが）を悪用した行為が後を絶ちません。

そこで，「自由に使ってもらいたい」という意思表示とともに，「この線だけ

---

[5]　ネット掲示板から生まれた，美人でお嬢様なOLとオタク青年の純愛物語。出版のほか，映画やテレビ・ドラマとしても人気を集めた。

は守って欲しい」という要望を伝えることができないか，という検討が始まりました。もともと著作権制度は，著作者に対して創作のインセンティブを与えるとともに，利用者の自由との調和を図るための制度です。しかし，前者に対して「権利を付与する」という仕組み（わが国では「物権的構成」）をとらざるを得なかったため，後者の利用者の自由は「権利の制限」という形で担保するしかなかったのです。

　書籍や会社の文書の中で，「All Rights Reserved」と表記されているのを，よく見かけるでしょう。これは権利者が付与された権利のすべてを保有し続けるとの意思表示です。一方，利用者が自由に利用できるのは，（前述のパブリック・ドメインを除けば）「権利の制限」に該当する場合ですが，これを権利者の側から表記すれば，「No Rights Reserved」となります。つまりアナログの時代でありながら，著作権については0か1かの「離散的」処理しかできなかったのです。これでは複雑な現代には適応できません。

　そこで著作者の意思に基づいて，「ある権利は留保するが，ある権利は放棄して自由利用を認める」という処理が検討されました。つまり先の表記に従えば，「Some Rights Reserved」というわけです。具体的には，「氏名表示権は留保したいが，改変や商業利用も含めて自由に使ってもらってよい」とか，「氏名を表示した上で，非商業利用だけに使ってもらいたい」というような対応を可能にしようというものです（林［2003a］，［2003b］）。

　いささか口幅ったいのですが，実は私自身の「ⓓマーク」が，このような発想の先駆者です。前節のような考え方を先取りして私は，ウェブ上で発表する著作物については，現行著作権法をベースにしながらも，全く新しい発想を採り入れるべきだと考え，1999年春には「デジタル創作権」という大胆な私案を提案したからです（林［1999a］［1999b］）[6]。

---

[6] ⓓマークは，ⓒマークに触発されたものです。アメリカ系のサイトではウェブ上にⓒマークを表示する傾向がありますが，これは著作権法による保護の要件ではありません。日本をはじめとするベルヌ条約加盟国では，著作権は単に創作するだけで創作者が自動的に取得する（無方式主義）からです。ⓒマークは，かつてアメリカなどの方式主義の国と無方式主義の国の，調整を要していたころの名残で，今日ではアメリカもベルヌ条約に加盟しているので，その意味では歴史的役割を終えました。しかし，ベルヌ条約に加盟していない国に対する関係では，今日でも意味があり，また法的意味はともかく実際上の観点からは，著作権の対象であることの注意を促すという意味で，

ただし現在では，私が想定した「氏名表示権は留保する」という前提はデフォルト設定になり，一方，「権利保護期間を選択できる」というアイディアは，実現が困難だとして顧みられなくなっています（より詳しくは，レッシグほか［2005］，林［2005］，［2008］などを参照）。

上記のような発想は，同時多発的に各国で展開されました。中でも有力なのが，ローレンス・レッシグたちが始めた cc マーク[7]です。彼は，ハーバードからスタンフォードに移ると同時に，cc=counter copyright という否定的な活動から転じて cc=creative commons と捉え直したプロジェクトを国際展開しています[8]。

そこで提案されているマークは，さしむき Attribution（氏名表示），Non-commercial（非商用利用），No Derivative Works（改変禁止），Share Alike（相互主義）の4つですが[9]，前述のとおり Attribution（氏名表示）を必須とした場合，他の3つの条件との組み合わせによって6種のライセンスになりま

表5.1 クリエイティブ・コモンズによる利用条件

表示	表示の意味	利用者の自由度
(BY.)(\$)(=)	氏名表示，商業利用禁止，改変禁止	改変せず（原作品のまま），著者の氏名を付けて，非商用に使うことができる
(BY.)(=)	氏名表示，改変禁止	改変せず（原作品のまま），著者の氏名を付ければ，自由に使える
(BY.)(\$)(C)	氏名表示，商用利用禁止，同一条件で再利用を認める	著者の氏名を付けた非商用利用ができるが，改変した新しい作品も，同一条件での再利用を認めなければならない
(BY.)(C)	氏名表示，同一条件で再利用を認める	上記に加え，商用利用もできるが，改変した新しい作品も，同一条件での再利用を認めなければならない
(BY.)(\$)	氏名表示，非商用利用	著者の氏名を付けた，非商用利用は自由
(BY.)	氏名表示のみ	著者の氏名を付ければ，いかなる利用も自由

これをつけておくことが得策と思われます。

7) 彼の発想の背景については，Lessig［1999］［2001］を参照してください。
8) http://www.creativecommons.org
9) 氏名表示等の邦訳は，クリエイティブ・コモンズ・ジャパンの訳とは異なるので，注意してください。

図 5.1　4 マーク，6 パターン

(出典)〈http://www.creativecommons.jp〉

す。そして国際的な運動によって，各国語とのライセンス等が整備され，ウェブを使った表現活動の際の「権利表明」(Digital Rights Expression=DRE) のデファクト標準になりつつあります。

　6 つの条件を表示すれば，表 5.1 のとおりです。賢明な読者なら，この表の下に行くほど「利用者の自由度」が上がって，パブリック・ドメインに近づいていることがお分かりでしょう。クリエイティブ・コモンズ自身もこのことを意識していて，左端に著作権マークを，右端にパブリック・ドメイン・マークを配置して，上記の 6 パターンの位置づけを表記しています（図 5.1）。

4．初心者への注意

　しかし，私はいささか深入りしすぎたかもしれません。ここで述べたことは，かなりの上級者向けで，論文を書いた経験が乏しい方にはお勧めできない「難度」の高いものだからです。本書の読者の大半が初心者であろうという点を勘案して，以下に基本論を繰り返しておきましょう。
まず本書には，次の前提があります。

①学問を志す者は，良い論文を書き良いジャーナルにのせることを，第一義とすべきである。
②その良いジャーナルには，ピア・レビューが欠かせない。

また，次のような現実があります。

③電子的環境のもとにおいては，ここに出現する情報は信頼性に欠けることが多い。
④学術ジャーナルについても，電子化の流れは阻止できない。また，オープン

化の流れも阻止できない。(いずれは，学会の既存の権威もこの流れのなかに埋没してしまうだろう。)

そこで，次の対策が必要になります。

⑤初学者は，③と④の現実には流されず，まず，ピア・レビューのある雑誌に投稿すべきである。このためには，まず伝統的なしきたりに従っておくこと。
⑥ウェブでの発表は，当面は二次的な価値しかもたないものと心得よ。

第 1 部および第 2 部の引用文献

＊この出典明示法は，第 2 部における「お勧めテンプレート」に準拠しています．

青木早苗・杉村晃一 [2004]『引用に関する調査——知的財産権の保護と活用のために』メディア教育開発センター，研究報告 No.47
アスリーヌ，ピエールほか（佐々木勉訳）[2008]『ウィキペディア革命』岩波書店，原著は Gourdain, Pierre et al. [2007] "La Révolution Wikipédia", Éditions Mille et Une Nuits, Librairie Arthème Fayard
一戸信哉 [2008]「『コンテンツ抽出サービス』と著作権」『情報通信学会誌』Vol.26, No.1
井上史雄・荻野綱男・秋月高太郎 [2008]『デジタル社会の日本語作法』岩波書店
上野達弘 [2003]「引用をめぐる要件論の再構成」森泉章（編）[2003]『著作権法と民法の現代的課題』法学書院
ヴェーバー，マックス（大塚久雄訳）[1989]『プロテスタンティズムの倫理と資本主義の精神』岩波文庫，Weber, Max [1920] Die protestantische Ethik und der 》Geist《 des Kapitalismus, *Gesammelte Aufsätze zur Religionssoziologie*, Bd. 1, J. C. B. Mohr
岡村久道 [2000]「個人の著作物を Web で使用する際の注意点」岡村久道（編著）[2000]『インターネット訴訟 2000』ソフトバンク・パブリッシング
加戸守行 [2006]『著作権法逐条講義（五訂新版）』著作権情報センター
北川善太郎・斎藤博（監修）[2001]『知的財産権辞典』三省堂
北村行夫・雪丸真吾（編）[2005]『引用・転載の実務と著作権法』中央経済社
城所岩生 [2004]「権利保護期間延長の経済分析：エルドレッド判決を素材として」林紘一郎（編著）[2004]『著作権の法と経済学』勁草書房，第 5 章
木村忠正 [2008]「ウィキペディアと日本社会」アスリーヌほか（佐々木勉訳）[2008]『ウィキペディア革命』岩波書店，所収
クーン，トーマス（中山茂訳）[1971]『科学革命の構造』みすず書房，Kuhn, Thomas [1962] "The Structure of Scientific Revolution", University of Chicago Press
栗原裕一郎 [2008]『〈盗作〉の文学史：市場・メディア・著作権』新曜社
小浜裕久・木村福成 [2008]『経済論文の作法（増補版）』日本評論社

斎藤博・半田正夫（編）［1994］『著作権判例百選（第2版）』有斐閣
斎藤博・半田正夫（編）［2001］『著作権判例百選（第3版）』有斐閣
坂本賢三［2008 ただし復刻前の版は1984］『科学思想史』岩波書店
作花文雄［2007］「Googleの検索システムをめぐる法的紛争と制度上の課題（上）（下）」『コピライト』7月号―8月号
佐藤薫［2001］『知的財産権と知的創造物法入門（改訂2版）』オーム社
柴田光蔵［1985］『法律ラテン語辞典』日本評論社
スロウィッキ，ジェームス（小高尚子訳）［2006］『「みんなの意見」は案外正しい』角川書店，Surowiecki, James［2004］"The Wisdom of Crowd", Broadway Books
高橋英夫［1997］『花から花へ―引用の神話 引用の現在』新潮社
田中英夫（編集代表）［1991］『英米法辞典』東京大学出版会
田中辰雄・林紘一郎［2008］「延長問題の客観的な議論のために」田中辰雄・林紘一郎（編著）［2008］『著作権保護期間：延長は文化を振興するか？』勁草書房，序章
田中辰雄・林紘一郎（編著）［2008］『著作権保護期間：延長は文化を振興するか？』勁草書房
谷井精之介［1998］「3つの原則と1つの条件」谷井精之介ほか［1998］『クリエーター・編集者のための引用ハンドブック』太田出版，所収
谷井精之介ほか［1998］『クリエーター・編集者のための引用ハンドブック』太田出版
田村善之［2001］『著作権法概説（第2版）』有斐閣
田村善之［2007a］「著作権法32条1項の『引用』法理の現代的意義」『コピライト』2007年6月号
田村善之［2007b］「検索サイトをめぐる著作権法上の諸問題（1）～（3）」『知的財産法政策学研究』Vol.16～18
豊田きいち［1998］「引用の完全理解のために」谷井精之介ほか［1998］『クリエーター・編集者のための引用ハンドブック』太田出版，所収
中泉拓也［2004］「著作権保護期間の最適化」林紘一郎（編著）［2004］『著作権の法と経済学』勁草書房，第4章
中野独人［2004］『電車男』新潮社
中山信弘［2007］『著作権法』有斐閣
名和小太郎［1996］『サイバースペースの著作権』中央公論社
名和小太郎［1999］「いま，なぜ情報倫理か」『情報処理』40巻5号
名和小太郎［2002］『学術情報と知的所有権』東京大学出版会
名和小太郎［2004a］『ディジタル著作権』みすず書房

名和小太郎［2004b］「学術分野における著作権管理システム：特異な成功例」林紘一郎（編著）［2004］『著作権の法と経済学』勁草書房，第9章

名和小太郎［2006］『情報の私有・共有・公有』NTT出版

ハッチオン，リンダ（辻麻子訳）［1993］『パロディの理論』未来社，Hutcheon, Linda［1985］"A Theory of Parody", Methuen

林修三［1975］『法令用語の常識』日本評論社

林紘一郎［1999a］「ディジタル創作権の構想・序説―著作権をアンバンドルし，限りなく債権化する」『メディア・コミュニケーション』慶應義塾大学メディア・コミュニケーション研究所，No.49

林紘一郎［1999b］「ⓓマークの提唱―著作権に代わるディジタル創作権の構想」『Glocom Review』国際大学グローバル・コミュニケーション・センター，Vol.4, No.4, 1999年4月，http://www.glocom.ac.jp/odp/library/gr199904.pdf（accessed on October 1, 2008）

林紘一郎［2001a］「著作権法は禁酒法と同じ運命をたどるか？」『Economic Review』Vol.5, No.1, 富士通総研

林紘一郎［2001b］「情報財の取引と権利保護」奥野正寛・池田信夫（編著）［2001］『情報化と経済システムの転換』東洋経済新報社

林紘一郎［2002］「ⓓマークの提唱：柔らかな著作権制度への一つの試み」デジタル著作権を考える会［2002］『デジタル著作権』ソフトバンク・パブリッシング

林紘一郎［2003a］「著作権の『システム間競争』時代」『Economic Review』Vol.7, No.1, 富士通総研

林紘一郎［2003b］「柔らかな著作権制度を目指して」『画像電子学会誌』32巻5号

林紘一郎（編著）［2004］『著作権の法と経済学』勁草書房

林紘一郎［2005］「デジタル創作物と電子的権利制御」レッシグ，ローレンスほか［2005］『クリエイティブ・コモンズ』NTT出版，所収

林紘一郎［2008］「デジタルはベルヌを超える：無方式から自己登録へ」田中辰雄・林紘一郎（編著）［2008］『著作権保護期間：延長は文化を振興するか？』勁草書房，第8章

林紘一郎・福井健策［2008］「保護期間延長問題の経緯と本質」田中辰雄・林紘一郎（編著）［2008］『著作権保護期間：延長は文化を振興するか？』勁草書房，終章

林紘一郎・湯川抗・田川義博［2006］『進化するネットワーキング―情報経済の理論と展開』NTT出版

福井健策［2005］『著作権とは何か―文化と創造のゆくえ』集英社新書

文化庁（編）［2003］『著作権法入門　平成15年度版』著作権情報センター
ベンヤミン，ワルター（佐々木基一（編・解説））［1970］『複製技術時代の芸術』昌文社，Benjamin, Walter［1936］"Werke Band 2," Suhrkamp Verlag
牧野二郎［2002］「デジタル著作権，何が問題か」牧野二郎（責任編集）［2002］『デジタル著作権』ソフトバンク・パブリッシング
牧野二郎［2008］『日本消滅：IT貧困大国？再生の手立て』祥伝社新書
松本鶴雄［2004］『井伏鱒二論全集成』沖積舎
宮田昇［2005］『学術論文のための著作権Q&A（改訂1版）』東海大学出版会
矢野直明・林紘一郎［2008］『倫理と法——情報社会のリテラシー』産業図書
山内志朗［2001］『ぎりぎり合格への論文マニュアル』平凡社新書
山口いつ子［2005］「表現の自由と著作権」『中山還暦記念：知的財産法の理論と現代的課題』弘文堂
横山久芳［2004］「著作権の保護期間延長立法と表現の自由に関する一考察」『学習院大学法学会雑誌』39巻2号
レッシグ，ローレンスほか［2005］『クリエイティブ・コモンズ』NTT出版
脇長世［2004］『インターネットを創った人たち』青土社
Denning, Peter, Jim Horning, David Parnas and Lauren Weinstein [2005] 'Wikipedia Risks', Communications of the ACM, vol.48, No.12, p.152
Landes, William M. and Richard A. Posner [2003] "The Economic Structure of Intellectual Property Law", Harvard University Press
Lessig, Lawrence [1999] "CODE and Other Laws of Cyberspace", Basic Books, 山形浩生・柏木亮二訳［2001］『インターネットの合法・違法・プライバシー』翔泳社
Lessig, Lawrence [2001] "The Future of Ideas—The Fate of the Commons in a connected World", Random House, 山形浩生訳［2002］『コモンズ』翔泳社
Lipson, Charles [2008] "Doing Honest Work in College: How to Prepare Citations, Avoid Plagiarism, and Achieve Real Academic Success (2nd Edition)", University of Chicago Press
Nimmer, Merville [1970] 'Does Copyright Abridge the First Amendment Guarantees of Free Speech and Press?' UCLA Law Review, Vol.70
Office of Technology Assessment (OTA) [1986] "Intellectual Property Rights in an Age of Electronics and Information", OTA-CIT-302, Washington, DC: U.S. Government Printing Office, 米国議会技術評価局，北川善太郎監修，日本電子工

業振興協会訳［1987］『電子・情報時代の知的財産権』日経マグロウヒル社
Samuelson, Pamela［2007］'Preliminary Thoughts on Copyright Reform', Utah Law Review, Vol.3

第2部 出典明示の極意

　第2部では，論文が引用の対象にすることが多い人文・社会科学系の文献（学術ジャーナルの中の論文や，書籍という出版物）を中心にして，出典明示の具体的方法をテンプレートの形で示します。本書を企画した私たちの問題意識は，初学者にも理解しやすく，しかもルールを逸脱しない引用方法を工夫し，「良く出来た手順書」を目指すことにあるので，第2部はその具体例であるとも言えます。

　しかし残念なことに，対象を文献に絞ったとしても学問分野による差が大きいほか，自然科学系と社会科学系の発想の違いが対極にあるため，全学問に共通のテンプレートは準備できませんでした。ここでは，ごく少数の共通ルールを紹介した上で（第6章），主として人文・社会科学系の「お勧めテンプレート」を示し，自然科学系については『サイエンス』の投稿規程を紹介します（第7章）。

　併せて「良くある質問」（FAQs）を設けました。一般原則だけでは裁けない場合があるからです。

第6章　共通ルール

1．出典明示の意義

　第1部で説明してきたことから，出典を明示することは，単に「法的な義務だから」というだけでなく，「学術論文とは何か，どうあるべきか」という論点と密接に関連していることが，お分かりいただけたと思います。
　そこで，再度繰り返す必要はないようにも思われますが，念のため「出典明示の意義」を次の3点に要約し，確認しておきましょう。

　①著者として，先行研究とその研究者を同定して，業績に謝意と敬意を表すること。
　②より深く研究したい人のために，当該研究のどの部分を引用したかを明確にし，該当箇所を検索しやすくすること。
　③後に続く研究者のために，検証や反証を可能にすること。

2．ローカル・ルールの優先性

　付録1で述べるように「引用の仕方」について，国際的な唯一のルールというものはありません。ルールは学会により，微妙に違っています。したがって，査読論文を掲載してもらいたいのなら，まずは当該学会誌等の「投稿規程」に書かれているルールに従わなければなりません。
　これは法律で言えば，一般法に対する特別法のようなもので，「特別法は一般法に優先する」のです。学会ごとにルールが異なるのは不便であることは間違いありませんが，やむを得ません。逆に，特定の学会誌にしか投稿しない読者にとっては，これは便利でさえあります。

また主として理系の研究者向けには，必要情報さえ漏れなく記載しておけば，後は自動的にフォーマット化してくれる電子サービスもあります。理系の論文は比較的短く，引用文献もさほど多くない（学術誌によっては上限を設けている場合もある）ので，あまり引用のルールに神経質にならなくてもすむのかもしれません。

ここでは，こうしたケースではなく，「将来投稿するかもしれないが，まずは草稿を書き溜めておこう」といった場合に，どのようなルールに従えばよいか，を説明します。

3．3つの共通ルール

私たちが考える共通ルールを挙げれば，次のわずか3つです。

ルール共-1	本文中または注記で引用する文献，またはそれに加えて読者に参考にして欲しい文献を，漏れなく文末にまとめて掲載し，全書誌情報を記入する。
ルール共-2	本文中の引用は，符号か著者名をキーワードにし，文末の文献と対応させる。
ルール共-3	ページ下部あるいは文末の注記の中でも，上記ルール共-2と同じとする。

4．その他の配慮事項

上記のようにルールは簡単ですが，この3つに集約する過程では，以下のような検討を加えています。

4-1　収録の範囲：引用文献（reference）か参考文献（bibliography）か

本文中で引用する文献のみを掲載すべきか，より広く参考文献を含めるべきかについては，2つの考え方があり得ます。一つは，論文が依拠し文中で引用する文献を示すことが，著者への敬意を示し学問の逐次的発展につながることになるので，「引用文献」の範囲に限るべきだとする説。他の一つは，その必

要性は理解した上で，関連する文献を広く紹介することが読者のためにもなることから，「参考文献」として本文で引用していない文献を含めてもよい，とする説です。

　私たちは，場合によって使い分けたらどうか，と考えています。それを身をもって示すため，林の担当分は「引用文献」で，名和の担当分は「参考文献」で統一し，両者を書き分けています。

　たとえば付録1「文献引用法の標準化」は，「参考文献」を掲げることで，「本文が最低限まで圧縮されている」ことにお気づきでしょうか？　また，第3部の［参考文献］が多めの理由については，その冒頭に，名和が説明していますので参考にしてください。

　ただし，後者の方法でレポート等を提出する人の中には，「これだけ読んだのだから合格させて欲しい」と訴えているかのように見える場合があることにも，留意してください。また，儀礼的に掲載することは敬意を表すつもりでしょうが，かえってクレームを呼ぶことも考えられます。

4-2　全書誌情報とは何か

　引用される文献に関する「全書誌情報」とは，以下のすべてであると考えています。

　　「著者名」「作品名」「出版社」「出版年」（あるいは「学会誌名」「巻と号」）

　これを，どのような順に並べるか，それぞれの要素を識別するためにどのように表記するか（『　』や" "で括る，イタリックにする，アンダーラインを引く，大文字にするなど）については，多数のローカル・ルールがあります。Chicago（Turabianを含む），MLA（Modern Language Association），APA（American Psychological Association）など，アメリカの学会が決めた手順が主流です。これらの間にどのような違いがあるかについては，後ほど一覧表で示します。なおLipson［2008］は，他に6分野の表記法を例示しています。

　しかし，これらに共通する原則が一つだけあります。それは，「著者名」が筆頭に来る，ということです。これは次項にあるとおり，繰り返し引用のキーとして著者名が有効であることの反映に過ぎないとの見方もできます。しかし

著作権の研究者でもある私たちには，それが「著作者人格権」の具体化でもあると思えてなりません。時に，学生の引用法に，「作品名」を先に書き著者名がその後に記されている例を見ますが，「先行研究者に敬意を表す」という見地からは，望ましくないと思われます。

ただし，辞典類だけは例外です。先に第1章の冒頭で，各種国語辞典の「引用」に関する説明に触れた際，著者名が記されていないことに気づかれたでしょうか？ 辞典類は編集の責任者を明示したものもありますが，多くは多数の執筆者の共同作業として成り立っていて，書物そのものをキーワードとして引用する慣行があるからです（Encyclopedia Britannica や Oxford English Dictionary など）。そして，これを文末の引用文献に入れるよりも，本文中に組み込むことの方が多いようです。

4-3 全書誌情報の位置：文中か文末か

文献等の全書誌情報は，一度はどこかに集録しなければなりません。この点について，次表のとおり，一般的に4つの方法が知られています。

ルール位置-1	本文中に全書誌情報を盛る
ルール位置-2	ページの下部に注記により全書誌情報を盛る
ルール位置-3	文末の注に一括して全書誌情報を盛る
ルール位置-4	引用文献一覧を作り，本文ではそれを簡記してリンクを保つ

「ルール位置-1」は，本文中に全書誌情報を盛ってしまうものです。この方法は，文献を繰り返し引用する可能性が低ければ，引用した記述と引用される文献がほとんど同じページにありますので，参照に便利です。しかし，論文の中で同じ文献を何回も引用することがある場合には，次の4-4項の表記法との組み合わせを選択しなければなりません。

「ルール位置-2」は，ルール共-1 の変形として，ページの下部に注記の形で，全書誌情報を採録するものです。法学の論文にはこの方式が採られており，特にアメリカの有力ロー・ジャーナルの編集部が共同で執筆した，いわゆる『ブルーブック』には，この方式が細部にわたって規定されています。この場合，再度の引用には，当該注番号をキーにすることが多いと思われます（日本語で

は,「前掲注 xx 参照」などの形で)。

「ルール位置-3」は,ルール共-2における注が,文末に一括掲載されているものです。

注は本文の補足説明ですから,どこに置くかは些細なことと思われるかもしれませんが,引用された文献がどういうものであるかは本文を読む際に気になる情報ですから,なるべく本文に近いことが望ましいと考えられます。その意味では,注記するならルール共-2の方が望ましいといえるでしょう。ただし,文末一括掲載の注によって「引用文献一覧」を省略できるのであれば,メリットはあります。

「ルール位置-4」は,折角「引用文献一覧」をつくって文末に置くのであれば,これを最大限に活用して,本文中や注の中ではそのキーだけを示すことで,何度も同じ書誌情報を記入する煩わしさ(読者にとっても同じ)を回避しようとするものです。学術論文の大部分がこの方式によっているのは,何度も引用することがいかに普遍的なものであるかを,示していると言えましょう。

4-4 繰り返し引用する場合の表記方法

繰り返し引用するのが学術論文の通例だとすれば,これを「間違いなく」「分かりやすく」「簡潔に」表記する方法が求められます。その方法として,一般化しているのは次表の4つほどかと思われます。

ルール反復-1	著者の姓＋注番号
ルール反復-2	著者の姓＋公表年（西暦）
ルール反復-3	著者の姓＋タイトルの簡記
ルール反復-4	文献の通し番号

「ルール反復-1」は,「著者の姓＋注番号」で代替するものですが,その前提には注の中に全書誌情報が入っていることが必要なので,前記の「ルール位置-2」にしか使えないと思われます。

「ルール反復-2」は,「著者の姓＋公表年（西暦）」をキーとするもので,かなり幅広く使われている方法です。ただし,細かい表記になると学会ごとに違うとさえいえるほどで,特に本文中のカッコ内で使う場合は,(名和 2008),

(名和（2008）），（林［2008］）などさまざまです。著者が何名までは姓を記入し，何名以上になると「名和ほか」と第一著者で代表させるかも，学会ごとにルールがあります。また同じ姓の著者が複数いる場合は，（林（紘）［2008］）（林（敏）［2007］）などと，名前の頭文字を添え字にして識別する方法が一般的です。

「ルール反復-3」は，「著者の姓＋タイトルの簡記」をキーとする方法で，たとえば「名和　個人データ」が，先の場合の（名和2008）と同じです。タイトルから内容が推測できる点がメリットですが，似たようなタイトルが多いと混乱しますし，簡記にも工夫が必要になります。引用される文献が，その著者の代表作の場合は効果的ですが，すべてをこの方法にするのは考えものかもしれません。

「ルール反復-4」は，文献に通し番号を振り，これをキーにする方法です。この場合も，本文中に出てきた順に番号を振る方法と，「引用文献一覧」の順に番号を振る方法の2つがあります。また後者については，そもそも文献の並べ方のルールが一様でありませんので，そのルールによって異なってきます。たとえば，邦文文献と欧文文献を別に並べるかどうか，それぞれアイウエオ順かアルファベット順か，などの選択肢が生じます。これらは，ローカル・ルールに従うしかありません。

方法	メリット	デメリット	適用範囲	具体例
①本文中に（　）で表記	つながりが分かりやすい	（　）が多いと煩瑣になる	引用が少ない論文	人文系
②著者名と公表年を本文中に略記し，文末に一括	誰の説であるかが分かりやすい。その後の引用可能性が高まる。人格権を重視？	どのような内容の文献かは，文末の一覧表を見ないと分からない	多くの先行研究に依拠した論文	人文・社会科学系
③注を付し，ページ下部に個々に表示	本文と引用部分を同時に参照できる	注が多くなり，本文の流れが途切れる	長く，サーベイ的要素が強い論文	法学
④通番を付し，出典は文末に一括	簡潔，本文の流れがスムーズ	文末の出典が順不同。人格権を軽視？	短く，新規性を重んずる論文	理系

以上に述べたところと細かい点まで一致するわけではありませんが，引用部分と出典の紐付けを表にすると，概ね前ページの表のようになります。

4-5　該当ページを明記するか

引用する対象の論文が，学会誌や予稿集などに収録されているとすれば，それがどこにあるかを示すことが必要になります。理系の論文ではこれが必須とされており，学会ごとにページ数の示し方が指定されている場合が多いようです。その要件は，最初と最後のページを示すことですが，p.5-8 だったり，p.5-p.8 や，pp.5-8 だったりしますので，当該学会のルールに従ってください。

人文・社会科学の場合は，論文が単行本の1章を占めていたり，単行本そのものの一部だったりします。それが短いものであればともかく，長いものが多いとすれば，その論稿のどの部分を引用したかを示すことが親切というものです。理系的なページの表示法が，徐々に普及しつつあるのは，理由のないことではありません。

しかし，この点にこだわりすぎるのも，いかがかと思います。最近は教師の業績評価が盛んで，論文を一覧にして提出させられることが多いのですが，ここで理系のルールが幅を利かせ，論文の最初と最後のページを書けと言われるのです。私たちのような「物書き」は，一人で一冊の書物を書くことが多いのですが，本文だけならともかく，まえがき・目次・索引がそれぞれ何ページになるかなどまで記入させられ，些細なことで時間をとられます。

また，とりわけ社会科学にあっては，引用したい対象が，ある特定の表現である場合もありますが，著者の思想そのものである場合もあります。後者の場合は，名和 [2008] のどの部分であるかというより，その書物が伝えたいこと，そのものという感じがします。このようなケースでは，ページ数を示さないことも可だと思います[1]。

また，ある書物に「何年に何という事件があった」という事実の記述があっ

---

[1] 後に示す名和の例（第9章注20と21，第10章注7など）において，「passim」という表記がありますが，これは「文献の特定のページを引用するのではなく，その文献の各所に説明されていることを示す」（田中（編）[1991]）ものです。ラテン語由来の表現であることは，このような引用法がいかに古くからあるかを示しています。

区分	Chicago（Turabian を含む）	MLA（Modern Language Association）	APA（American Psychological Association）
全書誌情報の位置と名称	2つから選択。①注に全書誌情報を入れる，②簡易な注と文末のBibliographyの組み合わせ。	文末に一括 Works Cited	文末に一括 Reference List
全書誌情報の表記法（単著の書籍の場合）	①の場合： 名と姓，タイトル（イタリック）（出版地，出版社，出版年），該当ページ ②の場合のBibliography： 姓，名，タイトル（イタリック），出版地，出版社，出版年	姓，名．タイトル（下線付き）．出版地：出版社，出版年	姓，名の頭文字．（出版年）．タイトル（イタリック）．出版地：出版社．
同上（単著で書籍の一章の場合）	①の場合：上欄に準じ，下記②欄の姓と名を逆にし，出版地，出版社，出版年を（ ）で括る。 ②の場合のBibliography： 姓，名，"章のタイトル." In 書籍のタイトル（イタリック）edited by 編者の姓名，章の最初と最後のページ．出版地，出版社，出版年	姓，名．"章のタイトル." 書籍のタイトル．Ed. 編者の姓名．出版地：出版社，出版年．章の最初と最後のページ．	姓，名の頭文字．（出版年）．章のタイトル．In 編者の名と姓（Ed.），書籍のタイトル（イタリック）（章の最初と最後のページ）．出版地：出版社．
同上（学会誌の論文の場合）	①の場合：下記②欄の姓と名を逆にする。 ②の場合： 姓，名，"論文のタイトル."論文誌のタイトル（イタリック）巻数（発行月，年）：論文の最初と最後のページ	姓，名．"論文のタイトル." 論文誌のタイトル 巻数と号数（発行月と年）：論文の最初と最後のページ．	姓，名の頭文字．（出版年）．論文のタイトル．論文誌のタイトル（イタリック），巻数，論文の最初と最後のページ．
文中の引用と表記法（単著の書籍の場合）	①の場合：該当せず。 ②の場合： 姓，タイトルの略称（できれば4語以内），該当ページ	（姓，該当ページ）	（姓，出版年）
同上（単著で書籍の一章の場合）	①の場合：該当せず。 ②の場合： 姓，"章のタイトル." 該当ページ	同上	同上
同上（学会誌の論文の場合）	①の場合：該当せず。 ②の場合： 姓，"論文タイトル." 該当ページ	同上	同上

て、これをもとに私が論を展開する場合、元の書物の何ページに書いてあったかは、あまり重要なことではありません。また、その部分に「著作物性」があるわけではないので、引用は「敬意」に等しく、これを欠いても著作権法に違反するわけではありません。このような場合まで、該当ページの記載を求めることは、意味がありません。

したがって私たちは、引用は必要だが、ページ数を示す必要がない場合もあり得ると考えています。ページ数を示すのは、表現を「　」で区切って引用するなど、引用元に著作物性がある場合や、根拠となる事実（データ）を示す場合など、に限るべきではないでしょうか。

上記を確認するため、「3大有力マニュアルの特徴」を入れてみました。ただし、書籍と論文に限った場合です（前ページの表を参照）。

これらの方式の差を、一目で理解していただくため、同じ文献をそれぞれの表記法で示してみると、以下のようになります。

（Chicagoの場合）
Lipson, Charles. "Why Are Some International Agreements Informal?" International Organization 45（Autumn 1991）: 495-538

（MLAの場合）
Lipson, Charles. "Why are some international agreements informal?" International Organization 45（Autumn 1991）: 495-538

（APAの場合）
Lipson, C.（1991）Why are some international agreements informal? International Organization, 45, 495-538

（後述する本書のお勧め方式の場合）
Lipson, Charles [1991] 'Why Are Some International Agreements Informal? ', International Organization, No. 45, pp.495-538

どうですか？　ほんの小さな違いなのに、それらが集積すると何通りもの違いが出てくることがお分かりいただけたでしょうか。なお、複数の連名の著作者がいる場合、あるいは同一の著者による同じ年の著作が複数ある場合の表記法は複雑になるので、さしむき省略してあります。

5．二次的著作物と原著作物

　元の著作物があって，それを何らかの形で改変（翻案・翻訳等）して新たな著作物が生み出されることはよくあることですし，それが学問の本質でもあることは，繰り返し説明してきたとおりです。まず，二次的著作物の定義から見ましょう。

　　著作権法第 2 条（定義）
　　1．この法律において，次の各号に掲げる用語の意義は，当該各号に定めるところによる。
　　　十一　二次的著作物　著作物を翻訳し，編曲し，若しくは変形し，又は脚色し，映画化し，その他翻案することにより創作した著作物をいう。

　そして，二次的著作物がそれ自体独自の著作物として認められても，原著作物の「著作物」としての性質が変化するわけではないことに，注意を要します。この点について著作権法では，以下のように規定されています。

　　著作権法第 11 条（二次的著作物）
　　二次的著作物に対するこの法律による保護は，その原著作物の著作者の権利に影響を及ぼさない。

　つまり現著作物が小説であって，これを脚色して上演することになった場合，興行主は脚色した著作者の許諾を得なければならないだけでなく，小説家の許諾も必要だという主旨です。これを発想の原点として，引用という許諾の要らないケースを考えてみましょう。
　現著作物と二次的著作物の関係が明確である場合，どちらを引用すべきでしょうか？　私たちは，以下のように考えます。まず，二次的著作物が原著作物の忠実な再現を志向している場合は，現著作物を引用すべきでしょう。翻訳がこれに当たりますが，その方法にも，いくつかの選択肢があり得ます。
　たとえば，マックス・ヴェーバーの有名な『プロテスタンティズムの倫理と資本主義の精神』という書物があります。この一部を引用した場合，文末の

［引用文献］の表示として，次のうちどれが適切でしょうか？　［　］や" "は次節以降で説明しますので当面無視して，ドイツ語から引くのか，日本語から引くのかを考えてください．

　　Weber, Max［1905］"Der Protestantishe Ethik und der 》Geist《 des Kapitalismus" Archiv für Sozialwissenshaft und Sozialpolitik, J.C.B. Mohr
　　ヴェーバー，マックス（大塚久雄訳）［1989］『プロテスタンティズムの倫理と資本主義の精神』岩波文庫

　どちらによるかは，引用者がどちらを読んだかで一義的に決まります．ドイツ語の原典を読んだのなら，本文中ではWeber［1905］と表記し，文末の［引用文献］のところで，Weber［1905］の後ろに大塚訳を併記してはどうか，と思います．この場合，本文中の引用内容はドイツ語のままとなるか，著者自身の訳語になります．訳語は大塚訳を借りるのであれば，Weber［1905］（大塚（訳）［1989］による），とするのが礼儀かと思います．

　しかし，わが国の通常の引用者は，邦訳を読んで邦訳を引用することが多いと思われます．その際は，どのように表記したらよいでしょうか？　その場合は，ヴェーバー（大塚訳）［1989］とするのが妥当かと思います．

　なおここで，ヴエーバー［1989］という引き方をする向きがあります．これは正当でしょうか？　私たちの考えでは，ヴエーバーの原著作も邦訳も，どちらも立派な著作物ですので，キーとなるのはどちらかに決めるのが正しいと思います．つまり，先のパラグラフのように，Weber（大塚（訳））［1989］)が正当で，ヴエーバー［1989］は両者を混同しているので，避けるべきでしょう．

　このような心配をするには，それなりの理由があります．まず，ヴエーバー［1989］という表記では，原著が1989年に出版されたような印象があり，100年も前に出版されたという事実が隠されてしまうので，避けるべきでしょう．

　また，原著は名著の誉れが高いので，訳本が複数あります．梶山力（訳）［1938］，梶山力・大塚久雄（共訳）［1954］，大塚久雄（訳）[1988]，大塚久雄（訳）［1989］です．そのうち，どれに拠ったかも大事な情報なので，ヴエーバー［1989］という表記は避けたいところです[2]．

　ただしすでに古典の扱いをされていて，誰の訳ということが，さほどの意味

を持たなくなっている場合は,「アリストテレスによれば」というような表現が認められています。しかし,この場合には［公表年］も欠けているのが普通で,これは引用とは言わないと思われます。

次に,二次的著作物が原著作物の忠実な再現を志向していない場合,すなわち改変の度合いが高く,原著作物をすぐには同定できない場合を考えて見ましょう。先に第1章3節で,ニュートンが言ったとされる言説に,何人もの先達がいた件を紹介しました。この例のように,改変に次ぐ改変は学問の常ですので,通常は直近の著作物だけを引用すればすむことだと思います。ただし書誌学や歴史学など,言説や伝聞の変化をたどること自体を研究のテーマにしている場合は例外で,その場合は詳細な経路研究を試みなければなりません。

なお見かけ上類似のケースとして,二次的著作物とは言えないものの,明らかに先行著作物のアイディアを借用している場合があります。このような場合,何度も述べたように,アイディアを借用しても違法とは言えませんが,先人に敬意を表すという視点から言えば,何らかのクレジットを記しておくことが礼儀かと思います。

たとえば,図表の書き方について独創性があると思われるので,原図表を翻案した二次的図表があって,それをさらに改良して文中に取り込む場合,以下のように表記した経験があります。

　　X［2000］を基にしたY［2005］による図表を一部修正。

なお,図表と著作権をめぐる事例については,北村・雪丸［2005］に,興味深い設例がいくつかあります。

---

2) もっとも,原著にもいくつかの版があって,どれに拠るかも重要な場合があります。また,ヴェーバーとするかウエーバーとするかも確定した方法はありません。訳者がヴェーバーとしていれば,それを尊重するというのが,（あるとすれば）唯一のルールです。しかし,これらの点に深入りすると,マニュアルの域を超えますので,この辺りで止めたいと思います。「ヴェーバー」と「ウエーバー」とを同一人と判断することを典拠コントロールといいます（第11章2-3項）。このためのファイルがないと,コンピュータ検索において漏れが生じることになります。

第 7 章　お勧め出典明示法（テンプレート）と参考資料

前章の精神を生かすため，読者の皆さんにお勧めしたい出典明示法（テンプレート）をつくってみました。ただし人文・社会科学用だけで，自然科学用は代表的なジャーナルである『Science』誌の，ルールの概要を紹介するに止めます。

1．8つのルール

ルール人社-1	［引用文献］とし，［参考文献］とはしない。
ルール人社-2	和書・洋書に分け，和書は著者（の姓）のあいうえお順，洋書は ABC 順に掲載。
ルール人社-3	著者は3名までは連記。4名以上の場合は，第一著者のみ記入し，「○○ほか」とする。
ルール人社-4	和書は，著者［出版年（西暦）］『著作名』出版社（「論文名」『雑誌名』発行月または巻）の順。同一年に同一著者による著作が複数ある場合は，abc…の添字により識別。
ルール人社-5	洋書は，著作の場合：Author (s)［published year］"Title of the Book", Publisher の順。論文の場合：Author (s)［Published year］'Title', Name of Journal, Vol. No. の順。Published year の添字は，和書に同じ。
ルール人社-6	Author (s) の表記法は，第一著者の Family Name, First Name（イニシアルだけでなくフル），第二著者の First Name, Family Name の次に and を入れて第三著者の First Name, Family Name。4人以上の場合は，第一著者のみ氏名を記し，○○ et al. とする。
ルール人社-7	和訳がある場合は，和書の例により追記。Published year の添字は，和書に同じ。
ルール人社-8	本文中の引用は，林［2006a］のように表記。

2．前章との関係

　この推奨方式は［ルール共-1］のうち引用文献説を採り，［ルール共-2］と［ルール共-3］を遵守した上で，以下の組み合わせを採っています．

　　［ルール位置-4］＋［ルール反復-2］

　つまり，全書誌情報を文末に一括して［引用文献］として掲載し，文中では林［2008］というように，著者の姓と公表年で紐付けする方法です．これは人文社会科学では広く採用されていますが，特徴的なのは，林［2008］という括弧の使い方ではないかと思われます．

　あるいは読者の少なからずの人が，この［　］に違和感をお持ちかもしれません．しかし，引用文献を（　）内に示す場合は結構多いのですが，そこで再度（　）を使うことにすると，（　）の中に（　）が入ることになって，見にくい場合があります．この欠点を避けるためには，［　］の方が便利だと思います．

　私たちは，勁草書房から何冊かの本を出していますが，同社の経済関係の書物の多くは，この方式によっています．また，小浜・木村［2008］も同じです．

3．和書の具体例

　それでは，第1部の［引用文献］の欄と対応させてみましょう．一番単純なのは，著者が一人の単行本です．

　　名和小太郎［2004a］『ディジタル著作権』みすず書房

などが代表例です．ここで，著者名＋［出版年］＋『作品名』＋出版社の順に表記されています．ただし，ここでは名和が2004年に，2冊以上の書籍か論文を発表しているので，aという添え字を付けて，同一出版年のものを識別しています．

　次によくあるのが，著者が一人の論文です．次の例を見てください．

林紘一郎［1999b］「ⓓマークの提唱―著作権に代わるディジタル創作権の構想」
『Glocom Review』国際大学グローバル・コミュニケーション・センター，
Vol.4, No.4, 1999年4月，http://www.glocom.ac.jp/odp/library/gr199904.pdf
（accessed October 1, 2008）

ここでは，著者名＋［出版年］＋「作品名」＋『学会誌名』＋出版社＋巻と号，の順になっています（ただし有名なジャーナルの場合や出版社が容易に推測できる場合は，出版社が略されることもあります）。なお出版物のほか，ウェブ・サイトにも掲出されているので，ウェブ上の表記法の例にもなっています。

なお，書物の中に多数の論文が入っているものがあります。このような場合の引用法として，次の2つの違いを理解しておいてください。

田中辰雄・林紘一郎［2008］「延長問題の客観的な議論のために」田中辰雄・林紘一郎（編著）［2008］『著作権保護期間：延長は文化を振興するか？』勁草書房，序章

田中辰雄・林紘一郎（編著）［2008］『著作権保護期間：延長は文化を振興するか？』勁草書房

このように書籍や雑誌の名称を『　』で囲み，論文の名称を「　」で囲むことは，文系の世界では常識化していると思います。山内［2001］は，「両者を使い間違えていると，それだけで『不可』を付けたくなる」そうですから（p.98），気をつけてください。

さて，第1部の［引用文献］の中から，異色の例を探してみましょう。

アスリーヌ，ピエールほか（佐々木勉訳）［2008］『ウィキペディア革命』岩波書店，原著は Gourdain, Pierre et al.［2007］"La Révolution Wikipédia", Éditions Mille et Une Nuits, Librairie Arthème Fayard

これは翻訳物の標準的表記法に従っていますが，原著の著者と邦訳の著者が違っています。アスリーヌは原著の序文を書いているだけで，原著者の中に入っていません。しかし，他の著者よりも年長で，実質的にはリーダー格と思われます。その点に配慮して，翻訳出版者が著者の筆頭に挙げたものと思われま

す。

　ついでですが，この翻訳物には「解説」がついていて，私たちはこれも引用しています。

> 木村忠正［2008］「ウィキペディアと日本社会」アスリーヌほか（佐々木勉訳）［2008］『ウィキペディア革命』岩波書店，所収

このケースでは，書籍のタイトルは原著と翻訳書と同じでしたが，時として意訳される場合があります。次をご覧ください。

> スロウィッキ，ジェームス（小高尚子訳）［2006］『「みんなの意見」は案外正しい』角川書店，Surowiecki, James ［2004］"The Wisdom of Crowd", Broadway Books

なかなか洒脱な邦訳タイトルだと思いますが，学術研究の対象とする場合は，両者の差にとまどうこともありそうです。

4．洋書の具体例

　書籍の例は，しばしば引用している次の例が分かりやすいでしょう。

> Lipson, Charles ［2008］"Doing Honest Work in College: How to Prepare Citations, Avoid Plagiarism, and Achieve Real Academic Success（2nd Edition）", University of Chicago Press

邦訳がある場合の例も示します。

> Lessig, Lawrence ［1999］"CODE and Other Laws of Cyberspace", Basic Books, 山形浩生・柏木亮二（訳）［2001］『コード：インターネットの合法・違法・プライバシー』翔泳社

次は，論文の例です。

> Nimmer, Merville ［1970］'Does Copyright Abridge the First Amendment

Guarantees of Free Speech and Press?' UCLA Law Review, Vol.70

なお経済学などの分野では，書籍にも論文にも " " や ' ' を付けず，書籍や雑誌のタイトルをイタリック（斜体）にする（論文を収録したジャーナルを斜体にする）という方法がとられています（小浜・木村［2008］）。

これも一つの方法かと思いますが，本書では初心者に分かりやすいように，邦語書籍は『　』，外国語書籍は " " で，邦語論文は「　」，外国語論文は ' ' で，というように対になるような案を採用しています。

5．ページの示し方

すでに学会では普遍化しているように，引用するページが 1 ページなら p.5 と，複数ページにまたがる場合には pp.10–12 と，表示することを提案します。なお，ここでの p. も pp. も，ページの単数と複数を表すラテン語からきています。

（参考）『サイエンス』誌にみるルール（自然科学用）

すでに何度も触れたように，理系のテンプレートは学会毎に作られていて，一般化するのは困難です。ここでは，一例として，代表的なジャーナルである『Science』のルールの概要を紹介するに止めます。

1．共通ルール

『Science』の場合は，第 5 章の共通ルールの枠組みを適用してみると，以下のようになります。

ルール共-1'	本文・注・図表で引用する文献を，漏れなく文末にまとめて注記し，全書誌情報をできるだけ簡潔に記載する（簡潔さのため，ジャーナル名は略語表から指定する）。
ルール共-2'	本文中の記述と注記の間は，括弧書きイタリックの注*で紐付けする。 *（18）（18–20）（18, 20–22）など。

第7章　お勧め出典明示法（テンプレート）と参考資料　　　　　　　　113

ここで，いくつかの留意点に触れておきます。

① 引用番号は通番で，まず本文に，ついで引用文献一覧と注に，その後図表のキャプション部に，という順序で付与します（ただし，同一の文献を繰り返し引用する場合には，最初に付けた番号を繰り返し使います。）注の最後は謝辞を含み，本文等に引用されることはありません。
② 引用文献は1回だけ記載し，他の引用文献を含まないように，また注と一緒にしないようにします（これはオンライン検索を容易にするため，最近変更された方針のようです）。
③ 論文の結論を支持するためのデータは，論文中に記載するか，データとしてしかるべきデータベースに登録しなければなりません。後者の場合は，独立の注を立て，その記載方法も指定されています。
④ 注は，専門家向けにも（例えば，手順のような），一般読者にデータや推論に不可欠な定義や細部の情報を提供するためにも，使えます。
⑤ 注の中で他の注を引用することもできますが，表を入れてはいけません。
⑥ 前③項における外部データベースと，本文との引用の仕方も決められています。

2．出典明示法の具体例

理系の論文で頻繁に引用が起きるのは，ジャーナル論文の場合ですが，その表記法は，次のようになっています。ここでは，2名の共著の場合を示しています（4名まではこの方式で，5名以上になると「ほか」を意味する *et al.* を使う決まりです）。なお以下で，冒頭の算用数字は，注番号を意味します。具体的な論文名は省略されています。雑誌名も省略形を使います。

　　2. J. C. Smith, M. Field, *Proc. Natl. Acad. Sci. U.S.A.* 51, 930–935（1964）.

次は，書籍を引用する場合の例示です。ここでも具体的な論文名は省略されています。また University としないで，Univ. とするよう指示しています。「簡潔」を尊ぶ姿勢が読み取れます。同様に Editor（s）も略されています。

4. D. Curtis *et al.*, in *Clinical Neurology of Development*, B. Walters, Ed. (Oxford Univ. Press, New York, 1983), pp. 60-73.

次は，技術レポートの引用法で，無名のものも許される，としています。

3. "Assessment of the carcinogenicity and mutagenicity of chemicals," *WHO Tech. Rep. Ser. No. 556* (1974).

理系ではよくある，会議資料の引用法です。会議名にスポンサーの表示がない場合は，その名を記すよう求めています。

1. M. Konishi, paper presented at the 14th Annual Meeting of the Society for Neuroscience, Anaheim, CA, 10 October 1984.

博士論文等も，引用可能です。

1. B. Smith, thesis, Georgetown University (1973).

最後は，プレプリント（第1章や第11章を参照してください）の表記法です。当然のことながら，正規の出版がなされれば，そちらを引用することになります。

1. A. Smette *et al.*, *Astrophys. J.*, in press (available at http://xxx.lanl.gov/abs/astro-ph/0012193).

FAQs (Frequently Asked Questions)

ここでは，よくある質問にお答えします。

・・・

Question 1：出版社のほか，出版地も表示するべきでしょうか？

　外国のマニュアルは，出版地を必ず表記せよ，というのが原則です。Chicago, MLA, APA の 3 大有力マニュアルを見ても，これを省略してよいとするのはなく，わずかに MLA だけが，州の表記を省略できるとしています。また Lipson［2008］も，「ミシガン大学はミシガン州にあるに決まっているからミシガン大学出版会の場所を，Ann Arbor, MI と表記する必要はなく，Ann Arbor だけでよい」と述べています。これを反対解釈すれば，「省略できるのは州の名称ぐらいで，出版地を省略してはいけない」といっているのと同じかと思われます。

　しかし，思想を伝える最も効率的な手段が書籍の発行であった時代は去りつつあり，現在では情報の発信場所を特定しなければならない理由は，薄れていると思われます。また，出版物も「世界同時発売」など，グローバルな発表機会も生まれているので，私たちは出版地を入れることを要件とは考えません。

Question 2：外国文献の引用法について，邦訳があれば邦訳を引けばよいのでしょうか，マクルーハン［2000］というような表記の場合，出版年は，原典のものか，訳本を指すものか，どちらでしょうか？

　まず引用法の観点から述べますと，あなたが読んで引用しようとしている書籍が何か，によるべきです。邦訳を読んで，その該当箇所を引用したいのであれば，邦訳書の表記に従って，「マクルーハン」を著者として引用します。他方，原著を読んでそれを引用するのであれば，もちろん MacLuhan と表記すべきです。

なお，いずれの場合も巻末の［引用文献］の欄には，「ゲーテ」としたものにはその原著を，Goethe としたものには邦訳があればそれを，併記するのが親切かと思います。

その際の出版年は言うまでもなく，邦訳書か原著か，どちらかの出版年です。ただし，原著がかなり古いのに邦訳が最近出たばかりという場合に邦訳書を引く場合は，読者に誤解を与えないため，本文にも括弧書きなどで，（原著は1895年）などと注意書きするのが良いか，と思われます。

もう一つ困ることは，邦訳の際タイトルをかなり意訳していて，原著のタイトルとはかけ離れたものになっているケースです。この場合も上記と同様，本文中にも括弧書きなどで，（原著のタイトルは××××××××）などと注意書きすることをお勧めします。

以上が引用法の側からする回答ですが，実は学問分野によっては，「原著から直接引く」ことが求められるケースもあります。たとえば，あなたが哲学の学徒だとしましょうか。しかも専攻がギリシャ哲学だとした場合，あなたがプラトンを直接読まないで，日本語訳を引用したら，先生はどんな顔をされるでしょうか？

ある分野を究めようと思ったら，それなりの努力が必要な場合があり，それは「引用法」以前の「学問をする心構え」に属することと言えそうです。

Question 3：引用とは違うかもしれませんが，ウインドウズ™ など，商標登録されている商品名等に触れる場合は，必ず TM などのマークを入れるように指導されましたが，それは必要でしょうか？

「商標権」や「意匠権」は「著作権」と同様に，知的財産権の一種ですが，それぞれの保護対象は違います。商標も意匠も論文の中で使用する限り，それぞれの法が定める「使用」（商標法2条3項），「実施」（意匠法2条3項）には該当しませんから，何らの表記も必要ありません。

世の中には，マイクロソフト製品の使用法を解説するなどして，利益を得ている書籍があり，このような場合には「使用」「実施」に当たる可能性がある

ため，関係者間の合意で表記がなされることがあります。おそらくは，その影響で学会等の事務局が規約を定めたものと思われますが，気にする必要はありません。

ただし，漫画の主人公をキャラクターとして商標や意匠として登録すれば，著作権と商標権（意匠権）の二重の保護が受けられます。このような場合に，例えば「戦後キャラクター変遷史」のような論文に収録できるかどうかは，まさに本書で論じている「引用」に当たるか否かが問題になります。

なお本ケースと類似の事例について，北村・雪丸［2005］に適切な解説がありますので，参照してください。

Question 4：新聞等の報道記事では，本書が推奨する厳密な引用ルールが適用されていないように見受けられます。世間への影響力からすれば，当然新聞記事の方が大きいので，ルールはむしろそちらに合わせるべきではないか，と思いますが？

新聞などのジャーナリズムと学問では，役割が全く異なります。

前者は，世の中に起こる種々の事件や現象について，なるべく早く全貌を伝えることに主眼があります。それは民主主義の基本であり，憲法の保障する「言論の自由」の中核をなしてもいます。そのためには尋常の手段では入手できないものも，危険を冒して取材しなければなりませんし，真実性を犠牲にして速報性を優先しなければならないこともあるでしょう。

そこで「取材源の秘匿」が「言論の自由」の構成要素として認められています（ただし，刑事裁判においても最後まで秘匿できるほどの「特権」的なものではありません）。このような主旨から，報道記事にはニュース・ソースが記載されていないものも多数あります。

一方，後者の学問の使命は，真理の探究にあります。時として「世間の常識」とされていることが間違いであったり，過去には正しかったが今ではより上位の概念の一部になってしまった，というような事態がよく起こります。こうして世評に惑わされず，何が本当に正しいのかを追求するのです。

したがって，この場合には真実性こそ命であり，誰もが仮説の根拠となるデータや論述にアクセスすることが保証され，検証し反証する機会が与えられなければなりません。本書で推奨しているのは，この学問にふさわしい「引用」のあり方ですので，いささか堅苦しく厳密にならざるを得ない点を理解してください。

なお，こうした学問の立場からすると，ジャーナリズム出身の学者に，ぜひ聞いてもらいたいことがあります。それは，ジャーナリズム出身の学者が「取材源の秘匿」に慣れ親しんできた結果，学者に転向してからも「同様の態度で通用する」と誤解している方が多数見られることです。

現象的には，［引用文献］がない論文（それ自体，概念矛盾だと思いますが）を，堂々と提出される方さえいます。こうした教師に指導を受けた学生は，その後学問の世界で生き抜くことができるのかどうか，大変心配です。

Question 5 ：辞典類の中の項目を引用する場合は，編者の名前を引くのではなく，辞典の名前を引くべきだと教わりました。また，末尾の［引用文献］は不要だと聞きました。それで良いのでしょうか？　また，このことは，あらゆる辞典類に共通のルールでしょうか？

本書では第1章の冒頭で国語辞典を引いています。また第2章の冒頭では，法学の辞典を引いています。これは，もちろん第一義的には文を進める上で必要だったからですが，同時にご質問のような疑問に対する事例研究を入れておこう，という意図もあったことを告白しましょう。

さて，上記の2箇所では辞典の名前を引いており，編者等は無視しています。ところが第5章の注3では，第2章冒頭と同じ辞典について，北川・斎藤（編）［2001］という引き方をしていることに気づかれたでしょうか？　また，第1章の注3でも，『法律ラテン語辞典』とせず，柴田［1985］としています。これらは矛盾しないのでしょうか？

答えは，「矛盾しない」です。一般に国語辞典など，常識化している事項をまとめた辞典については，編者などの個性が発揮される余地は少なく，辞書の

信頼性自体は辞書の名前によることが多いと考えられます．このような場合には，○○（編）[1988] と言っても何のことやら分からず，辞書の名前を言って欲しい，ということになります．

他方，専門家の間では知られていても，かなり特殊な分野だと思われる場合には，一般の図書と同じように，○○（編）[2008] という方が通りが良いことがあります．本書では，この両方を使い分けている，とお考えください．

Question 6：著者が複数の場合，何人まで名前を書かなければならないのでしょうか？

連名の著者の数が増えていること，それは理系の分野で著しいこと，などは第 11 章で述べるとおりです．その場合，何名まで名前を書き，それ以上を「ほか」等と表記するかは，学会毎にルールが異なり，同章 2-4 項で説明しています．したがって，事前に投稿するジャーナルが決まっている場合は，その指示に従ってください．

ここでは，文系の研究者が書籍を出版するような場合に，どうすれば良いかを考えてみましょう．このようなケースでも，理系の学術誌編集者の役割を出版社が果たしている場合があります．その場合は，出版社のルールに従えばよいので楽です．

問題は出版社にも標準ルールがなく，「著者の判断で決めてください」と言われたら，どうすべきか，ということになりそうです．私たちは，一般的には 3 名まで連記し，4 人目以降は「ほか」という形で一括してはどうか，と考えています．

この問題は，「引用する極意」でもありますが，「引用される極意」の側面がより強いことを忘れてはなりません．折角，連名の著者に名を連ねたとしても，4 番目以降の著者は名前を認識してもらえないことになります．しかし紙面に限りがある以上，それもやむをえないと諦めるしかありません．

同様の問題は，オンラインで検索する場合にも生じています．現在，名のある本屋さんはそれぞれ，ネット上に書籍の在庫情報等を出していますが，その

場合著者名で検索可能な範囲がどこまでか，という点について標準はありません。中には筆頭著者（ファースト・オーサー）でしか検索できないものもあります。Publish or Perish（第9章2-2項）の争いが激化すればするほど，一見些細なこのことが，意外に大きな論点となってくる可能性があります。

Question 7：書物から引用したいと思って，図書館などで複写をする場合に，注意しておくべきことは何でしょうか？

　理系の分野は逐次データベース化され，卓上から検索可能になりつつありますが，文系の分野では，図書館での閲覧と複写は研究にとって不可欠です。そこで著作権法は31条において，「図書館等における複写」について規定しています。

　この場合，問題になるのが，「公表された著作物の一部分（カッコ内は後述）の複製物を一人につき一部」提供できる，と定められていることです。「一部分」というからには，書物を全部コピーすることはできません。

　この点について，本文でもたびたび登場した加戸［2006］は，「少なくとも著作物全体の半分以下であることを要します」（p.239）と解釈しています。実務上も，この解釈と同様の指導がなされているようです。

　しかし，例外もあります。先のカッコの部分に，「発行後相当期間を経過した定期刊行物に掲載された個々の著作物にあっては，その全部」をコピーして良いとされています。つまり「新聞・雑誌・年報等の定期刊行物に掲載されている，個々の論文・図表・写真等については，その全部をコピーしてよろしい」（加戸［2006］p.239）ということになります。

　なお，同一号に掲載された論文等が複数にわたる場合は，その号の半分のページ数を超えない範囲で複写できます。ただし，1つの論文等で1号の半分を超える場合は，その全部をコピーすることができます。

　なお以上の諸点について，第10章5節に関連する記述があります。

Question 8：その他コピーを取る際に，注意しておくべきことは何でしょうか？

それは，必ず「奥付」（書籍・雑誌などの巻末にある，著者・書名・発行者・発行年月日などを記載した部分）をコピーして，本文の複写と一緒に綴じておくことです。というのも，本文のコピーだけが独立していると，当初はどの書物からコピーしたかを明確に覚えているのですが，時間の経過とともに忘れてしまい，出典が分からなくなることがあるからです。

お分かりになりますね。複写した理由は，そのうちある部分を自分の文章の中に取り込もうとしているためです。ところが，引用するためには「出所」を明示しなければならないところ，そのデータが本文の複写と一体になっていないと，改めて書誌データを調べなければなりません。

このような二度手間は，論文作成の効率化の観点から，ぜひ避けたいところです。

Question 9：該当ページを表記するのは必須でしょうか？

第6章4-5項を見てください。

Question 10：該当ページを示すのに，p.8-10 としてはいけませんか？

一般的なルールは，第7章5節を見てください。また，第6章4-5項も参照してください。

なお山内［2001］は，以下のようにいくつかの例を並べて，○（良し），×（ダメ），△（仕方ない）という分類をしています（pp.120-121）。

○ p.20　○ pp.20–25　× p20　× P20　× 20P　× 20p　× p.20–25
○ 20頁　△ 20ページ

Question 11：この書物では「正しい書き方」しか示されていません。「間違いの例」はないのでしょうか？

　間違いの例を多数挙げると，気が滅入ってしまいますので，本書では示していません。関心のある方は，山内［2001］の p.76 などを参照してください。

［引用文献］
第2部の引用文献は，第1部とまとめて，本書 90-94 ページに収録しています。

第3部　引用される極意

　なんのために論文を書くのか。学術の進歩のために，というのは建前で——もちろんこの建前も大事だとは思いますが——本音は同僚に「引用」してもらうためです。ここで同僚と言いましたが，それはおなじ専門分野にいる研究者——駆け出しから大ボスまで——を指しています。同僚によって引用されてはじめて，その論文の価値が自分と研究分野を同じくする研究者によって認知されることになるからです。

　もし，あなたの論文が同僚のだれによっても引用されなければ，その論文はあなたの研究分野において存在しないことになります。この引用されることが，研究者にとっては見過ごすことのできない報奨になります。だから論文の書き手としては，どうしたら自分の論文を同僚に引用してもらえるのか，これに心をくだくべきです。このために，もっとも大切なものは当の論文の中身，つまりその論文のもつオリジナリティや先取性ですが，それは後述することにして，ここでは先に進みます。

　第3部では，自分の論文を引用してもらうために心得ておいたほうがよいこと，つまり，引用される極意，これを紹介したい，と考えています。第1部，第2部で示したことは引用のルールでした。規範でした。だが，第3部で語りたいことは，引用されるためのノウハウです。ノウハウとは，どんな論文であれば相手に見つけてもらえるのか，相手に読んでもらえるのか，そして，相手に引用してもらえるのか，これらを相手の身になって理解し，そのように自分の論文を仕立てるコツを指します。

　ということで，ルール集であった第1部，第2部では，どちらかといえば講義調，つまりメタ言語を使う，といった口調になりました。だが，ノウハウを扱う第3部では，座談調で許していただきたい。そのノウハウはルールあるいは規範でもありますが，同時に，方便，あの手この手，ノリとハサミ，あるいは読唇術，さらには読心術といったものにかかわります。だから，講義調とい

うよりは座談調でと，こう，思います。

　以下，つぎのように話を進めるつもりです。

　　　第 8 章　文系の論文 対 理系の論文
　　　第 9 章　学術論文の内と外
　　　第 10 章　学術雑誌の表と裏
　　　第 11 章　引用されるためのノウハウ

　じつは，第 3 部で言うべきことはすべて第 11 章に詰めこんであります。第 9‒10 章は第 11 章のための前提，あるいは注にすぎません。したがって，ご多忙の読者は第 11 章のみをご覧になればよいでしょう。

第8章　文系の論文 対 理系の論文

　第1部〜第2部とたどってくれた読者は，なんだ，ここに書いてあるのは文系の論文に関することで理系の論文についてではない，と受け取ったかもしれません。また，理系の研究者は引用を気にかけたことはない，と考えたかもしれません。この章では，この疑念に応えることにしたい，と思います。

1．引用法の視点で

1-1　必需品 対 贅沢品

　J・H・ヘクスターという研究者がいます。20世紀米国の歴史家である，ということしか私は知りませんが，この人が引用について面白いことを言っています(1)。

> もし，物理学者がテキストのなかで何も引用しなかったとしても，かれらは自然界の知識の進歩に関して，多くのものを失ったとは感じないだろう。しかし，歴史家が引用しなかったとしたら，かれらは過去に関する知識の伝達について，それは悲惨な障害になると思うだろう。引用は物理学者にとっては贅沢品だが，歴史家にとっては必需品，史料編纂のために不可欠なものである。

　ここに物理学者と示されていますが，それは工学の研究者，医学の研究者に対してもいえることでしょう。同様に，歴史家について説かれたことは，法学の研究者，社会学の研究者に対してもいえることでしょう。つまり引用について，学術コミュニティのなかには，贅沢品とみなす集団と必需品と感じる集団とがある，ということです。これは，たぶん，多くの人の共有している理解だと思います。だが，じつは，理系の人にとっても引用は不可欠です。これを説明するのも第3部の役目になります。

話がそれますが，いま，私が，専門外の人にとってはけっして有名ではないヘクスターという人の文章を引用できたのは，これが孫引きだからです。どこから孫引きしたかといえば，Social Science Quotation という便利な本があるためです。つけ加えれば，この本の編者の一人は，社会学者のロバート・K・マートンです。このマートンには，あとで，しばしば出会うことになります。じつは孫引きはしないほうがよい（第3章6節）。これが原則です。

1-2　アイウエオ順 対 番号順

引用のルールについては，すでに第6章で包括的に紹介しました。それを踏まえつつ，これを「文系 対 理系」という視点で，ここでもう一度，その代表的な形を紹介しておきます。

まず，文系ですが，これは「木下［1981］によれば，……」と本文中に示し，論文の末尾に，

　　木下是雄［1981］『理科系の作文技術』中央公論社，pp.161-167

と当の文献の書誌データを示すものです。本文中の「……」には，原テキストを逐語的に引用する場合と，原テキストの要約を引用する場合とがあります。また，論文末に記載する書誌データは，著者名のアイウエオ順，あるいはABC順にします。

いっぽう，理系ですが，これは「木下 *(2)* によれば，……」と本文中に示し，論文の末尾に，

　　2. 木下是雄，*理科系の作文技術*（中央公論社，1981），pp.161-167

と当の文献の書誌データを示すものです。本文中の「……」には原テキストの要旨を示す場合がほとんどです。また，論文末に記載する書誌データは，当の引用が本文中に現れた順にします。上記の「2.」は，その順番が2番目であったことを意味します。

いま，文系では逐語的な引用を本文中に含めるといいましたが，じつは，本文から外してべつに注記する流派もあります。これは専門分野によって違うようです。日本史と東洋史の研究者は本文中に長い引用をしすぎる，長い引用は

第 8 章　文系の論文 対 理系の論文　　　　　　　　　　127

注に回すべし，と批判する西洋史家もいます (3)。

　ここで，引用についても十分に目配りしている，そして日本語になっている論文作成法の実用書を紹介しておきましょう。文系では，ウンベルト・エコ (4)，中村研一 (5)，山内士朗 (6)，リチャード・J・ウィンジェル (7)，また，理系では，上記の木下是雄の本があります。どれか1冊を，という質問があれば，逡巡したうえで，私はエコを推薦します。逡巡するといったのは，ほかの本の魅力も捨てがたいからです。

　第3部において，著者は，つまり私は，「引用」についてあれこれと饒舌を弄することになります。とすれば，まず「隗より始めよ」で，私自身なんらかの引用ルールにしたがう必要があります。じつは引用法は700通りもあるともいわれています (8)。どんな方式にしたがうべきか。

　論点が多分野にわたるので私自身迷ったのですが，第1部と第2部とでは文系の引用法を通しましたので，第3部では理系の引用法をとるつもりです。具体的には サイエンス 誌の方式——第7章に紹介——に，原則，したがうことにします (9)。原則，といった意味については，第3部の文献表に注記しました。

　この サイエンス ですが，米国科学振興協会の発行する「学術雑誌」（以下「ジャーナル」，第10章）であり，理系全域にわたるものです。ネイチャー とともに国際的な評判をえています。ついでに言いますと，創刊は1880年，最初の発行者は発明家T・A・エジソンでした。

　いま「隗より始めよ」と言いましたが，ここで私は迷いました。ここに「劉向編著 戦国策」と注記すべきかどうか，ということについてです。じつは，このように人口に膾炙した言葉については，いちいち引用元を列挙するには及びません。

　現に，あのエコ——バラの名前 の，そして記号論の研究者の——も，

　　周知の基礎知識について引照や典拠を提供してはいけない。

と言っています (4)。かれは「ルードヴィヒの言っているように，ナポレオンはセント・ヘレナ島で死んだ」とか「マルクスも言っているように，動力機械は産業革命の到来を告げたのである」などと記すことは，「おめでたい行為」

であり，引用の禁止事項だと示しています。

1-3　引用優先 対 被引用優先

　文系の研究者と理系の研究者とは，だれかを引用することと自分が引用されることとについて，べつべつの発想と慣行とをもっています。さきに結論を言いますと，文系の研究者は引用を重視して，被引用については興味が薄いのですが，理系の研究者は引用を疎んじがちであり，被引用についてはなみなみならぬ関心をもっています。

　くわしくは次項に述べますが，文系の論文には引用についてたくさんの記号があります。Ibid.（同上），Supra（前出）など。学生から *Ibid.* という書籍を探してくれ，といわれたライブラリアンもいたとか (10)。いっぽう，理系の論文については，被引用にかかわるデータがついて回ります。たとえば，サイエンス・サイテーション・インデクス とかインパクト・ファクター とかいったものです（第 11 章 3-4 項）。

　ということで，文系においては「引用する極意」が優先するテーマとなりますが，理系においては「引用される極意」が無視できないテーマとなります。ここに捩れがあります。この捩れは，それぞれの専門分野の特性，それぞれの専門分野が置かれた社会的な位置によって生じたものとみてよいでしょう。この点については，第 9 章においてさらに議論を深めたいと思います。

　日本の研究者は，1981〜97 年のあいだに，73 万 7,039 件の研究論文を発表しています。この論文群について，専門分野別に，発表数，被引用数を調べた調査があります (11)。その結果から被引用数の多いものを列挙しますと，分子生物学・遺伝学（16.4 回/論文），免疫学（14.2 回/論文），生物学・生化学（13.2 回/論文），神経科学（11.3 回/論文），微生物学（10.5 回/論文），天体物理学（10.3 回/論文）となります。逆に，被引用数の少ないものは，芸術・人文学（0.3 回/論文），法学（1.0 回/論文），教育学（1.7 回/論文），コンピュータ科学（1.8 回/論文），社会科学一般（2.0 回/論文）となっています。理系が被引用に関心をもち，文系がそうではないことが，このデータからも分かります。ところで，この調査結果に数学が見当たりません。どこに入っているのでしょうね。人文学，かな。

つけ加えれば，このときの調査対象のなかで，引用回数がゼロであった論文は 11 万 3,572 件，全体の 19.6 パーセントに達したといいます。

1-4 ブルーブック 対「生物医学雑誌への統一投稿規定」

引用の表記法について，文系と理系の方法を比較してみましょう。比較の対象としては，厳密さと正確さとにおいて徹底したものを選びたいと思います。それは文系の代表としては ブルーブック (12) ということになり，理系の代表としては医学雑誌編集者国際委員会の「生物医学雑誌への統一投稿規定」（以下「統一投稿規定」）(13) ということになるでしょう。なぜこの２つを選んだかといえば，法学は人権にかかわり，医学は生命にかかわり，どちらも正確さを求められるものだからです。

まず ブルーブック ですが，これは法学関係のマニュアルで，「引用の統一システム」というサブタイトルをもっています。編集は ハーバード・ロー・レビュー，イエール・ロー・ジャーナル など，著名ロー・レビューの編集者が共同しておこなったものです。

いっぽう「統一投稿規定」ですが，医学雑誌編集者委員会に参加しているジャーナルは ランセット，ニューイングランド・ジャーナル・オブ・メディスン など14誌にのぼります。（なお，第３部で使っている サイエンス の規定は「統一投稿規定」の簡略版といった形になっています。）

何を引用するのかですが，ブルーブック は「オーソリティ（authority）」を引用する，と明記しています。オーソリティとは何か。英米法辞典 (14) をみますと，「法源，先例」などといった言葉が並んでいます。いっぽう，「統一投稿規定」のほうは何を引用するといっているのか。「リファレンス（reference）」といっています。こちらはオーソリティよりは軽い，ただし明快です。

具体論に入りましょう。ブルーブック は，判例などの引用にあたり，そのまえにつける記号を厳密に定義し，それぞれの記号を引用の重要度や意味にあわせて使い分けています。それらを列挙してみましょうか。

まず，著者の意見を直接に支持する場合には，重要度の順に，記号なし，E.g., Accord, See, See Also, Cf, と使い分けます。つぎに，有用な比較をする場

合には，Compare，さらに，否定的な場合には，Contra，But see，But cf. などを用います。それぞれの意味は記号をみただけで見当がつきますね。このほか，脚注で，Id.（同文献），Supra.（前出の），Ibid.（同上），op.cit.（前掲書に）などがやたらと使われます。

　引用される部分の表現はどうなるのか。引用が50語以上の場合と49語以下の場合，引用が語句の場合と文の場合など，詳しくルール化されています。その煩瑣さを「偏執的」と自嘲するロイヤーもいます (15)。なぜこんなルールがあるのか。それは米国における判例法の伝統とも関連するようですが，その説明は私には荷が勝ちすぎますので省きます (16)。

　文系の論文においては，引用という手順の狙いは，自分の主張が先人のどんな意見と一致しており，どんな意見と対立しているのか，これを明確にして社会における自分の位置を客観化することにあろうかと思います。とくに，法学の論文においては，引用元が法律それ自体であったり，あれこれの判例であったりする場合が少なくありません。だから引用元をオーソリティと呼ぶわけです。これが自説の客観化すなわち正当化につながります。ここでは引用が品質保証の表示になるわけです。米国のロー・スクールは，教育上の見地から優秀な大学院生に編集をまかせており，その任務の一つに投稿論文に引用された書誌データを原典に当たって逐一確認する，ということがあるようです (17)。

　「統一投稿規定」のほうはどうか。こちらはさっぱりしたものです。Accord, Compare, Contra, Id., などという指定に関する規約などまったくありません。つまり，引用に対する要求は，まあ，大雑把です。なぜか。じつは，理系論文は，文系の引用に相当する品質保証システムをべつにもっているからです。それは何か。論文の主張の再現性であり，それを保証するサンプル，方法，データなどに対する規定です（3節）。

　「引用」に対しては，ブルーブック も「統一投稿規定」も 'citation' という言葉を用いていますが，前者はさらに 'quotation' という用語も使っています。quotation とは「逐語的引用」を指します。ブルーブック にこれがあり，「統一投稿規定」にこれがないのは，おなじ引用といっても，文系はもとの論文の表現にこだわり，理系はもとの論文の中身――アイデアやデータなど――に関心をもつ，という違いにあるのかな，と思います。

第8章　文系の論文 対 理系の論文　　　　　　　　　　　131

2．知的財産保護の視点で

2-1　教典型 対 速報型

　つぎに，文系と理系の違いについて，これを知的財産とのかかわりのなかで考えてみましょう (18)。この違いを出版物の形式にそくしてみると，学術情報には教典型と速報型とがあることに気づきます (19)。教典型は，先行者のテキストを本文とし，著者はこれに自分の寄与分を注の形でつけ足して出版するものです。その原型は4-6世紀に編まれたユダヤ教のタルムード——律法と注解の大集成——にあるようです (20)。代表的な例として，つぎのような作品の系列があります (21)。

　　ヒッパルコスの研究成果（前2世紀，ギリシャ語）→プトレマイオス 大集成（2世紀，ギリシャ語）→……→ユースフ アルマゲスト（9世紀，アラビア語）→……→……→トマス・アクイナス 神学大全（13世紀，ラテン語）

　つまり積分型の出版ということになります。この伝統は脈々と続き，いまでも書籍の形として残っています。学術分野では「モノグラフ」といいますが，特定の専門分野の特定のテーマについて研究した成果を指しています。モノグラフは詳細な注釈と文献表とを含むという特徴をもっています。多くの場合，文系の研究者が執筆し，大学の出版部が発行します。現実には，純粋なモノグラフですと読者が少なすぎて採算がとれない，とのことです。仕方がないので，日本では，一般読者向けに内容の「幅」を拡げて出版するようです (22)。この型の書籍を「人文書」と呼んでいます。

　速報型は，先行者のテキストは自明として省略し，著者が自分の寄与分のみを出版するものです。こちらは微分型の出版ということになります。生粋の速報型としては，理工系，あるいは生命科学系のジャーナル論文があります。ここでも典型例を紹介しますと，ワトソンとクリックが ネイチャー に投稿した「核酸の分子構造」と題する二重ラセンの論文があります。その長さはわずか900語，2ページ（実質1ページ）です。ただし，ここにわずか6件ですが，

先行文献が引用されています。ネイチャー の投稿規定 (23) をみますと，原稿の量は最大 5 ページ（4,500 語），参照論文の数は最大 50 件，と定められています。

じつは，現代の研究者は，その専門分野を問わず，論文をジャーナルに投稿するようになりました。したがってジャーナル論文であっても，専門分野によっては，教典型の特徴を残しているものもあります。その代表例が法学系のジャーナルです。ハーバード・ロー・レビュー についていえば，その論文の長さは最大 2 万 5,000 語と定められており，ここには注釈も含みます (24)。現実にこのジャーナルの論文をみると，ルール違反もあるようで，その全文は 3 万語を超える場合も少なくありません。5 万語というものもあります。しかも，その本文は全体の半分かといったところ，残りは注釈と文献表で占められている，これが当たり前になっています。

じつは，書籍についての理解が文系と理系とでは違うようです。文系ではモノグラフをまとめるのが研究者としての出発点とみなされるのに対して，理系では本を書くと研究者としては上りとみられるようです。

2-2　完結型 対 累積型

ここで話題をずらします。政治学者の丸山真男はつぎのような指摘をしています (25)。

> 芸術作品は一つ一つが個性的な完結体であるから，たとえば作家 A の「業績」を作家 B の「業績」が直接的に継承するというようなことはそもそもありえない。ところがまさに先人の業績の継承と批判の上に次の業績が重なるという形での累積的な発展がおよそ学問の本質を形成して（いる）。

丸山は，芸術的な業績は創作者ごとに独立しているが，学術的な業績はそうではなく，創作者の集団による累積がものをいう，と言っているわけです。丸山の完結型と累積型というカテゴリーは，どうでしょうか，前節にいった，教典型と速報型というカテゴリーに重なりますね。

完結型と累積型といった場合には芸術作品と学術的作品という対応になりま

すし，教典型と速報型といった場合には文系と理系という対応になります。こうみてくると，文系の作品とは，一面では芸術的な特性ももち他方では学術的な特性をもつ，ということになりますね。

とにかく，おなじく言語の著作物とはいっても，文芸の著作物と学術の著作物とは異なる性格をもっていることになります。前者は成果の個別化を狙い，後者はその累積化を求める，という点に違いがあります。そして，後者の累積化を支えるツールが，「引用」という操作になります。なお，文芸の著作物にも引用という操作がありますが，こちらの引用には著作権法が強くからんでおり，しかも，そこには著作権法の定めるルールを超える論点のある場合が少なくありません。これについては，すでに第1部でくり返し示したつもりです。

2-3　業績の分割と配分

ところで，学術論文における引用の狙いはどこにあるのか。それは当の論文に記述された業績を「著者自身の業績」と「その先行者の業績」とに分割することです。これについて科学社会学の研究者ジェローム・R・ラベッツはつぎのように示しています (26)。

> [a1] 引用は自分の論文に使った材料の原典を示すものである。それは自分の論文中にその原典自体を暗黙のうちにはめ込むことになる。（いったん引用すれば）もう，その材料全体をくり返して論じる必要はない。論ずべきことは原論文のなかにすでに示されていると仮定されている。
>
> [a2] 引用は自分の出版報告がもつ財産を分割する。それは自分の「所得」を自分が使った財産の所有者に配分し，かれの著作が有益だったと示すことである。

したがって，先行論文にとってみれば，その論文が後続論文によって引用された回数がその論文の価値を決めることになります。この価値をシステム化したものが *サイエンス・サイテーション・インデクス* というデータベースです（第11章3-3項）。また，この価値をジャーナルごとに数量化したものが「インパクト・ファクター」という尺度になります（第11章3-4項）。

2-4 表現 対 表現以外

　1-4項の終わりで，おなじ引用といっても，文系はもとの論文の表現にこだわり，理系はもとの論文の中身——思想や事実など——に関心をもつ，と言いました。この表現も思想も事実も知的財産にかかわります。

　どんな学術論文であっても，そこには著作権法にいう「表現」と「表現ではない」ものとを含み，後者には「思想」と「事実」とが入っています (27)。つまり，論文には表現，思想，事実が含まれることになります（第9章3-1項）。これは文系，理系の論文を問わずにいえることです。

　この3つの要素について，文系はすべてを大切にしますが，理系では，表現にほとんど関心をもたない，ということがあります。理系の論文においては，表現の方法については，文章に対しても，図表に対しても，それはほぼ標準化されており，ここでオリジナリティを発揮することは，まず，ありません。これが，いま言った文系と理系における引用の特徴にかかわるわけです。

　ところで，表現も思想も事実も，それぞれ知的財産です。ただし，それぞれべつべつの権利を生じるものとして理解されています。表現に対しては著作権，思想に対しては特許権，事実に対しては企業秘密，こういうことになります。（思想を企業秘密で保護するという方法もありますが，ここでは深入りしません。）もう一つ，思想，あるいは事実といった場合，ここには文系的な思想や事実と，理系的な思想や事実とがあります。一般論として，今日，前者には経済的な価値はなく，後者にはそれがあります。

　ごたごた言いましたが，いま言ったことと重ねてみますと，文系の論文は主として著作権に関係し，理系の論文は主として特許権と企業秘密に関係する，ということになります。著作権，特許権については，すでに第1章4節で語りましたが，さらに第9章でくり返すつもりです。

3．品質保証の視点で

3-1　引用 対 証拠

　ここで文系の論文と理系の論文とについて，その品質保証に視点をあて，それぞれの特徴をみていきましょう。

第8章 文系の論文 対 理系の論文

まず，文系の代表として法学をとりあげます。くり返しますが，ここでは先行研究と自分の研究との関係が問題になります。その関係が協力的であっても対立的であっても，意味があります。だからすでに述べたように，Accord, Cf, Contra などという記号が，引用元との関係を示すために駆使されるわけです (12)。しかも引用元は「オーソリティ」という言葉で表現できるものでした。これによって，自分の論文の正当性を主張できる，つまり品質保証ができるわけです。文系の論文であれば，上記の記号を使わないまでも，類似の概念をそのなかで操作しているはずです。

しからば，理系ではどうでしょうか。引用はありますが，それは自分の付加価値の主張のためであり，こと品質保証については，べつの手段をもっています。これに対して「統一投稿規定」はつぎのように求めています (13)。

[b1] 観察または実験の対象の選択について明確に記述する。
[b2] 手法，装置および手順は，他の研究者が同様の研究結果を再現できるように十分に詳細を明記する。
[b3] 無作為化臨床試験の報告においては，……すべての主要な研究要素についての情報が提示されていなければならない。

[b3] にいう無作為化臨床試験とは，研究的な治療において，医師あるいは患者の思い込みによって生じる結果の偏りを避けるための手法を指します。[b1]-[b3] に挙げられているものは，読者が論文の示す結論を再現するために不可欠な材料，道具，そしてルールということになります。つまり，それは証拠です。

なぜ証拠にこだわるのか。法学論文の引用元はオーソリティでしたが，医学論文のそれはリファレンスにすぎない，ということにあります。だから，引用のみでは不十分なのです。臨床医学の分野では，1990年代に「EBM」(evidence based medicine) という運動が出現し，強く注目されるようになりました (28)。ここでは 'evidence' つまり「証拠」が主役を演じます。この考え方が「統一投稿規定」を支えていることになります。EBM が 'evidence biased medicine' であってはならないのです (29)。

証拠といえば，さらに巨大データセットの扱いがあります。これについて

「統一投稿規定」はやや屈折した言い方をしていますので，ここでは サイエンス の投稿規程を紹介しておきます。それは「データベース供託ポリシー」を定め，その手順にしたがうことを投稿者に求めています (9)。その手順とはつぎのようなものです。

　　［c1］投稿者は，研究に関係あるデータを権威あるデータベースに登録し，その登録番号を受け取る。
　　［c2］投稿者は，［c1］の登録番号を添えて，編集部に原稿を投稿する。
　　［c3］編集部は，［c1］［c2］の手順を踏まない投稿原稿を受理しない。

　ここにいう権威あるデータベースとは，たとえばゲノム配列に関するEMBL（欧州），Genbank（米国），DDBJ（日本）など，研究者にとって公開かつ共有のデータベースを指します (30)。いずれもインターネット上で公開されており，読者は論文を読みながらそのデータを参照することができます。ここでも証拠の提供が，論文の品質保証のために求められているわけです。
　このようにして証拠を踏まえるという理解は，臨床医学の分野にかぎられるものではなく，現在では理系の全領域に及んでいます。

3-2　サイエンス・ウォーズ

　1996年「境界を侵犯すること」と題する論文が ソシアル・テキスト というジャーナルに掲載されました (31)。著者は物理学者アラン・ソーカルでした。この論文は「ポストモダン科学」という概念を示し，それは非線型性，非連続性を特徴とし，既存の境界を侵犯し，既存の人工的な秩序を破壊するものである，と主張していました。この論文は，当のジャーナルのピア・レビューを通り，正式の手順を経て出版されました。なお ソシアル・テキスト は，カルチュラル・スタディーズの分野におけるコア・ジャーナルでした。ところが，この論文はパロディだった，と当のソーカルが暴露したのです。
　この論文は219件の文献を引用していました。著者のソーカルは，

　　パロディー論文の参考文献はすべて実在のものであり，引用はすべて厳密に正確であることを断っておこう。創作は一つもない。このパロディーは，

第 8 章　文系の論文 対 理系の論文

一貫してデヴィッド・ロッジのいう「アカデミックな世界の法則——**学者仲間へのお世辞にやりすぎということはない**」の実例である。(強調はロッジ, 田崎晴明ほか 訳)

と後に示しています。

　ソーカル論文に対して, 学術コミュニティには「サイエンス・ウォーズ」と呼ばれる論争が生じました (32)。批判者は言いました。ソーカル論文はピア・レビューにおいてルール違反をした, と。ソーカルに手落ちがあったとすれば, それは自分の論文がパロディであることを他のジャーナルで公表したことです。かれは, パロディ論文の出版後に, おなじジャーナルにその撤回声明 (3-4 項) を投稿すべきでした。

　ところでソーカルは「自分の論文は剽窃でもなければ偽造でもない, パロディだ」と言っています。念のために, ここでパロディの原義について確認しておきましょう。比較文学の研究者リンダ・ハッチオン (33) はパロディについて, あれこれの論者の定義を伝えていますが, それらを私なりに, エイヤッ, とまとめると,

　　[d1] そのなかに先行作品の反復がある。
　　[d2] その中心に自己主張が, 継承と批評として, 存在している。
　　[d3] 著者と読者は, [d1] と [d2] とについて, 共通の理解をもつ。

ということになります。

　ここでハッチオン説にソーカル論文を重ねてみましょう。ソーカル自身は, 自分の論文は [d1] [d2] [d3] のすべてを備えていたと思い込んでいました。だが, ピア・レビューのレフェリーは [d3] について誤解したことになります。これはソーカルの表現力が不十分であったのか, レフェリーの理解力が不十分であったのか, あるいは両方であったのか, ということです。とすれば, [d3] とはいったい何か, これを確認する必要があります。

　ハッチオン説ですが, これをすでに示したラベッツの説 (26) と比べてみましょう。ハッチオンの [d1] にいう「反復」は, ラベッツの [a1] にいう「原典」に対する操作となります。またハッチオンの [d2] にいう「継承と批

評」は，ラベッツの［a2］にいう「分割と配分」に相当するものとなります。さらにハッチオンの［d3］にいう「作者と読者との共通理解」は，まさにラベッツが［a1］と［a2］でいう「引用」の機能そのものです。以上をまとめれば，「パロディ」と「引用」とは重なる概念である，とみることができます（第3章5節）。

とすれば，ソーカルの独創は引用にパロディの意味をもたしたことにあり，レフェリーの誤解はそれに気づかなかったことにあります。学術コミュニティには，ソーカル以前，パロディはなかった，こう，言えるかもしれませんね。

3-3 無断複製，剽窃，そして偽造

ハッチオン説 (33) を踏み台にして話をすすめましょう。まず，一つの論文を取り出し，その論文に［d2］の継承と批評とがなかったとしましょう。この場合，残るものは［d1］の反復のみ，ということになります。このときに，その論文は先人の論文の単なる複製となり，それが無断でなされれば無断複製になります。

つぎに，［d1］の反復のみ，［d2］の継承と批評なしに加えて，［d3］の共通の理解も隠した，という論文を考えてみましょう。［d3］を隠すには文献の引用をやめてしまえばよいわけです。このときに「引用符なしの引用」が生れます。これが「剽窃論文」となります。なお「引用符なしの引用」という上手な言い方をしたのはエコでした (4)。

仮定を変えます。ここに，少なくとも［d1］［d2］［d3］のどれかが偽りであった，という論文があったとしましょう。これが「偽造論文」──あるいは文学作品（乱暴かな）──になります。ここでは，［d3］に関係する引用に注目しているだけでは，その偽りを見抜くことができません。偽りを偽りとして決めつけるためには，［d1］［d2］［d3］のそれぞれを，その証拠と突き合わせなければなりません。これは，たいへんに手間のかかるレビューとなります。臨床医学の分野においては，このような批判的なレビューを組織的に実施している団体があります。コクラン・プロジェクトと呼びます (34)。

こう，たどってくると，無断複製と剽窃とは著作権侵害にかかわり，偽造は詐欺にかかわる，ということになりますね。これを文系対理系という構図のな

かにおいてみると，文系には無断複製と剽窃とが多く，理系には偽造が多い，といえるかもしれません。ここにオーソリティに頼る文系と証拠にしたがう理系との違いがある，といってよいでしょう。

　近年，理系の分野で偽造論文がしばしば露顕するようになりました (35, 36)。多くの場合，それは偽造データによるものです。これが増えたのは，画像処理技術が発達し，図や写真の反転や座標変換が簡単になったためでしょう (37)。だが，同時に露顕する確率も大きくなっているはずです。というのは，読者もおなじ技術を入手し，これを使ってリバース・エンジニアリングができるからです。もう一つ，「リーナスの法則」もありますね。リーナスの法則とは「目玉の数が十分であれば，どんなバグでも発見できる」というものです (38)。ここにいうバグはコンピュータ・プログラムのバグを指しますが，偽造データもバグですね。さらに一つ。最近はコピー論文発見用のソフトウェアが実用になっています (39)。念のためにつけ加えておきます。

3-4 論文の撤回

　理系の研究とは，ある時代には正しいとされていたことを，つぎの時代に誤りであった，と正していく活動です。したがって，誤りのある論文を発表したからといって，それはかならずしも非難さるべきことではありません。

　誤りのありなしについて，その判断の基準となるものは何か，これについてはすでに述べました。それは客観的な証拠が対応しているかどうかにかかわります。したがって，理系の研究においては，新しい証拠を獲得すること，あるいはそのための方法を開発すること，あるいはそのための理論を構築すること，これが目的となります。

　このような一般論を踏まえたうえで，論文投稿の時点で，ほんらい気づくべき誤りを除くことできなかった，という誤りがあります。その誤りを *ネイチャー* はつぎのように分類しています (37)。

　　誤字・誤植 (erratum) 〜 訂正 (corrigendum) 〜 補遺 (addendum) 〜 撤回 (retraction)

誤字・脱字の直しは編集部の責任として，他は投稿者の責任として，それぞ

れ実施することになっています。

　訂正と補遺は，先取権にはやるあまり不完全原稿を投稿してしまい，あろうことかピア・レビューもパスして出版されてしまった，ところが間違いがあったので訂正，補遺をする，というものです。

　とくに酷い間違いのあるものが撤回論文になります。剽窃論文，偽造論文が露顕した場合には，とうぜん撤回論文になります。

　この剽窃論文，偽造論文について，それを気づかずに引用した研究者がいたとすると，その人は結果として不正に加担した，とみなされてしまうはずです。それは困る。そこで，理系のジャーナルにおいては，偽造論文があった場合，それを公表することになっています。この手続について「統一投稿規定」(13) は，

　　[e1] 著者はその撤回声明をジャーナルに掲載しなければならない。著者がこれをしない場合には編集者が懸念声明を掲載しなければならない。
　　[e2] [e1] の声明においては，第一著者は撤回論文の第一著者と同一であることが望ましい。また，その声明の本文には，撤回の理由と参考文献とが含まれなければならい。
　　[e3] [e1] の声明は，ジャーナル中の目立つ位置に，しかもページ番号の振られているページに掲載しなければならない。目次にもこれを示さなければならない。

と定めています。最近，日本でも科学技術振興機構が「J-STAGE 推奨基準」を発表し，ここで撤回論文の扱い方を示しています (40)。

　ここで設問を一つ。撤回論文の引用はどうしたらよいのか。それはつぎのようになります。

　　著者，タイトル〔ジャーナル，年次，号，ページ にて撤回〕，ジャーナル，年次，号，ページ

　医学の分野では，撤回論文を関係者が共有できるような仕掛けがあります。それは国立衛生研究所（米国）の運用している パブメド というデータベースです。このデータベースには 4,800 タイトルあまりの雑誌論文が登録されてい

ますが，原ジャーナルに撤回記事があった場合，それはこのデータベースにも反映されるようになっています *(41)*。「出版の撤回」(retraction of publication) という検索語も設けています。ただし，入力に遅れがあり，この点，完全というわけにはいかないようです。

いっぽう，文系のジャーナルには，撤回論文への扱いについて規定がないようです。ブルーブック にもありません。当初から，撤回論文はない，という性善説あるいは思い込みがあるのでしょう。最近，日本の法学系出版において，剽窃論文を掲載したジャーナルを回収し，改めて問題の論文を削除したジャーナルを印刷し直し，それを再配布する，という例がありました。再配布雑誌はページまでつけ替えてしまい，もともとその論文があった，という痕跡はまったく消されていました。ここで「統一投稿規定」をもう一度，参照してください。誤りは誤りとして記録に残す。これが公正な処置というものでしょう。私は，日本でも撤回論文データベースを全領域にわたってつくったらどうか，とある公的な審議会に諮ったことがあります。

ところで，最高裁で逆転無罪という判決があったときに，新聞社はどうしているのでしょうか。一審，二審に関する過去の新聞記事を差し換えることはないはずです。縮刷版の差し換えもないでしょう。ただし，データベースについては削除する新聞社と，そのまま残している新聞社とがあるようです *(42)*。

撤回論文の扱いは，電子ジャーナルにおいてはさらに深刻になります *(43)*。論文の変更，抹消がさらに容易になるためです。この場合，撤回論文と撤回声明とのあいだにはリンクを張らなければなりません。

文脈は外れますが，「JIS X 0902-1 記録管理」(ISO 15489 の翻訳) というアーカイブに関する公的標準があり *(44)*，ここではまず「文書」があり，そのうち記録システムに保管されたものを「記録」と定義し，この記録については，修正，変更ができない，としています。

4．先行者 対 後続者

文系と理系とにおいて，研究者の論文に対する意識が違うのではないか。これが第 8 章の課題でした。ここでまとめておきましょう。

文系にせよ理系にせよ，その論文には先行論文の引用があります。その引用の役割は，ここまでは先行者の寄与，このさきは本人の寄与と，双方の業績を仕分けることでした（2-3項）。問題は，この仕分けの方式が文系と理系とで異なることです。

　まず，文系ですが，論文の形式は教典型でした。したがって，そのテーマに関する議論の全貌をその論文によって確認することができます。ここにある引用をみれば，寄与の先行〜後続の関係が一望できるわけです。ここでは長い論文のなかで数千語，場合によっては数万語を費せることができますので，引用についても委曲をつくすことができます。しかも，先行者はオーソリティであるという理解があります。先行者がオーソリティであれば，後続者つまり著者の寄与も安定したものとして受け取ることができます。ここに迷いはありません。

　つぎに理系ですが，こちらはどうでしょうか。論文の形式は速報型でした。与えられる論文の長さはせいぜい数千語です。後続者にとってみれば，ここに先行〜後続の関係をモレなく記載することはきわめて難しい。しかも理系では，引用すべき先行者は単なるリファレンスにすぎず，くわえて論文の数が膨大です。ここから先行者を見つける作業にモレのあることは，とうぜん予想されます。この難しさは，どの先行者にとっても同様であったでしょう。したがって，理系においては，先行〜後続の記述のモレが，しだいに累積されていくはずです。視点を変えれば，先行者は，自分の寄与が後続者にとって見落とされているのではないか，という懸念をつねに抑えることができないはずです。

　ここに逆説的な事情が生じます。文系では，後続者が引用することに熱心，その分，先行者が被引用について懸念をもつことはありません。しかし，理系では，後続者は引用については大雑把，その分，先行者が被引用について高い関心をもたざるをえない，こうなります。だから，サイエンス・サイテーション・インデックス（第11章3-3項）が関心の対象となるわけです。ここでひと言。引用文献数が10編以上であれば学術論文，という意見があります *(45)*。いや，もっと多いはずだ，という研究論文もあります *(46)*。いずれにせよ，引用は学術文献の身分証明ということになります。

　文系論文にも理系的な要素があり，その逆もまたあるはずです。だから，こ

の章の議論は粗っぽすぎたという批判もあろうかと思います。だが，この本はマニュアルを標榜しています。したがって，これ以上の議論は思い止まることにします。

　最後にもう一度，思い返してください。それは第1部で紹介したI・ニュートンの「巨人たちの肩の上」という言葉です。この言葉の原型は「巨人たちの肩の上の小人」というものであり，12世紀以来，人口に膾炙した諺でした。ここに学術研究法の本質があるといってもよいでしょう *(47)*。

第9章　学術論文の内と外

　研究者にとって，自分の論文が引用される，とはどんな意味をもっているのか。ここが出発点になります。このためには，論文というものが学術コミュニティにおいてどのように扱われているのか，その評価はどのようにして決められるのか，これを十分に理解しておかなければなりません。それは学術コミュニティの外，つまり一般社会の理解とは異なります (1)。したがって，私たちは論文の価値とその評価法について，学術コミュニティの内と外との論理をわきまえ，それらを使い分けていかなければなりません。

1．内の論理：研究者の報奨システム

1-1　評判と尊敬

　なぜ論文を書くのか。それが研究者自身に生き甲斐をもたらすからです。では，その研究者の生き甲斐とはなにか。いろいろとあるでしょうが，その一つに同僚による「評判と尊敬」があります。科学社会学の研究者マートンはつぎのように言っています (2)。

> 科学者が「自分」の知的「所有権」に対して求めるものは，かれが知識の共通の資産に加えた増分について，その増分の意味に見合った評判と尊敬である。

　この「評判と尊敬」をうることが学術コミュニティでは伝統的な報奨となっています。たとえば，「エポニミー」という報奨システムがあります。アンペア（単位），アボガドロ数，オイラーの定理，エジソン効果など，顕著な業績をあげた研究者の名前を付けて，その人を讃えるわけです。ラプラスの魔，ハッブル望遠鏡などをここに含めてもよいかもしれません。

　人並みの研究者にとっては，エポニミーは，まあ，夢のまた夢だとしても，

一定の評判と尊敬をうることができれば，研究者は，大学にポストをうることができたり，招待講演に指名されたり，そうしたことを重ねたうえで，やがて学会の中枢を占める，ということになるはずです．

1-2 寄与とはなにか

この「評判と尊敬」をうるためにはどうしたらよいのか．ここに研究者を駆動するインセンティブが生じます．これについてマートンはつぎのように指摘しています (3)．

> 科学者は知識に対するかれの寄与を他の科学者に知ってもらいたいという圧力を受ける．それはかれの知的財産に対するかれの権利を認めさせるというもう一つの圧力に変わる．

ここに「寄与」という言葉がありますが，それはどんなものなのか．それは研究者の生み出した知的財産を指し，具体的には学術論文として学術雑誌（以下「ジャーナル」）に掲載されたもの，ということになっています．研究者自身，論文のことを「コントリビューション」(contribution) といいます．なお，ジャーナルがどんなものであるかについては第10章に示します．

ところでジャーナルはどんな論文を「寄与」として認めるのか．現代の代表的なジャーナルである ネイチャー は，その「投稿規定」において，「掲載の基準」をつぎのように示しています (4)．

> [f1] オリジナルな科学的成果を報告している．主要な成果や結論がすでに他誌に掲載されていたり，投稿されていたりしない．
> [f2] 科学的な重要度が傑出している．
> [f3] 他分野の読者にも関心をもたれるような結論に達している．

上記の [f1] と [f2] とがとくに重要な基準です．双方をまとめて，一般には「オリジナリティ」，そして「先取性」——あるいは「サムシング・ニュー」——と言ったりします．

2. 内圧，外圧

2-1 過剰生産，過少消費

　研究者の数は増加する一方です。科学社会学者のD・ド・ソラ・プライス——マートンの弟子です——はこれについてつぎのように言っています (5)。

> 過去，数世紀を通して，科学者の数は15年で2倍になっている。3世代が同時に活動しているとすれば，どの時点においても，かつて存在した科学者のうち8人に7人は現役として働いている勘定になる。……男，女，子供1人とイヌ1匹について，科学者が2人になる日が近い。(島尾永康訳)

　とすれば，論文の総量も増加することになります。デービッド・T・デュラックは1970年代に過去1世紀分の *インデクス・メディカス* ——医学系の索引誌——の重さを測り，これが年間2→30キログラムへと増大したと報告しています (6)。現実には，この間に紙は薄くなり，活字は小さくなり，ページの余白は小さくなっています。その分，論文数は重さの増大以上に増大しているはずです。とにかく，論文数の増大は急激です。それは，たとえば医学系では30年で倍増，化学系では20年で倍増（1980年以降）している，とされています (7)。

　とうぜんながら，論文数の増大とともに，個々の研究者にとって自分が参照しなければならない論文も増大しています。その数は，すでに個々の研究者にとって，読むことが物理的には不可能なほど多くなっています。

　19世紀の物理学者J・W・S・レーリは「図書館における再発見は実験室における発見よりも困難である」と言いました (8)。20世紀の物理学者J・D・バナールは「読むべきものの数は指数関数的に増加するが，読むことに費やせる時間は同じである」とぼやいています (9)。ド・ソラ・プライスは，いま紹介した文献のなかで「数百人の同学グループにならば落伍せずについていけるが，1万人にはついていけない」とこぼしています (5)。

　情報科学の研究者V・スティビッツはつぎのように言っています (10)。

> 自分の専門分野においては，年間 4 億語の論文が発表され，その 4 パーセントが自分の関心領域になる。これを毎分 300 語の速度で読むと，毎日 2 時間半は論文読みに時間を割かなればならない。(中村幸雄 訳)

　というわけで，自分の論文が印刷になったからといって，それがただちに人目に触れるということにはなりません。代表的なジャーナル 4,500 タイトルについて調べたところ，過去 5 年間に 1 度も引用されなかった論文が 55 パーセントにのぼる，という調査もあります *(11)*。あるいは，論文の読者は 2 人にすぎない，それは著者本人とピア・レビュー（第 10 章 1-2 項）のレフェリーだ，という皮肉家もいます。逆に，1,000 回以上引用される論文は全体の 0.01 パーセントにすぎないという調査もあります *(12)*。つまり，論文はその過剰生産とともに過少消費になったということです。

　なぜ，こんなことを小煩さく言うのか。自分の論文をだれかに発見してもらわなければ引用してもらえないからです。

2-2　内圧：出版せよ，しからずんば，消滅せよ

　多くの学会では，研究者は一定の資格審査を受けたうえで，そのメンバーになることができます。学会のメンバーになった研究者は，当の学会の発行するジャーナルのうえで，論文の著者になり，かつ読者になることができます。つまり，学術論文は学会メンバーによって共有される知的財産となります。ここには「著者すなわち読者」という慣行があることになります *(13)*。

　このシステムが機能するためにどんな環境が必要なのか。それはすべての研究者にとって，その成果が公開され，共有され，それら成果の累積が認められる，ということです。この共有性と公開性とについても，マートンはまえに紹介した論文において上手に言っています *(3)*。

> 科学者は，ひとたびかれの寄与を実現してしまえば，かれは，その寄与に他者がアクセスすることについて，それを排除する権利をもたない。

　自分に対する同僚の尊敬と評価を高めるためには，なによりもまず，研究者は論文を出版しなければなりません。いっぽう，近年，研究者の数は増大する

いっぽうです（1節）。したがって研究者間には激烈な競争が生じます。この競争に残るためには，研究者はなによりも論文を出版しなければなりません。ということで，研究者の世界には，"Publish or Perish"という駆動力がかかっています(14)。日本語にすれば，

　　出版せよ，しからずんば，消滅せよ。

ということになるでしょう。英文をまねて頭韻をあわせてみましたが，どうでしょうか。

この競争のなかで研究者が心得なければならないことは，学術コミュニティにおける自分の寄与分を示すことです。ここまでが先人の業績，ここからが自分の寄与，この切り分けを明確にしなければなりません。これがあいまいであると，先人の業績を盗んだといわれるかもしれません。

この切り分けは「引用」という操作によって確定されます。詳しくはすでに述べましたが，この操作は著作権上はけっこうややこしいものなのです（第2章）。この操作を拡大すると，パロディに，そして盗作になりかねません。前者は侵害と非侵害との境界上にありますし，後者は侵害そのものとなります（第8章3-3項）。

2-3　外圧：私有化，そして，収益増を

ところが，20世紀末のころから環境が変わってきました。それは1982年に米国が特許法の改正——いわゆるバイ・ドール法——をしたことがきっかけになりました。この制度は大学が政府の助成資金による研究で特許権を得た場合，それを大学に与えるというものでした(15)。この後，大学は技術移転機関を組織し，そこで上記の特許権を元手に企業と手を組んで技術開発をするようになりました。これでもっとも成功した例はスタンフォード大学のもつ遺伝子操作の基本特許です。2億2,100万ドルのロイヤリティを特許の切れるまでに稼いだといわれています。

こうなると，大学の研究者も，その成果について公開かつ共有などといってはいられない環境になりました。学術コミュニティのなかにも，研究成果について，秘匿と特許化の流れがでてきました(16)。ハワード・K・シャックマ

ンという生物学者は ジャーナル・オブ・バイオロジカル・ケミストリ の創立100周年号（2006年）に「"Publish or Perish" から "Patent and Prosper" へ」という論文を投稿しています (17)。英文ほど巧みな語呂合わせはできませんが，後段は，頭韻の坐りはいま一つですが，

　　私有化せよ，そして，収益増も．

とでも言ったらよいでしょうか．さもなければ，'or' が 'and' になり，"Publish and Perish" になってしまう，ということです．

　こうした理由で，公開と共有をむねとする学術コミュニティの世界にも，産業界の秘匿と私有化という価値観が入ってきました．結果として，研究者は「公開・共有」と「秘匿・私有」という2つの価値観をどのようにして両立させていくのか，これを問われるようになりました．じつは産業界にも知識の公有という伝統，あるいは慣行があります．それは技術標準についてです (18)．だが，話が拡散してしまうので，ここでは触れません．

　この結果，課題はさらに捩じれることになりました．大雑把にいえば「出版せよ，しからずんば，消滅せよ」の対象はどちらかといえば論文の表現にかかわります．しかし「私有化せよ，そして，収益増も」の対象は，いずれかといえば論文の中身に相当するものです．これも大雑把にいえば，論文それ自体は著作権の対象，論文の中身は特許権の対象になります（3節）．したがってここでは，学術論文をめぐって，その表現，その内容，その著作権，その特許権が，冷えたスパゲッティのように絡みあうことになります．研究者はこれを上手に捌かなければならなくなりました．

3．外の論理：知的財産権

3-1　表現，思想，事実

　「巨人たちの肩の上」というニュートンの言葉については，すでに第1部で述べましたが，この言葉について，もう一度，考えてみましょう．それはライバルであったR・フックへの私信のなかで語られています (19)．

デカルトの成したことは，よき一歩でした。あなたはいくつかの方法で，特に薄膜の色を哲学的な考察の対象とした点で，多くをつけ加えました。もし私がさらに遠くを見ることができたとするならば，それは巨人たちの肩の上に乗ったからです。(中島秀人 訳)

　この文章はさまざまな要素を含んでいます。まず「巨人たちの肩の上」という巧みな「表現」があります。これが巧みなことは，それがシャルトルのベルナールに始まり，ニュートンを経て，J・S・ミル，F・エンゲルス，S・フロイトにいたる多くの研究者によって引用されていることからも，そうと，言い切ることができます[20]。

　しかし，この文章は「表現」を伝えるのみではありません。デカルトとあなた（フック）と私（ニュートン）がなした光学上の業績にも言及しています。これは「事実」を伝えるものです。また，それぞれの業績に対するニュートンの評価も示しています。これはかれの主張したい「思想」——「アイデア」といってもよい——になります。

　ここで話を一般化すれば，どんなテキストでも，この表現，思想，事実という3つの要素を含んでいます。前章（2-4項）で，論文は表現と表現以外から構成されていると言いましたが，後者はさらに思想と事実との2つに仕分けられるということです。したがって，著者の創造力は3つの要素としてテキストのなかに組み込まれていることになります。

　近代の国家は，著者がテキストのなかで示した表現，思想，事実を，どれも知的財産として保護しよう，という仕組みをつくりました。それは，表現に対する著作権，思想に対する特許権，事実に対する企業秘密，という制度になっています。（ここでは大雑把な括り方をします。詳しくは林の *情報メディア法* [21] あるいは名和の *ディジタル著作権* [22] を読んでください。）

　まず，著作権はすべてのテキストに対して与えられます。これに対して特許権と企業秘密とは，ある条件を充たしたテキストでなければ与えられません。問題はその条件にあり，それは産業的な価値をもつ，ということにあります。

3-2 ありふれた表現

　著作権という制度は，まず，テキストに対して設けられました。また，孤高の芸術家の作品を対象として組み立てられました。テキストの保護という意味では，学術論文は著作権の対象になります。ところが，学術論文の価値は，多くの場合に，思想や事実にあります。これは著作権の保護する表現ではありません（第2章4節）。さらに，学術論文は学術コミュニティにおける共有をむねとしています。したがって論文の著者からみれば，論文の流通をコントロールする著作権には冷淡，ということになります。

　とみてくると，学術論文は著作権になじみにくい，ということになります。これらの点について，現行の著作権法はシカとしたことは定めていません。ただし，判例はそれなりの判断を示しています。

　まず学術論文の表現の著作権について，法廷は薬理学の論文に対して否定的な判断を示しています (23)。

> 論文に同一の自然科学上の知見が記載されているとしても，自然科学上の知見それ自体は表現ではないから，同じ知見が記載されることをもって著作権上の侵害とすることはできない。また，同じ自然科学上の知見を説明しようとすれば，普通は，説明しようとする内容が同じである以上，その表現も同一であるか，又は似通ったものとなってしまうのであって，内容が同じであるが故に表現が決まってしまうものは，創作性があるということはできない。

　この判例は，学術的なテキストには表現に創作性を認めることが難しい，と言っています。この「創作性」という言葉ですが，これはベルヌ条約の「オリジナル」という言葉の翻訳です。これはテキスト——つまり言語の著作物——でいえば，「文体」「用語法」「修辞法」などにかかわるものです。いっぽう，学術論文においては，いずれに対しても平明であることを求められます。どちらかといえば，共通の理解がえられるように「ありふれた表現」が求められます。もう一つ，学術論文は表現よりも，その内容に重きを置きます。

　学術論文の共有性についてはどうでしょうか。これについてもつぎのような判断があります (24)。「CaTeとMgTeの混晶による発光ダイオードの研究」

という学位論文の訴訟に対するものです。

> 自然科学上の法則やその発見及び右法則を利用した技術的思想の創作である発明等は万人にとって共通した真理であり，何人に対してもその自由な利用が許されるべきであるから，著作権法に定める著作者人格権，著作財産権の保護の対象にはなりえない

この判例は「法則，発見，発明等」は主観的なものではない，つまり表現ではない，と示しています。

3-3 思想の先取性

すでに触れましたが，学術コミュニティにビジネスの理念や慣行が浸透するようになりました (25)。ビジネスにおいては，成果に対する経済的価値の大小が報奨につながります。この経済的価値とは研究成果に関する「排他的な権利」を指します。いま排他的な権利と言いましたが，これは学術コミュニティにある情報の共有性と公開性とに対立するものです。したがって，学術論文に求められる伝統的な公開性と共有性とが制約されるようになりました。これとともに，学術論文の世界に「秘匿」とか，「知的財産権」といった言葉が使われるようになりました。ここにいう排他的な権利とは特許権を指します。

学術論文は，原則すべて著作権の対象ですが，特許権はそうではありません。日本の特許法は，学術論文の一部が「技術的思想」にかかわり，その技術的思想の一部が「発明」にかかわり，その発明の一部が「特許権」をもつ，という条件を示しています。つまり，すべての学術論文が特許権という排他的な権利に関連するものではありません。ということで，人文科学系のすべての論文，社会科学系のほとんどの論文，自然科学系でも産業的な応用にかかわらない論文は，ここにいう特許とは関係がありません。

発明が特許権をもつ条件の一つに，その発明が「新規性」をもたなければならない，ということがあります。新規性とは，その発明が，特許出願前に，

　[g1] 公然と知られていないこと。
　[g2] 公然と実施されていないこと。

［g3］刊行物に記載されていないこと。

という条件を指します。［g1］と［g3］の条件をみたすためには学術論文の発表を抑えなければなりません。つまり，特許における新規性と学術論文における先取性とは真っ向から衝突することになります。

　ジャーナルもこれに柔軟に対応しようとしています。たとえば，ネイチャーの投稿規定は，特許にかかわる論文であっても受理する，としています (4)。ただし，編集者とピア・レビューのレフェリーとが守秘義務を負うことを前提としたうえで，その特許について確認できることを条件にしています。

　最後に学術論文の著作権と特許権とのかかわりについて，それぞれを比較しておきましょう。著作権は論文の出版の権利をだれがもつのか，これを裁くシステムにすぎません。だから，研究者の伝統的な報奨システムを捩じ曲げることはあるかもしれませんが，それを真っ向から否定するものではありません。

　いっぽう，特許権のほうは論文の発表自体を制限するリスクをもっています。論文発表を意図的に遅らせたり，かなり長期にわたり秘匿させたりするかもしれません。したがって，こちらは研究者の報奨システムを潰してしまいます。結果として，研究者は萎縮させられ，企業人の報奨システムへと誘導されることになります。

　ここで設問を一つ。同一テーマに対する研究論文の著者と特許の発明家とは同一人であるべきなのか否か (26)。この答えは第11章に示す「オーサーシップ」の定義を読んだあとで考えてみてください。

3-4　秘匿事実の引用

　脇道に入ります。引用との関係は薄いのですが，ここで学術研究の分野におけるデータの権利化について紹介しておきたい，と思います。観測データ，実験データは，かつては公有とされていました。著作権法からみれば，それは「創作性ある表現」とはいえず，保護の対象とはなりません。特許法からみれば，それは「技術的な思想の創作」とはいえず，これも保護の対象にはなりません。

　この空白を埋めるために，在来，データについてはべつの保護システムが設

けられていました。それは「企業秘密」あるいは「財産的情報」と呼ばれる情報に対するものでした。この保護システムは日本では不正競争防止法のなかにつくりこまれており，その適用を受けるためには，当の情報がつぎの条件をもつことを求めていました。

　[h1] 経済的な価値をもつこと。
　[h2] 公開されていないこと。
　[h3] 秘密として管理されていること。

　この条件のうち [h2] と [h3] とは学術コミュニティの慣行に反しています。ついでに言うと，失敗した実験データも企業秘密になります。なぜか，その理由については，あなた方自身で考えてください。つけ加えれば企業秘密にはデータのほかにアイデアも含まれています。

　ただし，ビジネスの要求はこれにとどまりませんでした。データの知的財産化については，1990年代に勢力的に推進されたヒト・ゲノム計画の過程で，一進一退がありました。ここで議論の対象になったのは DNA の配列データでした。この扱いをめぐり，いっぽうでは研究者集団がデータの公開原則を主張し，他方では私企業がその権利化を特許庁に求めていました(27)。

　このような動向のなかで，米国は1996年に経済スパイ法をつくり，企業秘密をつぎのように定義しました。

　　財産的，ビジネス的，科学的，技術的，経済的，工学的な情報のすべての様式，形式を含む。ここには模型，計画，編集物，プログラム・デバイス，処方，設計，方法，技術，工程，手順，プログラム，コードを含む。また，有形，無形を問わない。くわえて，貯蔵，編集があろうとなかろうと，またそれがどんな方式であろうと，また，その貯蔵と編集が，物理的であろうと電子的であろうと，また図面であろうとテキストであろうと，それを問わない。(1839条 (3))

　この企業秘密に対して，おなじ法律はつぎの行為を違法としています。

　　許諾なしの，企業秘密に対するコピー，複製，スケッチ，作図，撮影，ア

ップロード，ダウンロード，改造，破壊，フォトコピー，模写，伝送，配布，送付，郵送，通信あるいは運搬。(1831条 (a) (2))

これをみると，公表されている情報以外の引用はいかなるものであれ禁止される，と受け取ってよいかと思います。未公開資料の引用について，「統一投稿規定」(第8章1-4項)はその引用元の承諾書の添付を求めています (28)。それは単なるエチケットの問題にとどまらずに，経済スパイ法があるためかとも推測されます。

すでにこの制度に触れた日本の研究者がおり，日米の政府のあいだで本人に対する法執行についてやりとりがありました (29)。(文脈がズレますが，この法律は研究者が当たり前としてこれまで実行してきたリバース・エンジニアリングという行為を違法とみなすものとなります。)

もう一つ，近年，とくに遺伝子工学の分野で，研究成果の発表が企業の株価に影響するようになりました。したがって，ピア・レビュー中の論文について何事かを漏らすことは，研究者自身であってもレフェリーであっても編集者であっても，インサイダー取引とみなされるリスクをもつ，と指摘されるようになりました (30)。

4．産業の学術化，学術の産業化

かつて，「産業の情報化」そして「情報の産業化」という言葉がありました。産業の情報化とは産業のなかに情報技術が組み込まれること――例，企業活動のコンピュータ化――を，情報の産業化とは情報技術の成果が産業となること――例，ソフトウェア生産の企業化――を指しました。おなじ発想を学術研究にもちこむと「産業の学術化」と「学術の産業化」という発想が生まれます (1)。

これをここまで議論してきた話題にそくして示しますと，論文の特許権化や企業秘密化が産業の学術化にかかわり，論文出版の商業化が，つまり論文の著作権の主張が学術の産業化にかかわる，こうなります。いずれも伝統的な研究慣行に再構築を迫るものとなっています。

第 10 章　学術雑誌の表と裏

　自分の論文も，これを引用してくれる同僚の論文も，学術雑誌のうえで発表されます。論文はそれ単独では存在しないと同然です。それらの論文は，しかるべき学術雑誌に掲載されたときに，はじめて存在することになります。

　学術雑誌の出版については，21 世紀の初頭，3 つの流れが複雑にからまっています。第一は商業化の流れ，第二は電子化の流れ，第三はオープン化の流れ，です。第一の流れは学術の産業化にかかわり，第三の流れは第一の流れへの批判，つまり反・学術の産業化の運動として現れています (1)。面白いことに，第一と第三の流れは，どちらも第二の流れによって促進されています。

　いずれにせよ，論文の投稿者は，学術雑誌というシステムの現状と動向とについて，十分に心得ていなければなりません。

1．自主的な出版物

　学術論文とはなにか。その定義ですが，いま述べたように，学術雑誌に掲載される記事を指します。これでは同義反復ですね。学会の発行する雑誌，と言い換えましょうか (2)。なお，学会ですが，それは専門分野別に組織されています。

　日本語ではおなじ「雑誌」ですが，英語では，journal, magazine と 2 つの言い方があります。journal は「新聞」あるいは「専門誌」，magazine は「商業誌」を指すようです。語源をたどれば，前者には「公的な日記」，後者には「倉庫」といった意味もあります。つまり，前者は記事のコンテンツに，また後者は記事のコンテナーに注目した言い方になっています。以下，学術雑誌を「ジャーナル」と呼ぶことにします。

　ジャーナルといっても，学会誌，紀要，レター集，プレプリント，技術報告，会議資料など，いろいろとあります。モノグラフ（書籍）もここに入れてよい

でしょう．それぞれに対する説明は省きますが，名前をみれば，およその見当はつくはずです．

1-1 著者すなわち読者

ジャーナルは研究者が「自主的に」刊行する雑誌を指します．多くの場合，学会メンバーがボランティア的な活動によって出版するものです．ここでは著者も研究者，読者も研究者であり，しかも同一の研究者が，ときには著者，ときには読者になる，という関係にあります (3)．

この意味で，ジャーナルは，原則として，出版の市場に流通するものではありません．閉じたメディアです．つまり，一般の出版市場からは隔離されています．多くの場合，ジャーナルは書店では購入できません．グーグルの検索エンジンでもアクセスが困難です (4)．とくに電子ジャーナルについては個人購読ができない場合もあります (2-2項)．つまり，社会人からはアクセスしにくい存在です．

ところで「自主的に」といった意味は2つあります．その第一は「自費出版」のメディアとなっていることです．その第二は「ピア・レビュー」という品質管理システムをもっていることです．

まず，第一の特徴について説明しましょう．ジャーナルの編集も発行も学会のメンバーが負担しています．とくに科学・技術・医学系の雑誌——「STM系の雑誌」ということもあります——では，原稿料はゼロです．それだけではありません．著者が投稿にあたってそのコストの一部を前払いします．これを「ページ・チャージ」といいます．この点，投稿者が出版社から原稿料をもらう商業出版とは違っています．

ジャーナルは，つい，このあいだまでは，20世紀末までは，冊子体の形をとっていました．いや現在でも，冊子体のものがたくさん残っています．だが同時に，その電子化も急速に実現しつつあります．これが「電子ジャーナル」というものです (3節)．この電子ジャーナルの出現によって，ジャーナル，したがって学術論文の機能や位置づけも急速かつ大幅に変化しつつあります．これも論文の著者にとって見過ごせない動向です．

1-2 ピア・レビュー

　いま，ジャーナルは研究者が自主的に刊行する雑誌である．その第二の意味は投稿論文に対して「ピア・レビュー」をおこなうことだ，と言いました．このピア・レビューですが，研究者Ａの投稿論文について，その出版の可否を研究者Ｂがおこなう，というものです．多くの場合，ＡとＢとは，同一学会の同一領域の研究者です．つまり，ピア・レビューとは同僚による評価，ということになります．これを「査読」ということもあります．とうぜんながら，ピア・レビューは慎重かつ公正におこなわれなければなりません．

　言葉を換えれば，ピア・レビューとは，投稿論文について投稿者がオーサーシップ（第11章2-1項）をもっているのか否か，これを確認するためにあります．ピア・レビューをどんな手順でおこなうのか，どんな基準でおこなうのか，これについてはそれぞれの学会が投稿規定に示しています．ピア・レビューはジャーナルにとって本質的な機能の一つです

　近年，じつはピア・レビューが学会や出版社の負担になっています．現代の学術研究はあまりにも細分化され，かつ学際化されてしまいました．したがって，たった1編の投稿論文であっても，多くのレフェリーの眼を通さなければならない，ということになりました．現に サイエンス の編集部は音をあげています (5)．ジャーナルの伝統的な規範は危機にさらされています．

1-3 印刷ではなく出版

　ジャーナルの目的は，論文を出版することです．学会は投稿論文を可及的速やかに出版しなければなりません．出版は，その論文が先取性つまりサムシング・ニューを含んでいることを保証するものです．これをマートンは，

　　「単なる印刷物」を「出版物」へと変換する権威の仕組み．

と示しています (6)．したがって「ワトソンとクリックの論文（第8章2-1項）は ネイチャー の編集者に1953年4月2日に到達すればよい．印刷は二の次になった」ということにもなります (7)．

　ピア・レビューと出版とを合わせて，ジャーナルは研究者の業績に対する認証システムとなる，とみることもできます．これはジャーナルを論じるにあた

り，見落とすことのできない論点になります。

　ただし，人文系や社会系の分野においては，当初から商業誌がジャーナルの役割を演じている場合もあります。日本の *思想*，*現代思想*，*ジュリスト*，米国の *フォーリン・アフェアーズ* などが，その例です。

　話をもどせば，ジャーナルに載せる以上，その論文はジャーナルを発行する学会のしきたりにのっとって書かれている必要があります。それは，術語の使用法，論理の展開法，クレジットの記述法など，多くの点にかかわります。とうぜん，引用の方法についても，そうでなければなりません。

2．出版の商業化

2-1　シリアル・クライシス

　いま，学会の役割は慎重かつ公正なピア・レビューと可及的速やかな出版にある，といいました。だが，この2つは両立しがたい機能です。一方を立てれば他方は疎かになりがちです。学会は双方をメンバーのボランティア活動に依存しつつ実現しなければなりません。メンバー数の小さい学会にとっては，これはけっこう難しい課題となります。学会の会員数は，大規模のものは数万人にのぼりますが，小規模のものは数百人にも達しません。

　ジャーナルは専門分野別につくられています。しかも，その専門分野は，学術研究の発展とともに，より狭く，より深くなっています。ということで，ジャーナルは，その専門性の深化とともに分化し，その数を増大させています。その専門領域が先端的であるほど，あるいは秘教的であるほど，学会のメンバー数は小さくなります。

　あれやこれやで，1980年代になると，ジャーナルの出版は学会メンバーのボランティア活動によっては維持しにくくなりました。一方には出版コストの上昇があり，他方には専門化にともなう学会規模の伸び悩みがありました。当時，1論文のコストが600万円という試算も出たくらいです (8)。

　いっぽう，20世紀の後半になると，先端的な分野のジャーナルについては，学会の外においても購読者の増大が見込まれるようになりました。ここに商機をみつけたのは商業出版社でした。商業出版社は，学会の出版業務をアウトソ

ーシングしてもらう格好で事業化し，あわせて国際化し，ここに参入してきました。ただし，ピア・レビューなどの編集業務を学会のボランティア活動に頼る，という形は残しました。

商業出版社の参入によって，どんな現象が生じたのか。結果は明白です。それは購読料が急騰したことです。1980年代末に，物理学の分野について，これを調査した研究者がいました (9)。その報告によれば，学会のジャーナルについては，1,000文字あたりのコストが1セントのオーダー，1引用あたりの1,000文字分のコストが0.1セントのオーダーでしたが，商業出版社では，そのいずれもが10セントのオーダーになっていました。このようにジャーナルの価格は高騰しました。

購読料が上昇すれば個人（研究者）の購読者が減ります。出版社からみれば出版部数が減ることになり，これをカバーするためにはさらに単価をあげなければなりません。この悪循環が重なって，購読料はますます高価になり，購読者は個人から図書館へと移ります。だが，その図書館にしてもすべての雑誌を購入することができなくなります。これを図書館の関係者は「シリアル・クライシス」と呼びました。「シリアル」とは定期刊行物を指します。

図書館はシリアル・クライシスにどのように対応したのか。ジャーナルを選別し，よく読まれるジャーナルを優先的に購読する，ということになりました。よく読まれるジャーナルとは「コア・ジャーナル」（第11章3-1項）を指します。ということで，読まれないジャーナルは，多くの図書館が分担して購入し，相互に貸借しあうようになりました。

話は先走りますが，ジャーナル価格の高騰に対して，20世紀末になり，図書館はジャーナルの刊行を助ける活動をはじめました。その代表的な例として米国の研究図書館協会が Scholarly Publishing and Academic Resource Coalition (SPARC) という組織を立ちあげました。この組織は新雑誌の出版を支援しています。その成功例に米国化学会発行の オーガニック・レターズ があります。このジャーナルのインパクト・ファクター（第11章3-4項）はエルゼビア社の テトラヘドロン・レターズ を超えるようになった，と言われています。

2–2 ビッグ・ディール

あれこれの試行錯誤があったのちに，2000年代前半に「ビッグ・ディール」という取引の形が，電子ジャーナル（3節）について定着しました *(10)*。それは，

> xタイトルの電子ジャーナルを一括して，1組織あたり年間y円で提供する。

という型の取引を指します。xは，たとえば5,000タイトル，yは，たとえば6,000万円，といったオーダーになるようです。ここでは個人購読はなし，契約はサイトごと，ということになります。サイトごとの契約をサイト・ライセンスともいいます。余談になりますが，これによって在野の研究者はジャーナルを入手しにくくなりました。

このような取引が可能になったのは，1990年代に商業出版社のあいだでM&Aが頻繁にくり返され，ジャーナル出版という市場が寡占状態になったためです。M&Aをもっとも活発におこなったのはオランダのエルゼビア社でした。（なお，社名こそおなじエルゼビアですが，16～17世紀にこれもオランダで活躍した書店とは別物です。）いま言った寡占状態ですが，上位4社の市場占拠率はジャーナル数で約1/4です。ついでにいいますと，学術出版の市場は全世界で80億ドル，うち商業出版社の取り分は2/3とみなされています *(11)*。つけ足せば，データベースの世界には「マタイ効果」があります。そのマタイ効果とは，

> それ，だれにても持てる人は与えられて，いよいよ豊かならん。されど，持たぬ人はその持てる物をも取られるべし。（マタイ伝，13章12）

という現象を指します。経済学者のいうネットワークの外部性と似た概念です。

受け身の形ですが，図書館群はコンソーシアムを結成して取引の力量をあげ，出版社と価格交渉するようになりました。この活動は海外でも日本でも一応の成果はあげているようです。

3．ジャーナルの電子化

ジャーナルの電子化はじつは1970年代から実験的に試行されていました。だが，なかなか実用にはいたりませんでした。学術コミュニティが研究者に対する業績評価を伝統的な冊子体に頼っていたためでした。これが1990年代に可能になったのは，なんといってもインターネットが普及し，くわえて大容量かつ安価な電子的記録媒体が出現したからです。

3-1　ピア・レビューなし

話が遡ります。1991年，国立ロスアラモス研究所（LANL）の研究者ポール・ギンスパーグが *e*−プリント・アーカイブ という電子的なプレプリント・サービスを始めました (12, 13)。ギンスパーグは計算ひも理論と量子重力論の研究者でしたが，LANLではプログラマーとして雇われていました。

e−プリント・アーカイブ はジャーナルについて新しい可能性を3つ示しました。その第一は，ピア・レビューなし，ということです。いまプレプリントと言いましたが，プレプリントにはピア・レビューはありません。なぜならば，プレプリントはほんらい冊子体の速報でした。ジャーナルへの投稿論文はピア・レビューという煩瑣な作業をともなうので，その出版にどうしても時間的な遅れを生じます。これではサムシング・ニューを求める研究者は満足しません。プレプリントはこの隙間を埋めるために考案されたメディアでした。

ピア・レビューなしでも品質管理を確保できるのでしょうか。「反相対性理論とか永久運動とかの論文が投稿されるのではないかという懸念があったが，それは現実にはなかった」とギンスパーグは後に述懐しています。たぶん，小さな集団であれば，ここに加わった研究者は互いに顔のみえる関係にあったはずです。互いに相手の研究環境を熟知していたはずです。だから品質保証が自律的になされたのでしょう。もう一つ，高エネルギー物理学の分野ではすでにプレプリントの文化がありました。

その第二は，電子ジャーナルがコスト的に引き合う，と示したことにあります。そのコストは1論文あたり年間15ドル，開発費を除けば年間4ドルにと

どまっていました。

　その第三は，オープン・アクセスという方式を立ち上げたことです。このシステムは，当初，1,500 ドルのユニックス・サーバーを使って始められ，ユーザー数が 160 人ほどのメーリング・リストの拡張版にすぎなかった，ということです。この低コストとピア・レビューなしという安直さが，オープン・アクセスという方式につながりました。

　e-プリント・アーカイブ は後に アーカイブ（arXive）と改称され，経済学などの分野まで含んで運用されるようになりました。システム自体もコーネル大学に移されました。つまり，この方式が学術コミュニティによって受け入れられたことになります。2007 年末には，45 万件の論文がアップロードされたといいます。アーカイブ への投稿論文はピア・レビューなしでしたが，それでも，それらを引用する研究分野も現れてきました。だが同時に，分野によっては，純粋の研究論文でないコンテンツもここに投稿されるようになってきました。ピア・レビューなしの副産物といえるでしょう (14)。

　もちろん，e-プリント・アーカイブ に反撥する勢力もありました。いうまでもなく，学会と商業出版社はピア・レビューなしの論文について批判を浴びせました。とくに医学分野においてこれは激しくなされました（第 11 章 5-2 項）。

　こうした懸念に応えるためか，2004 年，アーカイブ は投稿論文に「保証」の添付を求めるようになりました。それは アーカイブ への投稿実績をもつ研究者による保証，というものです。「友達の友達は友達」的な発想です。この形の信頼システムとしては，すでに暗号システムとしてのプリティ・グッド・プライバシーがありますね。

3-2　所有からサービスへ

　電子ジャーナルの出現はジャーナルの利害関係者に大きい影響をもたらしました (15, 16, 17)。まず，商業出版社は購読料という概念を改めなければならなくなりました。冊子体の時代には，読者が読む読まないにかかわらず，ユーザーはジャーナルを年間いくらで購読してくれました。だが，電子ジャーナルになると，ユーザーは必要な論文のみを選択，購入し，これを端末からダウン

ロードできるようになりました。もう一つ，ユーザーが図書館の場合，端末が1台あればよいことになりました。図書館はその1台の端末を使って来館者すべてのアクセスを代行できるようになりました。ジャーナルの売上をアテにしていた商業出版社は難題に直面したことになります。学会も同様の立場に追いこまれました。

　図書館も困りました。冊子体の時代には，バックナンバーは自分の財産でした。しかし電子ジャーナルの本体は商業出版社のシステムに入っており，もし契約を中止してしまうと，その瞬間から当のジャーナルには過去の契約期間の分を含めてアクセスできなくなってしまいます。この事情は研究者にとってもおなじでした。前項に紹介したビッグ・ディールは，これらの難問に対する一つの解になりました。

　つまり，ジャーナルのビジネス・モデルが，その所有からサービスへと移ったことになります。

3-3　ハイパーテキスト化

　ジャーナルはさまざまの組織によって発行されています。まず，学会，ついで商業出版社，ほかにボランティアの研究者集団，あるいは大学や研究所などが刊行しています。研究者は，こうしたたくさんの組織が発行するジャーナルを渡り歩きながら，それらのジャーナルにある論文にアクセスしなければなりません。

　ジャーナルが冊子体であった時代には，この渡り歩きは研究者にとって至難の技でした。図書館で論文を探索する場合は，それがわずか10編であっても，けっこう手間のかかる作業でした。だが，電子ジャーナルの論文を検索することはきわめて簡単になりました。かりにその論文が数100編にのぼるとしても，です。複数のテキストを相互に参照できるように仕立てる技術が，インターネットの実用化とともに開発されたためです。

　まず，テキストにHTMLという方式にしたがってタグをつけます。情報処理技術に慣れていない人でも，そのタグによってテキストの体裁をあれこれと仕立てることができます。もう一つ。このHTMLのタグを使って，複数のテキストのあいだにリンクを張ることができます。それぞれのテキストがべつの

組織のものであっても差し支えありません。このようにして互いに関連づけられたテキストを「ハイパーテキスト」といいます。

　いま，異なる組織の発行するジャーナルの渡り歩きについて説明し，これが冊子体の場合には面倒である，と言ったところでした。この面倒さがインターネット上の電子版論文では消えてしまったのです。クリック一つで，引用の先にある原論文に，それもテキスト全文にアクセスできます。おそるべき効率化です。

　購読者からみれば，さまざまの組織のもつ全論文を，あたかも一つの巨大データベースとして扱えるようになりました。ユーザーからみれば多くの組織のもつ論文の入り口が一つになったわけです。このような入り口をポータルと呼びます。

　現実には，大規模の学会，商業出版社がこのようなポータルをもっています。これらのポータルのさらなるポータルもあります。それは「クロスレフ」というコンソーシアムによるもので，このポータルの先にはさまざまな組織，つまり学会，商業出版社，大学，研究所などのポータルがつながっています。ユーザーはこのポータルを通して，どの組織のもつ論文にもアクセスすることができます。くわえて，それらの論文を組織を越えて，相互に参照することもできます。ただし原則として，そのユーザーが，あるいはそのユーザーの所属機関が，事前に当の学会や出版社とアクセスについて契約していることが前提になります。日本では国立情報学研究所や科学技術振興機構がこのようなポータルをもっています。

4．オープン・アクセス

4-1　公開原則

　世紀の変わり目の頃から，学術コミュニティのなかにジャーナルのオープン化を求める声が拡がります (18, 19)。すでに e-プリント・アーカイブ がありました (3-1 項)。2000 年に Public Library of Science (PLoS) という研究者集団が商業出版社に，掲載論文を出版後 6 ヵ月以内に公共的なアーカイブに無償提供せよ，協力しない出版社の雑誌には投稿しないし購読もしない，と求め

ました。これに同調した研究者は3万4,000人に達したといわれています。ついでながら，PLoSには実業家にして，かつK・R・ポパーの弟子でもあるG・R・ソロスが資金援助をしています。なお，非公開を出版から一定期間内にかぎる制度を「エンバーゴ」といいます。

　2001年に，PLoSやSPARC（2-1項）などが「ブダペスト・オープン・アクセス・イニシアティブ」（BOAI）を結成し，つぎのように主張しました。

> 論文の全テキストに対するインターネット経由での自由なアクセスを求める。そのアクセスには，読む，ダウンロードする，複写する，頒布する，印刷する，検索する，リンクを張る，ロボットで読む，ソフトウェアで使うなどの操作を含む。

　学術論文のオープン化は先進国政府の注目するところとなりました。2004年，OECD科学技術政策閣僚級会合は「公的資金による研究データへのアクセスに関する宣言」を採択しました。この文書は，公的資金を活用した研究成果についてその利用体制を整備すべし，と主張していました。日本政府もこれに署名しています。

　これにただちに応えたのは米国でした。2006年に，議会は国立衛生研究所（NIH）の成果に対する公開方針を決定しました [20]。その内容は，

> NIHの助成を受けた研究成果については，その成果をNIHの運用する パブメド セントラル に1年以内に公表せよ。

というものでした。

　つけ加えますと，NIHの予算は2007年度において286億ドルであり，その52パーセントが研究助成に回されていました。また，パブメド セントラル はNIHが2000年に創刊したオープン・アクセスのデータベースであり，ここには180誌を超える生命科学系ジャーナルの論文が掲載されています。この後，政府主導のオープン・アクセス政策は英国にもドイツにも及んでいます。

　医学に関する研究については，その資金の多くは税金によってまかなわれています。したがって，その成果へのアクセスを有料化すると，納税者は二重支払いを強制されることになります。これが医学分野において，研究成果のオー

プン化が強く求められる理由です。

　なお，公的資金を使ったデータを公開する慣行については，学術コミュニティのなかでほぼ確立しています。たとえば社会調査データに対しては米国統計協会の規定があります。また，DNAデータに関してはヒト・ゲノム計画におけるバミューダ合意があります。

4-2　オープン・ジャーナル，自己アーカイビング

　論文のオープン化を実現するためにはどんな方針を立てればよいのでしょうか。これについては，試行錯誤のなかで2つの方向がみえてきました。その第一は「オープン・アクセス・ジャーナル」の発行でした。このためには，著者支払い方式の採用が前提になりました。

　ジャーナルの発行費用は電子化によって小さくはなりましたが，それにしても，その費用をだれかが負担しなければならないわけです。これを著者にさせる方式です。投稿時点で出版費用を回収してしまえば，出版後における論文のオープン化は可能になります。

　すでに言いましたが（1-1項），STM系のジャーナルではページ・チャージという形で著者が出版コストの一部を負担する慣行がありました。提案された方式はこれを拡張した形になります。さらに，このコストを研究者自身ではなく，研究者の所属する組織に負担させる方式も現れました。これを「スポンサーシップ費」と呼びます。

　この方式はPLoSが始めました。その価格は1論文あたり2,000-2,500ドルです。このスキームは商業出版社にも取り込まれるようになりました。たとえばエルゼビア社はここに3,000ドルという価格を設定しています。

　第二の方向は「自己アーカイビング」です。これは自分の論文を自分のサーバー，自分の加入する学会のサーバー，あるいは自分の属する組織のサーバーに搭載し，それへの自由なアクセスを認めるという方式です。とくに最後のものは機関リポジトリと呼ばれ，現在，オープン・アクセスへの有力な道具として注目されています。

5．著作権との折り合い

　ここで一息つき，学術出版と著作権法との関係について，まとめておきたいと思います。まず，学術論文は著作権をもちます（第9章）。著作権とは，その著者がヨシと認めなければだれも当の著者の作品をコピーできない，という法的な道具です。許可が先，コピーが後という仕掛けです。つまり，著作物の流通をコントロールする重要な道具になります。この意味で，学術の産業化，つまり，学術出版の商業化を図る企業にとっては見逃すことのできない権利です。

　学術論文の著作権処理は，現実に，どうなっているのか。この扱いの手順はかなり錯綜しています[21]。なぜかといえば，これまでの歴史的な経緯が組み込まれているからです。以下，こまかい点には眼をつぶって整理してみましょう。

　まず，著作権者ですが，そもそもは著者がもっています。だが多くの場合，とくにSTM系の学会においては，著作権は投稿規定によって学会または商業出版社に移されています[22]。

　読者としての研究者からみますと，読者の立場によって，つまり，大学の研究者か企業の研究者か在野の研究者かによって，著作権とのかかわり方が違います。また，コピーがフォトコピーであるのか電子ジャーナルのダウンロード出力であるのか，これによっても違います。

　フォトコピーの場合，原則として著作権管理団体が存在し，学会また商業出版社のもつ著作権が，さらにこちらに移されています。したがって，私的セクターにいる読者——とくに，企業の研究者——は，この著作権管理団体に申し出で，著作権料を支払ったうえで論文のフォトコピーをしなければなりません。著作権管理団体としては，日本では学術著作権協会，米国にはコピーライト・クリアリング・センター（CCC）があります。著作権管理団体は読者から徴収した著作権料を学会あるいは商業出版社に分配します。

　ただし，例外があります。読者が公的セクター——大学あるいは国公立の研究機関の研究者——である場合，その読者は自機関の図書館で求める論文をフ

ォトコピーできます。当のジャーナルがなくとも，図書館間の相互貸借制度によって，他の図書館から当の論文のフォトコピーを取り寄せることができます。

読者が著作権管理団体にも大学図書館にも手がかりのない場合，つまり在野の研究者の場合，その読者は国会図書館にフォトコピーを依頼するか，フォトコピーの専門事業者（ドキュメント・デリバリー・サービス事業者）からそれを購入しなければなりません。

ひと言，つけ加えます。いま，大学図書館，国会図書館の話をしましたが，これらの図書館を含む特定の図書館のユーザーは，雑誌論文であれば，いかに長文であっても，最新号を除いてその全文をフォトコピーすることができます。ただし，書籍，論文集のなかの論文，博士論文については全体の半分のみしかフォトコピーできません。（どんな図書館が特定の図書館になるかについては，著作権法施行令を参照してください。）

電子ジャーナルのダウンロードについてはどうか。多くの場合，読者側の機関——たとえば大学——が学会または商業出版社とサイト・ライセンスを結んでおり，その契約のなかに著作権の扱いが含まれているはずです。したがって，読者がその大学などに在籍していれば，取り立てて注意すべきことはありません。

日本の電子ジャーナルについては，著作権の扱いは制度化以前といった状況です(23)。科学技術振興機構がJ-STAGEという電子ジャーナルのプラットフォームを設け，ここで370学会，450ジャーナルのサービスをしていますが，学会によって著作権管理の手順はまちまちです。このうちアクセス制限をかけているジャーナルは約20パーセントといいます。くわえて，フリー・アクセスとオープン・アクセスとを混同している学会がほとんどである，ということです。

とにかく，著者としての研究者と論文の流通にかかわる学会や商業出版社とのあいだには，著作権の扱いについて微妙な食い違いが生じることになります。まず，研究者ですが，一人でも多くの読者を獲得したい，そのためには自分の論文を無断コピーされてもよい，と思っているかもしれません。いっぽう，学会または商業出版社のほうは，多くの読者をうることと同時に，その出版活動に見合う利益を手にいれたい，このためにはコピーのコントロールもやむなし，

と考えているはずです。

　話題を移します。オープン・アクセスの普及とともに，学術論文の著作権にかかわるルールも変化しつつあります。

　まず，商業出版社のなかには著作権を著者にもどす動きがでてきました。これによって，著者が自分の論文をオープン・アクセス・ジャーナルに投稿したり，自己アーカイビングとしてアップロードできるようにするためです。ネイチャー などがこの措置をとっています。

　米国の著作権法には，政府由来の著作物については著作権を認めない，という規定があります。また，研究目的のコピーに対しては「フェア・ユース (fair use)」を認める，という規定もあります。これらが，NIH のオープン化政策（4.1 項）を後押ししていることになります。つけ加えますとフェア・ユースの規定は，すべての国にあるというわけではありません。日本の事情については，第 3 章 3 節を参照してください。フェア・ユースがなければ，著作権処理について，やっかいな手順を踏まなければなりません。

　21 世紀に入り，「クリエイティブ・コモンズ」という活動が出現しました (24)。その狙いは現行の著作権制度を下敷きにし，そのうえで著作物の自由流通を図る，というところにあります。英国の バイオメド・セントラル は 2000 年に創刊されたオープン・アクセス・ジャーナルですが，これはクリエイティブ・コモンズによってサービスされています。なお，クリエイティブ・コモンズの一分派に「スカラー・コモンズ」の実験があります。日本では共著者の林が類似の主張をしています（第 5 章）。

6．試行錯誤のなかで

　21 世紀になり，ジャーナルの分野では，さまざまの思惑が交錯し，その結果，さまざまの試行錯誤がくり返されています。この章で紹介したことを改めて列挙しておきましょう。

　　［i1］メディア：冊子体か，電子版か（3 節）。
　　［i2］流通：商業出版か，オープン・アクセスか（2 節，4 節）。

[i3] 市場：寡占化か，コンソーシアム化か（2節）。
[i4] 購読契約：個別ライセンスか，サイト・ライセンスか（2節）。
[i5] ピア・レビュー：有りか，無しか（3節）。
[i6] 著作権管理：学会／商業出版社か，あるいは研究者自身か（4節）。
[i7] 出版コスト：著者負担か，あるいは読者負担か（4節）。

　ここで思いだしてください。本来の学術論文は，第一に「著者すなわち読者」，第二に「ピア・レビュー」という原則をもっていました（1節）。この原則が，上記のような多様な流れに小突かれ，壊されつつあります。結果として，学術コミュニティの報奨システムも変貌を強いられる，ということになるかもしれません。詳しくは第3部の末尾で考えるつもりです。

　ちょっと坐りは悪いのですが，もう一つ，お話すべきことを忘れていました。
　2007年，欧州科学基金は欧州委員会とともにERIH（European Reference Index for the Humanities）という研究基盤を立ち上げました。人文学を15の専門領域に分け，それぞれの領域にあるジャーナルについてA，B，Cの3段階評価をする，これが狙いです*(25)*。
　この研究領域では言語も出版社も多様です。現状のままでは透明性が乏しく，したがって研究資金の公正な配分は望めない，だから，というのです。すでに，最初のリストが公開されています。科学史・科学哲学の分野についてみると，日本のジャーナルは2タイトル登録されており，いずれもランクBと評価されています。
　だが，反対意見が出てきました。人文学において数量的な評価はなじみにくい，ここでは周辺的な非正統的な研究にも価値がある，というのです。科学史の分野では，2008年1月に60ジャーナルの編集者が「脅迫されるジャーナル」という共同声明を発表し，ERIHへの登録を拒む，と宣言しました*(26)*。この動き，今後どのように展開するのか，見過ごせません。

第11章　引用されるためのノウハウ

　自分の論文が引用されるためにはどんな条件が不可欠なのか，第11章ではこれを考えます。まず当の論文がよい論文でなければなりません。これは自明として，つぎに自分のオーサーシップ――つまりアイデンティティ――がはっきりと示されていなければならず，あわせて当の論文が同僚によって検索されやすい形式になっていなければなりません。

　さきに進むまえに一言。論文とはなにか。すでに示したとおり，ここでは「学術雑誌（ジャーナル）に掲載された記事」（第10章1節）と定義しておきます。

1．引用，表と裏

　すでに著作権法の引用の意味については第1部で示しました。問題は，学術分野における引用という行為が，著作権法の示す引用とはかならずしも同じではないことにあります。以下，この点について整理しましょう。

1-1　建前としての意味

　なぜ，引用するのか。その狙いはなにか。当の論文に記述された業績を「著者自身の業績」と「その先行者の業績」とに分割することだ，と説いたラベッツの所説については，すでに第8章で紹介しました *(1)*。これを抑えたうえで，本論に入ります。

　引用という行為は，具体的には2つの論文のあいだにリンクを張ることです。そのリンクはどんな機能をもつのか。この点について，もっともルール化の徹底しているのは法学の分野です。これを　ブルーブック――法学分野の論文執筆ガイド――はつぎのよう示しています（第8章1-1項）*(2)*。

[j1] 著者の法的，事実的主張を直接述べるもの。
[j2] 著者の主張をとくに述べるものではないが，それを直接支持するもの。
[j3] 著者の主張を直接には支持しないが，それを他人が推定できるもの。
[j4] 著者の主張を否定するもの。
[j5] 読者が，その主張を判断するために，役立つ背景資料を提供するもの。

つけ加えれば，[j4] にいう「著者の主張を否定する論文」の引用というものは，どの分野でもその数が多いようです。フィジカル・レビュー についてみると，否定的な引用が 14 パーセントもあったという報告もあります *(3)*。

1-2 言外の意味

引用には著者のさまざまな意図がくっついています。図書館研究者のテレンス・A・ブルックスは，著者はどんな動機をもって他者の論文を引用するのか，これを調査しています *(4)*。その結果を列挙しますと，

装飾，儀礼的敬意，傍観者への幻惑，所有権および先取権の請求，利益の提供，説得の道具，正当化，新規性の証明，同一領域における主要業績の提示，最新情報の提示

などにわたります。

つまり，引用には多義的な意図がからんでいるわけです。したがって，それぞれの研究領域ごとに，また，研究集団ごとに，デファクトの規範あるいは慣行が設けられていることになります。ここには職業倫理や専門家責任など，配慮すべき規範はたくさんあります。初心者はこれに精通しなければならなりません。

いま言及したラベッツは引用についてつぎのようにも言っています *(1)*。

引用は非常に粗雑な手段で非常に繊細なメッセージを伝達するものであり，それぞれの研究領域ごとに，エチケットが引用の解釈に関する規約を設けている。

この（知的）財産の保護システムにおいては，人びとは非公式のエチケットによって他の人びとを信頼することになる。それは公的な規約システムのうえで他の人びとを信頼することと同じである。

　話を進めます。第 10 章 1–2 項で，論文は「同僚」の評価を受ける，と言いました。その同僚ですが，けっして透明な存在ではありません。じつは，同僚にはたくさんの「種」があります。海洋生物学者のカール・J・シンダーマンによれば，それは，authority, peer, colleague, other scientist, scientific has-been, ということです (5)。それぞれがどんな性格をもっているのか，それはそれぞれの言葉から容易に推測できるので，ここでは省きます。現実には，その同僚があなたにとってどの種に属するのか，これによって互いの引用関係が微妙に影響されることになります。

　ということで，これからは微妙な話になります。またラベッツですが，かれはこんな言い方もしています (1)。

　　人は，他人の業績を実質的に盗むことにならないように過少に引用し，同僚の財産の価値を嵩上げする狙いで過大に引用する。

　シンダーマンも同様に競争者に対する過少な引用と，身内に対する過剰な引用とがあり，これらに対しては「極めて大きな自由が<u>合法的</u>に許されている」（下線，引用者）とコメントしています (5)。シンダーマンはこれ以外にもあれこれと示していますが，これ以上の引用は節度を失いそうですので，これだけにとどめておきます。

　ここでひと言。一般論として，研究者は専門領域の異なる論文に対しては過少に引用する，という傾向があるようです。もう一つ，相手が大家であれば引用せよ，相手が無名であれば無断コピーせよ，というつぶやきをどこかで聞いた記憶もあります。この言葉，生涯，無名であった私にはこたえます。

　もう一言。いま「合法」という言葉を使いましたが，引用に関係する法的な規範は著作権法だけではありません。初心の研究者はこれに注意しなければなりません。べつに示した薬理学に関する判決（第 9 章 3–2 項）には，つぎの記述も含まれています (6)。

勿論，学術研究の成果を他者が盗用し，自らのものとして発表するような行為は，それ自体，一般の不法行為となりうる場合もある……。

このへんの機微について理解するためには，法律の全分野に通暁しなければなりません。ところが，法律家の書いたものは，なぜか，著作権法，不法行為法など，専門分野別の解説がほとんどです。わずかな例外として共著者・林の本 (7) があります。余力のあるかたはぜひ参照してください。

1-3 引用の寿命

一般に，論文の引用される回数は時間とともに減少します。この引用がなくなったときに，その論文の寿命が尽きることになります。この視点でみた論文の寿命は専門分野によってさまざまです。電子工学の分野においてはその半減期——引用される頻度が50パーセントになる期間——は3〜5年にすぎませんが，化学工学においてはそれが10年に及ぶ，という調査結果もあります (8)。天文学においてはこれが約2年である，という調査もあります (9)。

いまはどうなっているか不明ですが，かつて米国物理学会は「抹消することのできる排他的な権利」を学会がもつと定め，この権利を投稿後2年間で行使すると定めていました (10)。ここでは論文の寿命がきわめて短いことになります。

本来，なされるべきはずの引用が消えてしまうことがあります。当の論文が後続の論文によって遮蔽されてしまう，あるいは，もとの論文の内容が常識化によって無視されてしまう，こんな事情があるようです。いずれにせよ，ここでは死後50年間も保護する，といった著作権の原則はまったく無意味になっています。

もう一つ。著作権の保護期間のなかにあるにもかかわらず，後続の著作物のなかに埋まってしまって著作者を見つけることのできなくなった著作物があり，そのような著作物を「孤児の著作物」といいます (11)。ということで，著作権の保護期間については，文化的，経済的な意味を含めて再検討すべき時期に達したようです (12)。

1-4　引用のコピー

　問題はもう一つあります。論文に格好をつけるために自分が読みもしなかった論文を引用することです。これを引用のコピーと呼びましょう。

　ネイチャー の伝えるところによりますと，condensed-matter physics に関する 1,973 件の論文に示された 4,300 件の引用を調べたところ，同一のミスプリントがしばしば発見されたと言っています (13)。ミスプリントは，たぶん，巻，号，ページなどの数字なのでしょう。78 回も同じミスプリントをくり返していた場合もある，といいます。こんなことは確率的にありえないので，これは引用のコピーがくり返されたに違いない，というのです。この点について試算してみたところ，著者が原論文にあたったとみなせる引用は 22-23 パーセントにすぎなかった，とのことです。とくにレビュー論文にこのような誤りの生じることが少なくない，といいます。

　こうした現実をみて，引用はその論文の質を確認するための絶好のデータとなる，したがって，これを採用や昇進の判断に使える，という意見もあります (14)。論文の書き手にとっては心すべきことです。

2．アイデンティティの明示

2-1　オーサーシップ

　研究者はその論文が自分のものであるとして，その論文に対して「アイデンティティ」(identity) を主張しなければなりません。第 1 部に示したように，法律家はこの概念を「アトリビューション」(attribution) と呼んでいます。

　アイデンティティを主張するためには，著者としてその論文に署名しなければなりません。この論文に対する著者としての主張を「オーサーシップ」(authorship) と言います。これまで引用についてあれこれ考えてきましたが，それはこのオーサーシップを研究者としての同僚が認めることを意味します。

　しからば，そのオーサーシップとはなにか，まず，これを定義しましょう。これは著者をその作品に結びつけるリンクであり，著作権制度における著作者人格権に相当するものです（第 2 章）。論文のオーサーシップについては，医学雑誌編集者国際会議 (ICMJE) が，その「統一投稿規定」（第 8 章 1-4 項）に

おいて，つぎのように示しています(15)。

> 著者と称されるすべての人はオーサーシップ（著者資格）を持つ。著者全員は，内容について公的責任をとれるように，研究に関与しなければならない。論文のどの部分でも，結論の核心に触れる部分については，少なくとも一人の著者が責任をもたなければならない。（野村英樹ほか 訳）

ここで医学分野における定義を紹介したのは，この分野において論文の品質管理がもっとも要求されているからです。

論文がオーサーシップをもつためには，どんな条件をみたせばよいのか。上記の「統一投稿規定」はつぎのように示しています。

[k1] 研究の構想および計画，あるいはデータの獲得，もしくはデータの解釈，解析に対する実質的な貢献。
[k2] 論文草稿の作成，もしくは重要な知的内容のために，その草稿に批判的な改訂を加えること。
[k3] 掲載されるべき決定稿の最終的な確認。

このガイドラインは外していますが，ここに「実験の実施，実験室の支配」を加えるジャーナルの編集者もいます(16)。

これらの条件は知的財産権とどのように関係しているのか。[k2] と [k3] とは著作権（第9章3-2項）にかかわりますが，[k1] は特許権（第9章3-3項）または企業秘密（第9章3-4項）に対応するものです。

2-2 クレジット
2-2-1 オーサーシップの外

論文の作成にあたっては，2-1項 [k1]-[k3] に示した以外の活動も不可欠です。こうした活動をした研究者に対してオーサーシップは，あるのか，ないのか。これについて「統一投稿規定」はつぎのように示しています(15)。

> 資金の獲得とか，データ収集だけで参加した人には，オーサーシップは認められない。研究グループの全般的監修者もオーサーシップの資格は十分

でない。

組織がオーサーシップをもつ論文は，論文に対し責任をもつキーパーソン名を明示しなければならない。その他，研究に寄与した人には別項でクレジット（謝辞）を述べるべきである。（野村英樹ほか 訳）

つまり，その論文の作成に関係したからといって，そうした人のすべてに著者としての資格はないのだ，著者の範囲は2-1項に紹介した3つの条件——［k1］［k2］［k3］——を充たす人のみに限り，残りの人に対してはクレジットを示せ，というわけです。そのこのクレジットの相手として「統一投稿規定」はつぎのような人を挙げています。

［l1］著者としてではないが，全般的な援助をしてくれた人。
［l2］技術的な援助をしてくれた人。
［l3］資金や材料の援助をしてくれた人。
［l4］事業者。

現実には，この線引き，つまり著者にするのかクレジットの相手にとどめるのか，その区別が難しい場合が少なくないのです。ここを透明にするために，ネイチャー の編集部は，つぎのようなクレジットを書いたら，と提案しています (17)。

Pは実験を考案し，AとLとともに実験をおこなった。Cはデータ解析法を考案し，それをおこなった。RとCとは論文の執筆を共同でおこなった。

なにをクレジットに回すべきかについては「統一投稿規定」とは違いますが，その担当を具体的に記せという意味にとれば，言わんとすることは理解できます。

2-2-2　ネコババ型，あるいはバラマキ型

ここに灰色領域が生じます。もし，著者の条件を上記2-1項の条件より狭くとれば，ここにネコババ型のオーサーシップがあることになります。逆に，その条件を緩めれば，ここにバラマキ型のオーサーシップがあることになりま

す。いずれもオーサーシップの逸脱型です。

　実例を示せば，「Aの実験の助力とBの価値ある討論に感謝する」というクレジットの意味が，じつは「Aが実験し，Bが理論化した」ということであれば，このクレジットはネコババ的なものとなるわけです。

　このへんには微妙な点もあります。したがって，みなさんは，学会ごと，あるいは機関ごとの慣行に通じる必要があります。

2-3　署　　名

　オーサーシップの主張には，まず，論文への署名にこだわる，ということがあります。これによって著者は自分のアイデンティティを確保することができます。

　アイデンティティに関するリスクをアイデンティティ危機といいます(18)。ここには2通りのリスクがあります。第一のリスクは同一人が互いに異なる複数の別人として理解されてしまうものです。第二のリスクは異なる別人が同一の人として理解されてしまうものです。

2-3-1　表記のゆれ

　第一のリスクに対しては，自分の名前を変更しないという方針を通すべきです。もし，自分の氏名の表記に揺れがあると，同じ自分が他人には別人として理解されるリスクが生じます。これに対しては，ペン・ネームなどは使わない，結婚しても夫婦別姓を貫ぬく，といった方針をとることです。

　このリスクは外国のジャーナルに投稿する場合にとかく表面化します。かりに歌人の「島木赤彦」が英文で論文を書いたとします。これをローマ字ではどう表記するのか。Akahiko Shimaki なのか，Akahiko Shimagi なのか。じつは前者が正しいのですが，巷間では後者で流布しています。これは困った問題ですね。もし，Shimaki さんが現役の研究者とすると，流布している名前からは検索されない，ということになります(19)。

　じつは Akahiko Shimaki も Akahiko Shimagi も同一人物であると確認することを典拠コントロールといい，これは図書館の大切な役割でした。このためのツールを典拠ファイルといいます。後述しますが（5節），この典拠コントロ

ールがウェブ 2.0 環境ではあいまいになりつつあります。

　極端な例を紹介しておきましょう。ロシアにペー・エル・チェビシェフという数学者がいました。この氏名が西欧の雑誌に引用される場合には，その表記の種類が，第 1 シラブルについては 4 種，第 2 シラブルについては 2 種，第 3 シラブルについては 4 種，第 4 シラブルについては 2 種，あるといいます。したがって理屈の上では，64 通りの表記があることになります。現実には少なくとも 12 種あるようです (20)。なお，翻字やローマ字書きについては「ISO 3602」という標準があります (21)。

2-3-2　同名異人

　第 2 のリスクは，いわゆる同名異人の場合に生じます (22)。日本人の氏名は，頻度の多い順に，鈴木和子，鈴木実，佐藤和子，田中実，……となるそうです。とくに氏名をローマ字の表記にする場合には注意が必要となります。アルファベットで Kiyoshi と表記することになる日本名としては「清」「潔」「清志」など約 400 通りもあるといいます。また，Yoshio にいたっては，「義雄」「芳夫」「吉男」など約 700 通りもあるといいます。とすれば，Kiyoshi Suzuki さんは，このリスクをもろに受けていることになります。

　これを研究分野にしぼって確かめた調査もあります (23)。米国に *Who Is Publishing In Science* というデータベースがあり，これを使って日本の科学者の氏名を調べた論文です。要点を紹介しますと，1978 年のデータですが，Suzuki が 204 人，Sato が 190 人，Yamamoto が 163 人，Watanabe が 145 人，Nakamura が 134 人，ということです。'T. Suzuki' と 'K.Sato' は 34 人であった，ともつけ加えています。

　これに対してどんな対応策があるのか。白楽ロックビルはミドル・ネームをつくる，母音を抜く（例 Asakusa → Asaksa），あるいは入れる（例 Ohsawa → Oosawa）などいかがか，という提案をしています (24)。

　アイデンティティ危機については，すでに学会レベルでも認識されています。このリスクの生じる国としては日本もありますが，韓国，中国においてさらに深刻だからです。ネイチャー によれば，国際的な学会と学術出版社はいくつかの対案を示しています (25)。

［m1］米国物理学会：英語表記にくわえて，オプションとして，日本語，韓国語，中国語の表記を併用できる。
［m2］エルゼビア社：著者識別機能をサービスしている。
［m3］トムソン・サイエンティフィック社：リサーチャー ID をサービスしている。

いっそうのこと，研究者に総背番号制度を導入したらどうか，などという提案もあります (26)。この提案者は自分の氏名が Lixin Wang であると名乗ったうえで，中国ではこれに対応する漢字表記が 1,600 通りあると伝えています。しかもジャーナルが違うと，それぞれのジャーナルのルールによって，L. Wang あるいは LX Wang と記載されたりする，とこぼしています。

もう一点。論文を探索する研究者は，たとえば文献目録，索引誌，抄録誌などを使います。これらのツールは，その編集のために，それぞれ固有のルールをもっています。そのルールのなかには論文著者の表記法も入っています。

たとえば サイエンス・サイテーション・インデックス という索引誌があります (3-3項)。この サイエンス・サイテーション・インデックス に引用される場合，システム上の制約で姓の表記は最大8字，という制限があります。したがって，山口は 'Yamaguch' となり，最後の 'i' が落ちてしまいます (24)。これもアイデンティティ危機になります。

2-4 共著者
2-4-1 共著論文

論文は，20世紀後半より，単著のものが少なくなり，共著が増大しつつあります (27)。極端な例として，ネイチャー の409巻6822号に掲載されたヒト・ゲノム計画の完了報告があります。そのタイトルは 'Initial Sequencing and Analysis of the Human Genome'，その著者は244人に達しています。

いま触れた サイエンス・サイテーション・インデックス ですが，この索引誌の収録論文をみると，1論文あたりの共著者の数は，

 1.8人（1955年）→ 2.0人（1964年）→ 2.5人（1980年）→ 3.2人（1990年）
 → 3.8人（1998年）

と，時代とともに増大しています（28）。

共著論文については，オーサーシップ上，2つの問題があります。その第一は，だれが筆頭の著者つまり「第一著者」になるのか，その第二は，引用にさいして論文の全員が引用されるわけではない，ということです。ここにも灰色領域があります。

2-4-2　共著者名の順位

まず，見逃せないコメントを紹介しましょう。これについて白楽は「第一著者はハンバーグだが，第二著者はハンバーグについている大根おろしにすぎない」と指摘しています（24）。そのくらい，第一著者と第二著者とのあいだには大きい格差があるということです。

論文が共著になる場合，著者名の表記順については，学会ごとに，あるいは研究室ごとに，さまざまの慣行があるはずです。ここに影響する要素はオーサーシップへの寄与順ということでしょうが，現実には共著者間の微妙な力関係が反映するはずです（29）。

これについては，シンダーマンがおもしろい提案をしています。そのまま引用すると長くなりますので，要約して紹介します（30）。

> [n1] 各人ごとにその論文に対する寄与率を算出し，その大きさにしたがって氏名順を決める。その計算式（省略）には，実験の着想，実験計画，データ取得，データ解析，初稿執筆，最終稿執筆に関する各人の負担率を変数として入れる。
> [n2] 身分，研究資金の入手，肩書を数値化する方法もありうる。
> [n3] ABC順，年齢順，年齢の逆順，騎士道的精神もある。コイン投げという手もある。

[n3] の部分は，ふざけ過ぎ，あるいは辛辣な，といった感じもありますが，にもかかわらず，核心をついた提案といえるでしょう。なお「騎士道的精神」の中身ですが，これを具体的に引用すると差別表現になりかねません。諸君の想像にまかせます。

ということで，妙案は一つ。論文の作成前に著者順を決めておく，ということ

とになります。これはシンダーマンの，また「統一投稿規定」の提案しているところでもあります。

2-4-3 共著者名の引用

共著論文がべつの論文によって引用されるときに，その著者たちはどのように記述されるのでしょうか。さきに，ヒト・ゲノム計画の論文の共著者が244人にのぼると言いましたが，第三者がこの論文を引用するときに，その人は244人全員の名前を列挙することはないでしょう。とうぜん，少数の何人かにまとめてしまうはずです。では，そのまとめ方にどんなルールがあるのか。これはその共著者にとっては深刻な懸念となるはずです。

じつは，このルールも研究領域によって異なります。その代表的なものを紹介しましょう。

- [o1]「統一投稿規定」（医学系）：最初の6人までは氏名を明記。7人以降の氏名は「等」と略記する *(15)*。
- [o2] ブルーブック（法学系）：2人までの場合は氏名を明記。3人以上の場合には，最初の1人の氏名は明記，2人以降は「等」と略記 *(31)*。
- [o3] サイエンス（理系）：4人までの場合は氏名を明記。5人以上の場合には，最初の4人の氏名は明記，5人以降は「等」と略記 *(32)*。
- [o4] パブメド（医学・生命科学系）：最初の24人と最後の1人の氏名を明記 *(33)*。

[o1]〜[o3]は論文の投稿規定にかかわるものです。また，[o4]はデータベースの索引方針にあります。どちらも投稿者からみれば，自分の意図とは独立した制約になります。なお，ここにいう *パブメド* は国立衛生研究所（米国）のもつ生命科学ジャーナルの要約データベースです。

いずれにせよ，引用される場合には，その報告者は第一著者になることが望ましい，かりにそれが無理だとしても，自分の氏名の順番をなるべく上位にもってくることが望ましい，ということです。

2-4-4 共著者の責任

共著論文に誤りがあった,あるいは不正があった,という場合があります(第8章3-4項)。とうぜん,その共著者には連帯責任がかかるはずです。だが多くの場合,なぜか責任はあいまいにされています (34)。

偽造論文はつぎつぎと現れます。有名な例では,1980年代の臨床医学研究者ジョン・R・ダーシーによるものがあります。近年でも,ベル研究所のJ・H・シェーンによるもの,ソウル大学のファン・ウソクによるものなど,あとを絶ちません。

サイエンス の編集部は,この課題について「チームはチーム,メンバーは名誉も非難も共有すべきである」と示しています (35)。

3．ジャーナルの選択

3-1　コア・ジャーナル

まず,どんなジャーナルに投稿したらよいのか。これが問題になります。ジャーナルの数は増大する一方です。2007年4月時点における継続出版中の,しかもピア・レビューをもつジャーナルの数は2万3,503タイトルである,という統計があります (28)。ここには全分野にわたるジャーナルが含まれていますが,特定の専門分野にかぎってみても,相当数のジャーナルが競っていることは間違いありません。

したがって,評判のジャーナルとそうではない無名のジャーナルとができます。評判のジャーナルには多くの人がアクセスします。だから,その掲載論文は引用されやすい。引用されやすければ,だれでもここに投稿を試みるはずです。多くの人が投稿すれば,投稿論文の採用率は低くなります。ネイチャーや ニューイングランド・ジャーナル・オブ・メディスン などの採用率は10パーセント,といった噂も聞きます。採用率が低くなれば,その分,受理される論文の質は高くなるはずです。このようなジャーナルを「コア・ジャーナル」と呼びます。

コア・ジャーナルに載る論文は,したがって質が高く,したがって引用されやすい。こう,なります。だから,新参の研究者であろうと,臆せずにコア・

ジャーナルに投稿することを勧めます。もちろん，できのよい論文であることが条件となりますが。

3-2 恐竜の首

あるテーマに関する論文がすべて一つのジャーナルに掲載されるとは限りません。たとえば，「分類」に関する論文は図書館学のジャーナルにも生物学のジャーナルにも哲学のジャーナルにも載るでしょう。同じテーマの論文であっても，たくさんのジャーナルに分散して掲載されます。ただし，その分布の形はある法則性をもっています。この法則を図書館の研究者は「ブラッドフォードの法則」と呼んでいます。それは，

> 特定の主題に関する論文はごくわずかのジャーナルに集中して掲載され，
> 残りの論文は多くのジャーナルに分散して掲載される（要旨）。

という事実を数式化したモデルを指します (36)。

この法則は，古典的にはパレートの法則として知られるものですし，近頃の流行語を使えば，それは「恐竜の首」と「ロング・テール」ということになります (37)。前者に相当するジャーナルが前述の「コア・ジャーナル」になります。

多くの研究者は自分の専門領域のコア・ジャーナルのみを購読して手元に置き，それ以外のジャーナルは図書館で間に合わせています。その図書館は，主要分野のコア・ジャーナルを優先的に講入し，「ロング・テール」のジャーナルについては他館と分担して購入し，そのうえで相互に融通しあう，という対応をとってきました（第10章2-1項）。

3-3 サイエンス・サイテーション・インデックス

研究者は自分の論文を「恐竜の首」に相当するジャーナル，つまり「コア・ジャーナル」に投稿することが望ましいと，いま，言いました。どのジャーナルが自分の研究領域におけるコア・ジャーナルかについては，個々の研究者にとっては自明のことでしょう。

サイエンス・サイテーション・インデックスというデータベースがありま

す (38)。このデータベースは論文相互間の引用～被引用関係を記録したものです。もともとは1955年に発刊された速報誌で，多数のジャーナルの目次のみを綴じたものでした。そこで対象としたジャーナルは，ブラッドフォードの法則の上位に並ぶものでした。この速報誌の名前を カレント・コンテンツ といい，これが後に サイエンス・サイテーション・インデクス へと進化したのです。いずれの発行責任者もユージン・ガーフィールドという化学工学の技術者でした。

　研究者はつねに「サムシング・ニュー」を求めています。いち早く，競争者の研究成果をみたい，そのためには，自分の専門領域にかんするジャーナルの目次を走査――ブラウジング――しなければなりません。こう，見抜いたガーフィールドが，この速報誌の刊行に踏み切ったのでした。つぎの課題はこの速報誌の使い勝手をよくすることでした。そのためには索引が不可欠です。その索引として，かれは当の論文の引用文献を使ったのです。ラベッツに「著者は引用によって先行者と自分の知的財産とを切り分ける」（第8章2-3項）という言葉がありましたね (1)。したがって，著者の引用した文献は当の論文の内容と密接にかかわっているはずです。だから引用文献を当の論文の索引に使えるのです。これがガーフィールドの目論見でした。

　ついでに言いますと，サイエンス・サイテーション・インデクス が使った引用の記述法にはモデルがあります。それはシェパードのサイテーション法です (39, 40)。これは，法学の分野において，判例や論文の相互参照を記述する方法として，当時すでになじみになっていました。

　この サイエンス・サイテーション・インデクス は当初，冊子体でしたが，これがデータベース化されると，いろいろのことが分析できるようになりました。だれがだれの論文を引用しているのか，これを知ることができます。ここでは，他の論文によって頻繁に引用された論文が同僚の「評判と尊敬」（第9章1-1項）を得たことになります (41)。つぎに，どのジャーナルの掲載論文がどのジャーナルの掲載論文を引用しているのかが分かります。しばしば引用される論文を掲載するジャーナルが「コア・ジャーナル」ということになります。

　サイエンス・サイテーション・インデクス へ収録されているジャーナルは

4,000 タイトルを超えています。べつに ソシアル・サイエンス・サイテーション・インデクス，アーツ・アンド・ヒューマニティズ・サイエンス・サイテーション・インデクス というデータベースもあります。

論文の著者のなかには，サイエンス・サイテーション・インデクス における存在感を高めるために，その論文を第1報，第2報というように細切れにする研究者もいます。これをサラミ論文といいます。強制があれば頽廃が生じるというよい例ですね。

3-4 インパクト・ファクター

サイエンス・サイテーション・インデクス を使って，インパクト・ファクター（impact factor; IF）という数値を計算することができます *(42)*。たとえば ジャーナル A の 2008 年における IF はつぎのように計算されます。

IF = X/Y
X = ジャーナル A の 2006〜07 年における掲載論文が 2008 年における
　　全ジャーナルに掲載された論文によって引用された数
Y = ジャーナル A の 2006〜07 年における掲載論文の数

この IF をジャーナルごとに算出し，それを相互に比較することによって，そのジャーナルの引用されやすさを評価することができるわけです。引用の慣行は専門分野ごとに違っていますので，異なる領域のジャーナルをこの IF で比べても意味はありません。だが同じ領域であれば，IF の大小はそのジャーナル掲載論文の引用のされやすさを計る尺度になるとみてよいでしょう。ジャーナルのなかには，編集者が投稿者に対して，当のジャーナルの過去の掲載論文を引用せよ，と暗に圧力をかけるものもあるようです。みずからのジャーナルの IF を高めたいからです。

現実の IF はどんな順位になっているのか。総合誌では サイエンス や ネイチャー が，医学系のジャーナルでは ニューイングランド・ジャーナル・オブ・メディスン が，物理系のジャーナルでは，レビュー・オブ・モダン・フィジクス が，それぞれ上位にあります。

もう一言。IF はグーグルのページランクに相当する指標である，双方とも

に引用数をもとにして計算される値だから，という意見があります *(43)*。ただし，IF は引用の数だけを評価しているのに対して，ページランクのほうは引用の質までも加味して評価している，ここが違う，という指摘もあります *(44)*。なぜならば，引用数のみから算出されるものは当のジャーナルへの「評判」にすぎないが，ここに質を重みとして導入することによって当のジャーナルへの「尊敬」を表現することができるから，というのです。

ところで，いま言ったページランクですが，それはグーグルの検索において，出力されるページの表示順を決めるアルゴリズムを指します。

4．検索のされやすさ

論文は，それが検索され，他人の目に触れなければ，それを出版した意味はありません。だが，論文の数は膨大です。にもかかわらず，1編の論文はせいぜい数ページにすぎません。だから，ほとんどの論文は，とくにそれが無名の新人のものであれば，山積みの論文のなかに埋没してしまいます。1回も引用されない論文が55パーセントもあったという話はすでにしました（第9章2節）。これを避けるためにはどうしたらよいのか。

このためには，第三者によってどんな論文が検索されやすいのか，これを理解しておく必要があります。まず，タイトルと要旨とが読者の目を捉えやすいものでなければなりません。これについては文系ではどちらかといえば修辞が勝ち，理系では平明をヨシとします。だが，これに深入りすることは避け，さきに進みます。

4-1　冊子体論文の検索
4-1-1　ブラウジング

研究者はどのような手順によって必要な論文を見つけ出すのでしょうか。まず，手元のジャーナルをパラパラめくり，気になる論文を探し出し，その論文の引用文献表からさらにべつの論文へとたどる，という作業をするわけです。ジャーナルをパラパラめくることを「ブラウジング」といいます。この手順は，

論文 A →（論文 A の引用論文 B）→論文 B →（論文 B の引用論文 C）→論文 C →……

というように，引用の連鎖をたどることになります．一般には，論文 A と論文 B とはべつのジャーナルに掲載されています．したがって論文の探索行動は，ジャーナルからジャーナルへ，と渡り歩くことになります．この作業は図書館の助力がなければできません．つまり，おなじ研究者同士であっても，著者と読者とのあいだには図書館という巨大システムが介在していることになります．著者は読者に勝手に影響を及ぼすことはできません．

　これを迂回するために，著者は自分の論文を別刷として大量に印刷し，それを読者として期待できる研究者に送る，という慣行がかつてありました．いまでも，その慣行の残っている専門分野があります．プレプリント（第 10 章 3-1 項）はこのような機能をもっています．

4-1-2　インデクス・マニュアルの逆読み

　冊子体の時代には，研究者は手元にコア・ジャーナルを置き，それ以外のジャーナルは図書館に出かけてフォトコピーしていました．この環境のもとでは，論文の検索は，

　　検索語→（インデクス）→ジャーナル→論文　　（検索手順 A）

という順序でおこなってきました．研究者はこのために，図書館の作成する目録，索引，あるいは商業出版社の発行する索引誌，抄録誌を利用してきました．このようなツールを「インデクス」，その作成に必要なルール集を「インデクシング・マニュアル」と呼ぶことにします (45)．インデクス作りつまりインデクシングは，ジャーナル発行者，索引誌発行者，図書館など，つまり論文提供者側の仕事になります．

　ここで検索について一般論を少々．読者の立場からすれば，ずばり，ピンポイントで狙った論文を入手したいわけです．ただし対象を絞りすぎて取りこぼしがあっては困ります．といって，対象を拡げすぎてゴミのような論文まで取り込んでしまうことも避けたい．この絞りこみの適切さを保証するツールが，

いま言ったインデクスになります。したがって，検索とインデクシングとはレシプロカルな関係になります。インデクシングがしっかりしていればユーザーの検索はより確かになります。より効率的になります。

　読者となる研究者にとって，インデクスはツールではありますが，インデクシング・マニュアルはブラックボックスになっています。いっぽう著者となる研究者にとっては，インデクシング・マニュアルを見過ごすことはできません。このマニュアルにのっとって自分の論文を仕立てれば，その論文は検索されやすくなるかもしれません。

　さきに，「山口」のローマ字表記で語尾の‘i’が落ちてしまう（2-3項），また，共著の場合には「先頭のx人のみを列挙」（2-4項），などというルールを紹介しました。これらは，いずれもインデクシング・マニュアルのルールがそうだということです。

　とすれば論文の著者は，ここでインデクス・マニュアルを逆読みし，それを活かしたいと考えるかもしれません。だが私は，インデクシング・マニュアルの解読はほどほどに止めたほうがよいかと思います。ここに深入りしても，その費用対効果が不確かだからです。

4-2　電子版論文の検索
4-2-1　横断検索

　最近は，ジャーナルについても電子化がすすみ，多くの論文をネットワークを経由して検索できるようになりました。理解すべきは，この電子化によって，コア・ジャーナルに載った論文でなくとも，簡単な手順でそれを見つけ，それにアクセスできるようになった，ということです。

　論文の探索手順は，電子化によって劇的に変化しました。それは，

　　検索語→（検索エンジン）→論文リスト→論文　　（検索手順B）

という形になったのです。「検索手順B」を「検索手順A」（4-1-2項）と比較してみてください。読者にとっては，もう，目録も索引も索引誌も抄録誌も不要になりました。インデクスは不要になったということです。それは検索エンジンへと移され，読者がじかにインデクスに触れる必要はなくなりました。も

う一つ。手順Bにおいてはジャーナルが実質的には介在していません。つまり，論文を一本吊りすることが可能になりました。

　ということで，端末に検索語を入力すると，ただちにその検索語を含む論文リストが表示され，その1編を選択すれば，これもただちにその全文が出力される，ということになりました。

　このメリットを大きくするためには検索対象を増やすことです。個々のジャーナルごとに手順Bを実行してもラチがあきません。数10タイトル，数100タイトルのジャーナルを束ねて検索することにより，上記のメリットはかくだんに増大します。複数のジャーナルを束ねて同時に検索することを横断検索といいます。もう，気がついたことでしょうが，この操作はグーグルの検索法とよく似ています。

　なぜ，これが可能になったのか。横断検索のできるプラットフォームが作られたためです。それは引用データを組み込んだ巨大文献データベースを指します (46)。これまでのデータベースは，キーワードによって検索するものでしたが，こちらは引用した文献，あるいは引用された文献をたどって検索する，という機能ももっています。

　その代表例として，トムソン・ロイター社のウェブ・オブ・サイエンス (WOS)，エルゼビア社のスコープス，それにグーグル・スカラーがあります。収録レコードは，WOSで3,600万件，スコープスで2,600万件，グーグル・スカラーで1,000万件，といいます。ここに収録されるジャーナルは，WOSで人文系1,100タイトル（1975年～），社会系1,800タイトル（1956年～），理系6,400タイトル（1900年～），スコープスで人文系200タイトル，社会系3,000タイトル，理系1万3,000タイトル，と言われています。

　もう，個々の研究者が個々のジャーナルを購読する必要はありません。研究者は端末を隔てて，そのさきに並べられた数100タイトルのジャーナルから，必要な論文を検索できるということです。ここでは「恐竜の頭」的なコア・ジャーナルのなかの論文であっても，「ロング・テール」的な零細なジャーナルのなかの論文であっても，簡単に発見し検索してしまう，というようになりました。

　横断検索によって，読者としての研究者は自分の負担を極端に軽くすること

ができます。同時に、著者としての研究者は、自分の論文の第三者の眼にとまる機会を、これも極端に増やすことができます。駆け出しの研究者にとっては望ましい環境になった、と言ってもよいでしょう。くわえて、異なる専門分野のジャーナルに目配りをしなければならない学際領域の研究者にとっても望ましい環境になった、ということです。

とはいうものの、現実の姿は逆、という報告もあります。ブラウジング、あるいは精読といったこれまでの研究者の美質が蝕まれつつある、というのです。なぜならば、電子ジャーナルによって文献入手の効率化が実現し、研究者は、より狭い専門分野、より短期間における、より少ないジャーナル、より少ない論文のみに集中してアクセスするようになったから、というのです (47)。

4-2-2 全文検索

電子ジャーナルになって生じた劇的な変化はもう一つあります。それは「全文検索」が可能になったことです。冊子体の時代には、検索の対象、つまりインデクシングの対象は当の論文のタイトル、要旨、キーワードなどにかぎられていました。したがって、検索語がここにない場合には、その論文はヒットされませんでした。だが、全文検索であれば、検索語が本文のどこにあっても、その論文をヒットできるわけです。それだけではありません。当の検索語が注や引用文献にあるだけでも、その論文はヒットされます。

結果として、検索者にとっては過剰な数の論文がヒットされるようになりました。したがって、読者としての研究者はノイズの多い出力を検索してしまいます。だが、これを逆手にとれば、著者としての研究者は有利なツールを手にしたことになります。著者は、自分の論文に著名な論文を引用しておけば、その著名な論文の検索者のまえに自分の論文を出力できる、ということになったわけです。フリー・ライダーの発想、とヒンシュクされるかもしれませんが。とすれば、著者としては引用を過剰にしたほうがよい (1-2項)、ということになります。情ハ人ノタメナラズ、ということでしょう。

5．ウェブ 2.0 のなかで

　私たちの社会が，紙をもとにして築きあげてきた秩序は，インターネットとパソコンの普及とともに，この10年のあいだに急速に崩れつつあります。とくに，著作権制度はこのためにボロボロになりかけています (48)。代わってここに新しい技術的な秩序がもちこまれています。それが「ウェブ 2.0」(Web.2.0) と呼ばれるネットワーク・サービスです（第4章コラム）(49)。ウェブ 2.0 ですが，その意味を私なりにまとめれば，それは第1に地球規模のユーザー参加サービス，第二にこれも地球規模のデータ相互参照サービス，この二つになります。

　ウェブ 2.0 の中心にある概念が「フォークソノミー」(folksonomy) です。これは「人びと」(folk) と「分類」(taxonomy) の合成語です。つまり「大衆による分類」という意味です。すべての人が，自分の理解の仕方で，自分のまわりにあるデータにタグを貼り付けていく，そのタグを共有することで新しい分類の体系ができる，これを指します。

　つまり，ウェブ 2.0 環境のもとでは，冊子体の時代に専門家が営々として築きあげてきた知識の組み立て方がバラバラに解体されてしまう，ということです。読者はタグからタグへとたどれば，欲しいデータに到達できるはずです (50, 51)。さらに，ここでは著者と読者とを隔てる壁はありません。

　じつは，学術コミュニティにおいても著者と読者とを隔てる壁はありませんでした。ただし，ここではすべてが専門家でした。だが，ウェブ 2.0 環境においてはほとんどが非専門家である，といったらよいでしょう。ここが決定的に違います。

　ということで，ウェブ 2.0 はネットワーク上における学術コミュニティの消失をもたらすだろう，「著者すなわち読者」型の閉じた学術コミュニティはだれでも立ち入り自由なウェブ空間のなかに拡散するだろう。こう，私は考えます。

5-1 情報の断片化，不安定化

ウェブ2.0によってなにが生じるのか。ここでは社会人のヨシとする情報の扱い方が研究者のそれを希釈することになるでしょう。

ところで，社会人はウェブ情報をどのように扱っているのでしょうか。まず，情報の単位がぼやけていることです。断片化していることです。多くの場合，ウェブとしてアクセスできる情報は，どこからどこまでが単位なのか不明です。冊子体の時代には1冊という単位がありました。ISBNがついていたり，奥付があったりしました。さらには1編，あるいは1ページという単位もありました。これがウェブ環境では消えてしまいました。

さらに，ウェブの情報は不安定です。いつのまにか更新されていたり，削除されていたりします。ウェブの平均寿命は44日である，あるいはウェブの60～70パーセントが4年後にアクセスできなくなる，という調査もあります(52)。冊子体のときには商業出版社や図書館がしっかりとカタログをつくっていましたが，それがなくなりました。

この断片化と不安定性を避けるために，学会や商業出版社は，まえに紹介したクロスレフ（第10章3-3項）において，論文ごとにユニークな番号——デジタル・オブジェクト・アイデンティファイアー（DOI）——を振り，これで論文を識別する試みを導入しています。問題は，こうしたコストのかかる方法が，技術変化の激しい時代に持続可能か，という点にあります。

もう一つ。電子環境のもとでは，論文の引用法も変化しています。冊子体のジャーナルに対しては，百科事典や図書館の関係者が営々としてつくりあげてきた検索法が不可欠でした。それはアイウエオ順，十進分類法，シソーラス，典拠ファイルなどのツールでした。この延長上に，サイエンス・サイテーション・インデクス，インパクト・ファクターなどの方法が開発されたことになります。

これがウェブ2.0になってがらりと変わります。もう，アイウエオ順も十進分類法もシソーラスも不要です。したがって，ジャーナルをジャーナルたらしめていた上記の古典的な検索体系はいつまで持続可能か，という状況になりました(53)。このような知的環境におかれた人はどんな行動をとることになるのか。すでに20世紀中頃にホルヘ・ルイス・ボルヘスが「バベルの図書館」

第11章 引用されるためのノウハウ

として洞察しているところです (54)。

5-2 ジャーナルの死

　もう一つ，ピア・レビューにかかわる論点があります。ブリティッシュ・メディカル・ジャーナル の1995年5月27日号は「バイオメディカル・ジャーナルの死」という論文を載せました (55)。ロナルド・E・ラポルテという疫学研究者を第一著者とする9人の研究者の共著論文でした。この論文は，冊子体の論文はゴミ箱行きだ，次世代は「電子的研究コミュニケーション」の時代になる，と訴えるものでした。この「電子的研究コミュニケーション」が物議をかもしました (56)。

　すでに「電子的研究コミュニケーションへの最初の第一歩」という論文が物理の分野で評判になっていました (57)。これは e-プリント・アーカイブ を紹介した論文であり，著者はそのシステムの発案者であるギンスパーグでした。このシステムについてはすでに第10章3-1項に説明しましたが，その要点は「ピア・レビューなし」にありました。これが伝統的なジャーナルの編集者のカンに触れたわけです。数世紀にわたり，編集は印刷機をもつ「特定の人」の仕事でした。これはパソコンとモデムの時代になっても変わらない，というのです。

　このように議論が沸騰したのは，医学ジャーナルの分野に，

　　信頼性は迅速性より重要である。

というインゲルフィンガーの原則が徹底していたからです (58)。アーノルド・S・インゲルフィンガーは ニューイングランド・ジャーナル・オブ・メディスン のかつての編集長でした。医学以外の分野でも同様の方針を通している学会があります。米国化学会は電子メディア――電子会議，ウェブ，ニュース・グループを含む――に事前投稿した論文を受理しないといっています (59)。

　ここにウェブ2.0型のサービスが浸透してきたことになります。ここではユーザー参加といった理念の受入れが大前提となります。ウェブ2.0になるまえは情報の流れは専門家から非専門家へと一方向でした。この一方向性を保証するものがピア・レビューでした。この流れがウェブ2.0では双方向になります。

その分，専門家側に非専門家側のあれこれが逆流します。それは「集合知」であるかもしれませんが，同時にアナーキーな乱れもともなうはずです。その分，専門家側のもつ知識は，その品質を損なわれることになります。

冊子体の時代においては，ピア・レビューが先，検索は後，でした。これがウェブ 2.0 の時代には，ピア・レビューなし，検索のみ，という方式に変わりました。現に，グーグルという一私企業が学術文献サービスを始めました。グーグル・スカラーがそれです。ここではピア・レビューありのジャーナルとピア・レビューなしのジャーナルとが混ざっています。この環境のなかでは，ユーザーは自分で品質管理をしなければなりません。「サイエンス 2.0」「ライブラリー 2.0」などという概念も示されていますが，その中身は定かではありません (60, 61)。

いまいった「集合知」ですが，これはウェブ 2.0 のうえに組み立てられた概念です。この集合知がフィルタリングの機能をもち，これによってデータの品質管理がおこなわれるという楽観的な意見です。その典型例がウィキペディアだ，というわけです。だが，ここでの品質管理は，かならずしも十分ではないようです（第 3 章コラム）(62)。

もう一つ。現在，学術コミュニティは産業の学術化と学術の産業化の流れに引き込まれつつあります（第 9 章 4 節）。つまり，産業界の利害にかかわるようになりました。研究者は「私有化せよ，そして，収益増を」のスローガンのもとに駆り立てられています（第 9 章 2-3 項）。その結果，研究者は産業界の報奨システムに巻きこまれるようになりました。ここでは，インパクト・ファクターといった学術コミュニティの指標よりも，特許権，ノウハウ，データベースといった知的財産が，産業界の報奨システムにおける評価の要素になりつつあります。伝統的なピア・レビューの役割は相対的に低くならざるをえません。

このような環境のなかで，研究者の論文は，ジャーナルに掲載されると同時に，所属機関のウェブ，本人のウェブに載せられるようになるでしょう。じつは，自己アーカイビングとして，すでに，そう，なりつつあります（第 10 章 4-2 項）。その自己アーカイビングの狙いは，評価ではなく，自己宣伝です。

ウェブ環境において，研究者の頼るべき業績評価ツールはなにか。グーグルにページランクというシステムがあります。そのページランクか，これに類似

したツールが，やがてしゃしゃりでてくるでしょう。

　ページランクのアルゴリズムについて，その詳細は不明ですが，ここでも当のウェブ・ページの被引用数が関係していることは分かっています。このシステムをめぐって，ウェブの作成者は自分のウェブ・ページのランクを高めようとして，あれこれと試行錯誤をしています。この作業を「検索エンジン最適化」といいます (63)。これを事業としてサービスする事業者も出現しています。もし，あなたが著者としてグーグルに頼りたければこの手法に通じる，という策があるかもしれません。

　ということで，グーグルは私企業でありながら，論文格付けサービスを地球規模で展開していることになります。この制度的，社会的な意味について，とくに表現の自由とのかかわりについて，私はそれを見過ごすことはできません。ゴマメの歯ぎしりかもしれませんが，ひと言，つけ加えます (64, 65, 66)。

6．二正面作戦のすすめ

　話が，やや先走りました。とにかく，冊子体環境における引用のされ方と電子環境におけるそれとは，まったく異なることになります。前者では，知識の体系化，検索の手法に始まり，コア・ジャーナル，サイエンス・サイテーション・インデクス，インパクト・ファクターなどにいたる一応の素養が，著者としての研究者に求められていました。後者では，それが不要になったのです。なぜかといえば，そうした機能が，学術コミュニティの慣行を含めて，装置化され，したがって自動化されてしまったからです (67)。

　このような流れのなかで，私たちは，どう，対応したらよいのか。当面は現行の報奨システムに便乗し，そのうえで電子版のそれにも飛び乗る，という方策を立てざるをえません。まずは，冊子体環境における被引用数の向上に工夫をこらし，余力があれば，いや余力がなくとも，ウェブ環境におけるそれについてあれこれと算段を試みる。この二正面作戦が私の提案となります。いかがでしょうか。

　引用されるということは，その研究者にとって自分の評価をあげるために必要な条件である——これが第3部のメッセージです。だが，引用されるという

ことの意味はこれにとどまりません。大学は，所属研究者の業績がどれほど引用されるのか，これによってその位置を政府から評価されるようになりました。その政府は，自国の研究業績がどれほど引用されているのか，これによってその科学技術政策を OECD から評価されるようになりました。私たちは，このような環境のなかに投げ込まれていることになります。

[謝辞]
　第3部の執筆に際して，著者（名和）は，つぎの方がたに助けていただいた。ここにお礼を申し上げたい。石井夏生利さん（情報セキュリティ大学院大学），大谷和子さん（日本総合研究所），加藤信哉さん（東北大学），岸美雪さん（国立国会図書館），倉田敬子さん（慶應義塾大学），菅原秀明さん（国立遺伝学研究所），首藤佳子さん（ライブラリアン），時実象一さん（愛知大学），根岸正光さん（国立情報学研究所），野間豊さん（学術著作権協会），藤田節子さん（川村女子学園大学），宮入暢子さん（トムソン・ロイター），八木晴花さん（科学技術振興機構），山崎久道さん（中央大学），山本順一さん（桃山学院大学）。

第3部の引用文献

[注1] 第3部における引用は，可能なかぎり サイエンス の様式にしたがった（第7章参照）。ただし，雑誌論文において，（1）論文タイトルを省くこと，（2）雑誌名を省略型で表記すること，についてはこの規定にしたがっていない。さらに，サイエンス にルールのない場合にはSISTにより（付録1参照），SISTにルールのない場合には自己流にした。

[注2] 原則として，断片的かつ不安定なウェブ情報は参照しない。

[注3] 読者の眼には，第3部の文献表が過剰である，と映るかもしれない。著者は，私たちの回りにはこんなにも面白い文献がある，しかもたくさんある，と言いたかった。

第8章

1．J. H. Hexter, *Historiography: The Rhetoric of History* (Macmillan and Free Press, 1968), at 385, in *Social Science Quotations: Who Said What, When, and Where*, David L. Sills, Robert K. Merton Eds. (Macmillan Publishing, 1991), at 87. [澤田は文献3において，文章論の理論的実用書として，ヘクスターの本に高い評価を与えている。]

2．木下是雄，理科系の作文技術（中央公論社，1981），pp.161-167. [おなじ著者による レポートの組み立て方（筑摩書房，1990）もある。]

3．澤田昭夫，論文のレトリック：わかりやすいまとめ方（講談社，1983），pp.247-267.

4．ウンベルト エコ，論文作法，谷口勇 訳（而立書房，1991），pp.187-202 [原著1977].

5．中村研一，論文執筆ルールブック（日本エディタースクール出版部，1988），pp.168-201; pp.212-214.

6．山内士朗，論文マニュアル：ぎりぎり合格への（平凡社，2001），pp.90-134; pp.155-175.

7．リチャード J. ウィンジェル，音楽の文章術：レポートの作成から表現の技法まで，宮沢淳一・小倉真理 訳（春秋社，1994），pp.67-90; pp.(19)-(50) [原著1990].

8．原田智子，サーチャーからみたデータベースの索引方式への期待，情報の科学と技術 **58**，166-171（2008）.

9．Science, Science Reference Style (http://www.sciencemag.org/about/authors/prep/res/refs.dtl).

10. 早川武夫・椙山敬士, *法律英語の基礎知識*（商事法務, 増補版, 2005）, pp.144-152.
11. 根岸正光・山崎茂明 編著, *研究評価：研究者・研究機関・大学におけるガイドライン*（丸善, 2001）, pp.69-111.
12. Editors of the Columbia Law Review, Harvard Law Review, University of Pennsylvania Law Review, Yale Law Review, *The Bluebook: A Uniform System of Citation*（Harvard Law Review Association, 18th Ed., 2005）, pp.3-24.［ブルーブック を サイエンス 方式ではなく ブルーブック 自身の方式で引用すると, つぎのようになる。THE BLUEBOOK: A UNIFORM SYSTEM OF CITATION (Columbia Law Review Ass'n et al. eds. 18th ed. 2005), at 3.］
13. 医学雑誌編集者国際委員会, 野村英樹・津谷喜一郎・福井次矢・木内貴弘・山崎茂明・稲葉一人 ほか 訳, 生物医学雑誌への統一投稿規定（2001年10月改訂版）, *医学のあゆみ* **201**, 790-798; **201**, 862-866（2002）.
14. 田中英夫 編, *英米法辞典*（東京大学出版会, 1991）, at 80.
15. 阿川尚之, *アメリカ・ロイヤーの誕生：ジョージタウン・ロー・スクール留学記*（中央公論社, 1986）, pp.167-172.
16. 田中英夫・野田良之・村上淳一・藤田勇・浅井淳, *外国法の調べ方：法令集・判例集を中心に*（東京大学出版会, 1974）pp.6-16.
17. Cameron Stracher, Writing about the Law: From Bluebook to Blog and beyond, *New York Law School Law Journal* **52**, 351-369（2007/2008）.
18. 名和小太郎, *学術情報と知的所有権：オーサシップの市場化と電子化*（東京大学出版会, 2002）, passim.
19. 中山茂, *歴史としての学問*（中央公論社, 1974）, pp.109-160.
20. Ronald V. Bettig, *Copyrighting Culture: The Political Economy of Intellectual Property*（Westview, 1996）, pp.9-32.
21. 平田寛, *科学の考古学：その底辺を堀りおこす*（中央公論社, 1979）, pp.168-190.
22. 長谷川一, *出版と知のメディア論：エディターシップの歴史と再生*（みすず書房, 2003）, pp.237-274.
23. Nature, Formatting Guide: Manuscript Preparation and Submission（http://www.nature.com/nature/authors/gta/index.html#a5）.
24. Harvard Law Review, Guidelines for Submitting Manuscripts（http://www.harvardlawreview.org/manuscripts.html）.

25. 丸山真男，対談を終えて，in 一哲学徒の苦難の道，古在由重・丸山真男（岩波書店，2002），pp.201-203 ［初出 1968］．
26. Jerome R. Ravetz, *Scientific Knowledge and its Social Problems*（Oxford University Press, 1971），pp.245-259．［秀潤社刊行の日本訳には該当部分なし。］
27. 名和小太郎，ディジタル著作権：二重標準の時代へ（みすず書房，2004），passim.
28. Evidence-Based Medicine Working Group, *JAMA医学文献の読み方*，開原成允・浅井泰博 訳（中山書店，2001），passim ［原著 1993-1995］．
29. Trisha Greenhalgh, *EBMがわかる：臨床医学論文の読み方*，今西二郎・渡邉総子 訳（金芳堂，1999），passim.
30. 宮崎智・楠木正己，公共データベースに登録する，in バイオ インフォマティクス，菅原秀明 編（共立出版，2002），pp.106-114.
31. アラン ソーカル，境界を侵犯すること：量子重力の変形解釈学に向けて［初出 1996］，in「知」の欺瞞：ポストモダン思想における科学の濫用，田崎晴明・大野克嗣・堀茂樹 訳（岩波書店，2000），pp.281-330 ［原著 1998］．
32. 金森修，*サイエンス・ウォーズ*（東京大学出版会，2000），pp.21-115.
33. リンダ ハッチオン，*パロディの理論*，辻麻子 訳（未来社，1993），passim ［原著 1985］．
34. コクランライブラリー（http://www.med.teikyo-u.ac.jp/~ebm/cochrane_contents.htm）．
35. 日本学術会議 学術と社会常置委員会，科学における不正行為とその防止について（2003）［灰色文献］．
36. 石黒武彦，*科学の社会化シンドローム*（岩波書店，2007），pp.19-56.
37. 村松秀，*論文捏造*（中央公論新社，2006），pp.193-224.
38. エリック スティーブン レイモンド，伽藍とバザール：オープンソース・ソフト Linux マニフェスト，山形浩生 訳（光芒社，1999），pp.7-81 ［原著 1997］．
39. Declan Butler, Entire-Paper Plagiarism Caught by Software, *Nature* **455**, 715 (2008).
40. SIST 02:2007. 参照文献の書き方（http://sist-jst.jp/handbook/sist02_2007/main.htm）．
41. 岡田英孝，PubMedにおける訂正記事の扱い，*情報の科学と技術* **56**, 589-593 (2006).
42. 松浦康彦，デジタル時代のプライバシー・著作権（日本評論社，2000），pp.73-

102.
43. 和田光俊・時実象一，J-STAGE における雑誌編集に関する推奨基準，*情報管理* **51**, 273-280（2008）．
44. JIS X 0902-1:2005 情報及びドキュメンテーション——記録管理（日本規格協会，2005）［ISO 15489:1999 の翻訳］．
45. D. プライス，リトルサイエンス・ビッグサイエンス：科学の科学・科学情報，島尾永康 訳（創元社，1970），pp.3-113; pp.183-212 ［原著 1963］．
46. Ben-Ami Lipetz, Aspects of JASIS Authorship through Five Decades, *Journal of the American Society for Information Science* **50**, 994-1003（1999）．
47. Robert K. Merton, *On the Shoulders of Giants*（Harcourt Brace Jovanovich, 1985），pp.267-269．

第9章

1. 第8章 文献 18．［電子版の場合，この表記法は望ましくない．書誌データをきちんと書き込むほうがよい．］
2. Robert K. Merton, Normative Structure of Science, in *The Sociology of Science*（University of Chicago Press, 1973），pp.267-278 ［初出 1942］．
3. Robert K. Merton, Priority in Scientific Discovery, in *The Sociology of Science*（University of Chicago Press, 1973），pp.286-324 ［初出 1957］．
4. 第8章 文献 23．
5. 第8章 文献 45．
6. David T. Durack, M. B. Phil, The Weight of Medical Knowledge, *The New England Journal of Medicine* **208**, 773-775（1978）．
7. 小野寺夏生，ビブリオメトリックスから見た学術情報流通の現状，in *学術情報流通と大学図書館*，日本図書館情報学会研究委員会 編（勉誠出版，2007），pp.23-53．
8. Brian C. Vickery, A Century of Scientific and Technical Information, *Journal of Documentation* **35**, 476-527（1999）．
9. F. W. ランカスター，*紙なし情報システム*，植村俊亮 訳（共立出版，1994），pp.84-91; pp.175-182 ［原著 1979］．
10. V. スティビッツ，*情報管理のためのパーソナル・ドキュメンテーション入門*，中村幸雄 訳（オーム社，1982），pp.13-17 ［原著 1980］．
11. 山崎茂明，*生命科学論文投稿ガイド*（中外医学社，1996），pp.1-12．

12. S. Redner, How Popular is Your Paper? An Empirical Study of the Citation Distribution, *European Physical Journal B* **4**, 131-134 (1998).
13. Brian Kahin, Scholarly Communication in the Network Environment, in *Scholsrly Publishing*, Robin P. Peek, Gregory B. Newby Eds. (MIT Press, 1996), pp.277-298.
14. 山崎茂明, *パブリッシュ・オア・ペリッシュ：科学者の発表倫理* (みすず書房, 2007), pp.2-17.
15. Corynne McSherry, *Who Owns Academic Work?* (Harvard University Press, 2001), pp.144-189.
16. シェルドン クリムスキー, *産学連携と科学の堕落*, 宮田由紀夫 訳 (海鳴社, 2006), pp.172-180 [原著 2003].
17. Howard K. Schachman, From "Publish or Perish" to "Patent and Prosper", *Journal of Biological Chemistry* **281**, 6889-6903 (2006).
18. 名和小太郎, *技術標準 対 知的所有権：技術開発と市場競争を支えるもの* (中央公論社, 1990), passim.
19. 中島秀人, *ロバート・フック：ニュートンに消された男* (朝日新聞社, 1996), pp.212-223.
20. 第8章 文献 47.
21. 林紘一郎, *情報メディア法* (東京大学出版会, 2005), passim.
22. 第8章 文献 27.
23. 大阪地裁平成 16 年 11 月 4 日判決 (http://www.courts.go.jp/hanrei/pdf/D944326D949C3DD64925701B000BA367.pdf).
24. 大阪地裁昭和 54 年 9 月 25 日判決 (http://www.netlaw.co.jp/hanrei/hakkodiode_540925.html).
25. 名和小太郎, *情報の私有・共有・公有：ユーザーからみた著作権* (NTT 出版, 2006), pp.155-188.
26. 名和小太郎, オーサシップとインベンタシップ, *情報管理* **48**, 694-694 (2006).
27. 名和小太郎, *ゲノム情報はだれのものか* (岩波書店, 2002), pp.45-81.
28. 第8章 文献 13.
29. 理化学研究所, *理研研究者起訴問題について* (2001) (http://www.riken.go.jp/r-world/press/).
30. Eliot Marshall, Embargo: Good, Bad, or 'Necessary Evil?', *Science* **282**, 860-867 (1998).

第10章

1. 第8章 文献18.
2. B. C. ヴィッカリー, 歴史のなかの科学コミュニケーション, 村主朋英 訳（勁草書房, 2002）, passim ［原著2000］.
3. 第9章 文献13.
4. 原田隆史, Webアーカイブの仕組みと技術的な特徴, 情報の科学と技術 **58**, pp. 383-388 (2008).
5. Bruce Alberts, Brooks Hanson, Katrina L. Kelner, Reviewing Peer Review. Science **321**, 15 (2008).
6. Robert K. Merton, Institutionalized Patterns of Evaluation in Science (1971), in The Sociology of Science (University of Chicago Press, 1973), pp.460-496.
7. Robert K. Merton, The Matthew Effect in Science (1968), in The Sociology of Science (University of Chicago Press, 1973), pp.439-459.
8. 箕輪成男, 情報としての出版（弓立社, 1982）, pp.261-266.
9. ヘンリー H. バーシャル, 物理学分野の雑誌の費用効果, 今野亘 訳, 情報管理 **31**, 772-778, (1988) ［原著1988］.
10. 加藤信也, Big Dealの光と影, in 学術情報流通と大学図書館, 日本図書館情報学会研究委員会 編（勉誠出版, 2007）, pp.191-202.
11. Raym Crow, SPARK 2003, 訳者不明, in 電子図書館と電子ジャーナル, 根岸正光ほか（丸善, 2004）. pp.79-90.
12. Paul Ginsparg, First Steps towards Electronic Research Communication, Computer in Physics **8**, 390-396 (1994).
13. 倉田敬子, 学術情報流通とオープンアクセス（勁草書房, 2007), passim.
14. 三根慎二, 学術情報メディアとしてのarXivの位置づけ, 日本図書館情報学会春季研究集会発表, 2008年3月29日, 東京.
15. 土屋俊, 学術情報流通の最新動向, 現代の図書館 **42**, 3-30 (2004).
16. 加藤信哉, 電子ジャーナルの現状, 情報の科学と技術 **55**, 242-247 (2005).
17. 林和弘, 理工系電子ジャーナルの動向, 科学技術動向 **71**, 17-29 (2007).
18. 時実象一, オープン・アクセス運動の歴史と電子論文リポジトリ, 情報の科学と技術 **55**, 42-247: **55**, 421-427 (2005).
19. 名和小太郎, 学術雑誌の電子化とオープン化, 法とコンピュータ **25**, 99-105 (2007).
20. 名和小太郎, 科学への公衆アクセス法案, 情報管理 **48**, 743-745 (2006).
21. 名和小太郎, 学術情報の利害関係者, 学著協ニュース **11**, 1-2 (2005).

22. 名和小太郎・山本順一 編, *図書館と著作権*（日本図書館協会, 2005), passim.
23. 林和弘・和田光俊・久保田壮一, 国産電子ジャーナルの著作権とライセンス, *情報管理* **51**, 184-193（2008）.
24. 上村圭介, クリエイティブ・コモンズとは何か?, in *クリエイティブ・コモンズ*, クリエイティブ・コモンズ・ジャパン 編（NTT 出版, 2005), pp.31-66.
25. European Science Foundation, European Reference Index for the Humanities (ERIH)（http://esf.org/research-areas/humanities/research-infrastructures-including-erih/html）.
26. Journal under Threat: A Joint Response from History of Science, Technology and Medicine Editors, *Newsletter of the Society for the History of Technology* **121**, 9-12（2009).

第11章

1. 第8章 文献26.
2. 第8章 文献12, pp.106-144.
3. W. D. ガーベイ, コミュニケーション, 高山正也 他 訳（敬文社, 1981), pp.136-150 [原著1981].
4. Terrence A. Brooks, Private Acts and Public Objects, *Journal of the American Society for Information Science* **43**, 284-294（1985）.
5. カール J. シンダーマン, 成功するサイエンティスト, 山本祐靖・小林俊一 訳（丸善, 1988), pp.38-42 [原著1985].
6. 第9章 文献24.
7. 林紘一郎, 「法と経済学」の方法論と著作権への応用, in *著作権の法と経済学*, 林紘一郎 編（勁草書房, 2004), pp.3-28.
8. 宮代彰一, 科学技術文献の有効寿命, *情報管理* **39**, 866-879（1997）.
9. 武田直道・仲本秀四郎・山口三郎, 宇宙データベースの調査, *情報管理* **33**, 159-166（1990）.
10. Daniels Luczi, E-Print Archives: A New Communication Pattern for Grey Literature, *Interlending & Document Supply* **26** [3], 130-139（1998）.
11. 名和小太郎, 孤児になった著作物, *情報管理* **48**, 838-840（2006）.
12. 田中辰雄・林紘一郎 編著, *著作権保護期間：延長は文化を振興するか?*（勁草書房, 2008), passim.
13. Philip Ball, Paper Trail Reveals References Go Unread by Citing Authors,

Nature **420**, 594 (2002).
14. Tom Clark, Copied Citation Gives Impact Factors a Boost, *Nature* **423**, 373 (2003).
15. 第8章 文献13.
16. Barbara J. Culliton, Authorship, Data Ownership Examined, *Science* **242**, 444–446 (1988).
17. 第8章 文献23.
18. 名和小太郎，アイデンティティ・クライシス，情報管理 **50**, 532–533 (2008).
19. 丸山昭二郎・丸山泰通・堂前幸子・成田憲彦，情報社会の図書館（丸善，1982），pp.79–109.
20. 第9章 文献10.
21. ISO 3602:1989 Documentation-Romanization of Japanese.
22. Dag W. Aksness, When Different Persons Have an Identical Author Name: How Frequent are Homonyms, *Journal of the American Society for Information Science and Technology* **59**, 835–841 (2008).
23. Laurel L. Cornell, Duplication of Japanese Names: A problem in Citations and Bibliographies, *Journal of the American Society for Information Science* **51**, 102–105 (1982).
24. 白楽ロックビル，バイオ研究の動向と研究者（羊土社，1999），pp.220–238.
25. Jane Qiu, Identity Crisis, *Nature* **451**, 766–767 (2008).
26. Lixin Wang, Lost in Transliteration, *Science* **320**, 745 (2008).
27. 名和小太郎，共著者は増える，情報管理 **47**, 556–557 (2004).
28. 小野寺夏生，ビブリオメトリックスから見た学術情報流通の現状，in *学術情報流通と大学図書館*，日本図書館情報学会研究委員会 編（勉誠出版，2007），pp.23–53.
29. 名和小太郎，第一著者になりたい，情報管理 **49**, 395–396 (2007).
30. カール J. シンダーマン，サイエンティスト ゲーム，山崎昶 訳（学会出版センター，1987），pp.11–35［原著1982］.
31. 第8章 文献12.
32. 第8章 文献9.
33. National Library of Medicine Recommended Formats for Bibliographic Citation (http://www.nlm.nih.gov/pubs/formats/recommendedformats.pdf).
34. 山崎茂明，*科学者の不正行為：捏造・偽造・盗用*（丸善，2002），passim.

35. Donald Kennedy, Multiple Authors, Multiple Problems, *Science* **301**, 733 (2003).
36. B. C. ブラッドフォード, 特定主題についての情報の情報源, in *情報学基本論文集*, 上田修一 編訳 (勁草書房, vol.1, 1989), pp.159-168 ［初出 1934］.
37. 梅田望夫, *ウェブ進化論* (筑摩書房, 2006), pp.97-134.
38. 窪田輝蔵, *科学を計る* (インターメディカル, 1996), pp.44-163.
39. Petti Ogden, Mastering the Lawless Science of Our Law: A Story of Legal Citation Indexes, *Law Library Journal* **85**, 1-47 (1993).
40. 名和小太郎, サイテーション・インデックス前史, *情報管理* **51**, 848-849；928-929 (2009).
41. 第9章 文献2.
42. 根岸正光・山崎茂明, *研究評価* (丸善, 2001), pp.55-68.
43. Nan Ma, Jianheng Guan, Yi Zhao, Bringing PageRank to the Citation Analysis, *Information Processing and Management* **44**, 800-810 (2008).
44. Johan Bollen, Marco A. Rodriguez, Herbert Van de Sompel, Journal Status. *Scientometrics* **69**, 669-687 (2007).
45. 原田智子, サーチャーからみたデータベースの索引方式への期待, *情報の科学と技術* **58**, 166-171 (2008).
46. ピーター ヤチヨ, 引用データによって強化された学術情報データベースをいかに評価するか, 高木和子・加藤多恵子 訳, *情報管理* **48**, 763-774 (2006).
47. James A. Evans, Electronic Publication and the Narrowing of Science and Scholarship, *Science* **321**, 395-399 (2008).
48. 名和小太郎, *サイバースペースの著作権：知的財産は守れるのか* (中央公論社, 1996), passim.
49. 林紘一郎・湯川抗・田川義博, *進化するネットワーキング：情報経済の理論と展開* (NTT出版, 2008), pp.173-201.
50. 緑川信之, フォークソノミーはどこにあるのか, *情報の科学と技術* **57**, 238-243 (2007).
51. Jessica Dye, Folksonomy: A Game of High-teck (and High-stakes) Tag, *EContent*, April, 38-43 (2008).
52. 原田隆史, Webアーカイブの仕組みと技術的な特徴, *情報の科学と技術* **58**, 383-388 (2008).
53. 倉光典子, 書誌コントロールの将来に向けたLCの取組み, *カレント アウェアネス* **295**, 2-5 (2008).

54. J. L. ボルヘス，バベルの図書館，in *伝奇集*，鼓直 訳（岩波書店，1993），pp. 103-117［原著1944］.
55. Ronald E. Laporte, Eric Marler, Shuichi Akazawa, Francois Sauer, Carlos Gamboa *et al.*, The Death of Biomedical Journals, *British Medical Journal* **310**, 1387-1390（1995）.
56. 名和小太郎,「ジャーナルの死」論争，*情報管理* **47**, 361-362（2004）.
57. 第10章 文献12.
58. Arnold S. Relman, A Valedictory Editorial, *New England of Journal* **324**, 1807-1809（1991）.
59. American Chemical Society, Submission and Authoring in ACS Paragon Plus (http://pubs.acs.org/paragonplus/submission/jacsat/jacsat_policy.html).
60. Ben Shneiderman, Science 2.0, *Science* **319**, 1349-1350（2008）.
61. 野口契子，北米の大学図書館におけるWeb2.0以後の変化：情報リテラシーに与えた影響，*情報管理* **51**, 733-742（2008）.
62. 石澤文，ウィキペディアにおける情報の質（IQ）向上の仕組み，カレント アウェアネス **298**, 7-10（2008）.
63. Monika Henzinger, Search Technologies for the Internet, *Science* **317**, 468-471（2007）.
64. 名和小太郎，サーチエンジンと表現の自由，*情報管理* **51**, 294-295（2008）.
65. 名和小太郎，法律から技術標準へ，*科学* **78**, 998-999（2008）.
66. 矢野直明，*サイバーリテラシー概論：IT社会をどう生きるか*（知泉書館，2007），passim.
67. Jon M. Kleinberg, Authoritative Sources in a Hyperlinked Environment, *Journal of ACM* **46**, 604-632（1999）.

付録1　文献引用法の標準化

　論文それ自体と，その書誌データ——著者，タイトル，掲載誌など——との関係を考えてみましょう。前者は数ページないし数10ページ，後者はせいぜい数行という長さです。つまり，前者と後者とは，本体と代替物，あるいは一次的な情報と二次的な情報，あるいは原情報とカタログ的情報，といった関係になります。

　論文それ自体は形式も内容も千差万別です。著者も，タイトルも，掲載誌も，言語も，発行年も，あるいはバージョンも，あるいは記録メディアも，です。だが，書誌データのほうは，論文関係者のすべてに対して，つまり著者，学会，商業出版社，図書館，読者に対して，おなじように理解されなければなりません。このためには標準化されていなければなりません (1)。

1．標準化の試み

　最初に設問。第2部FAQsの質問10（本書121-122ページ）をもう一度見てください。「20ページから25ページまで」を引用したいときに，みなさんは，どう書きますか。手元のマニュアルを参照すると，20-25，p.20-25，pp.20-25，pp.20ffといった答えがあります (2)。この答えはFAQsの例示とはやや違います。現実にはこの程度の乱れがあるということでしょう。研究の流派によってさまざま，ということです。これは放置できないということで，標準化が求められることになります (3)。

　一般的な常識にしたがえば，今日では，まず，国際標準化機関（ISO）の定めたISO国際規格があり，日本にはこれを翻訳した日本標準規格（JIS）がある，ということになっています。JISは日本工業標準調査会（JICS）がその管理をしています。

　引用については，冊子体用の「ISO 690:1987」(4) と電子媒体用の「ISO 690-2:1997」の2つがあり，後者は翻訳されて「JIS X 0807:1999」となっています (5)。この規格はJISCのウェブサイトから閲覧できます。印刷はできません。ただし，いずれの規格も日本では普及していないようです。海外の状況は不明です。ISO規格がその「適用分野」を著者および編集者とし，図書館員などの専門家ではないとしていることに，理由があるのかもしれません。引用法に主体的に関与できるのは，じつは前者ではなく後者だからです。

　しからば，日本にはなにもないかといいますと，そうではなく，現在，科学技術振興機構（JST）が科学技術情報流通規格（SIST: Standard for Science and Technology）という標準を制定し，その普及を図っています．

　ここで SIST の由来について紹介しましょう．話は 1969 年に遡ります．科学技術会議は科学技術情報全国的流通システムの構想を発表し，ここで科学技術情報の標準化を求めました．その後，この流れにそって標準化が進んでいます．その主題は，論文の執筆にかかわるもの，刊行物の様式にかかわるもの，電子的媒体にかかわるものにわたっています．このうち，論文の執筆にかかわるものとして「SIST 02:2007 参照文献の書き方」があります *(6)*．なお同種のものとして，「SIST 08 学術論文の構成とその要素」「SIST 01 抄録作成」「SIST 05 雑誌名の略記」「SIST 05 機関名の略記」があります．SIST は JST のウェブサイトで閲覧・ダウンロードができます．JST は SIST の学会誌への普及を目指しています．

　SIST は ISO 国際規格つまり JIS との整合性を意識しているようですが，その意図はかならずしも実現していないようです．SIST の関係者は，言語が違う，文化が違う，といっています．また，そもそもが科学技術情報を対象にしていましたので，これが文系の雑誌に素直に受け入れられているかどうかについても，はっきりしたことは分かりません．

　現実にはどうか．日本の学会誌（欧文誌を含む）について，藤田節子さんによる綿密な調査がありますので，これを「引用」に関する調査結果にかぎって紹介しましょう *(7, 8)*．まず参照文献の記載順序にはアルファベット順と引用順とがありますが，前者については人文系では 82 パーセント，社会系では 77 パーセント，理系では 44 パーセント，後者については人文系では 27 パーセント，社会系では 25 パーセント，理系では 57 パーセントとなっています．つぎに書誌データの記載順序についてみると，「著者名〜出版年〜論文名〜雑誌名〜巻号〜ページ」の方式が人文系では圧倒的に，社会系でも半分以上なのですが，理系ではこの順と出版年を末尾にもってくる順とがほぼ半々になっています．つまり参照文献の書き振りについて標準化はいまだし，ということになります．

　「SIST 02」には「解説」がついており，ここで現在流通しているデファクトの標準として，つぎの 5 つの方式を紹介しています．NML（国立医学図書館（米国），生物医学系），ACS（米国化学会，化学系），IEEE（電気・電子技術者協会（米国），工学系），APA（米国心理学会，学際系），MLA（現代言語協会（米国），人文・社会系）．とくに NLM のものは一般用 *(9)* とインターネット用 *(10)* とがあり，いずれも大部なものです．ウェブで参照できます．

2．電子ジャーナルの場合

　電子版の論文については，冊子体の場合とは扱いの異なる点があります *(11)*．ま

ず，冊子体も発行している場合には，どちらを正本にするか，といったことがあります。また，冊子体の場合には1回かぎりの発行ですが，電子版の場合にはどれを最終原稿とするのか，ということもあります。これは発行日の確定ともかかわります。したがって，紙文献で紙文献参照，紙文献で電子版文献参照，電子版文献で紙文献参照，電子版文献で電子版文献参照という場合，それぞれどう対応したらよいのか，これも決めておかなければなりません。

このような環境のなかで，ISOは電子文献の引用法に関する標準を発行しました。それが前記の「ISO 690-2:1997」そして「JIS X 0807:1999」です。

これに対応して，JSTも「SIST 02:2007（補遺）」(12)と「J-STAGE推奨基準」(13)という2つの文書を発行しています。双方ともグーグル・スカラーでアクセスでき，JSTのサイトからダウンロードできます。J-STAGEとは，JSTが国内の学会のために設けた電子ジャーナルのプラットフォームです。一般に，ISOもJISも素っ気ない記述で理解しにくいものですが，上記の「J-STAGE推奨基準」は話が具体的で一見の価値があります。なお，ここに「推奨」という用語のあることに，つまり強制しないという含みをもつ言葉のあることに注意してください。

最後にひと言。「SIST 02」の解説は「基本的な事項」として，つぎを示しています。

　　[p1] ルールを単純化し，ページ数を減らす。
　　[p2] 参照の役割と要件を念頭に。
　　[p3] 電子媒体と印刷媒体を区分。
　　[p4] 参照したものを書く。

とくに重要なのは[p4]です。たとえば，けっして，ibid, idem, loc.cit, op.cit（第9章1-4項）などは使わないように，ということです。電子媒体上では，これがあると書誌データがあいまい表現になってしまい，検索できなくなるためです。雑誌名や機関名の略記をしないといったことも，電子化にあたり心得ておいてよいことです(14)。この略記，じつは，コンピュータ利用の草創期に，入力が80桁のIBMカードによってなされていたときの遺産です(15)。

[参考文献]
1．伊藤真理，情報へのアクセス：書誌情報の標準化，*情報の科学と技術* **56**, 312-316（2006）.
2．中村健一，*論文執筆ルールブック*（日本エディタースクール出版部，1988），pp.198-201.

3．宮澤彰，総論：情報標準の世界，*情報の科学と技術* **56**, 302-306（2006）.
4．ISO 690:1987. Documentation-Bibliographic references-Content, form and structure.
5．JIS X 0807:1999. 電子文献の引用法，*JIS ハンドブック 情報基本*（日本規格協会，2007），pp.2273-2265［ISO 690-2 の翻訳］.
6．第 8 章 文献 40.
7．藤田節子，国内科学技術系学会誌の投稿規定の分析：参照文献の記述，著作権を中心として，*情報管理* **48**, 667-676: 723-734（2006）
8．藤田節子，国内人文・社会科学系学会誌の投稿規定の分析，*情報管理* **49**, 564-575: 622-631（2007）
9．第 11 章 文献 33.
10. National Library of Medicine Recommended Formats for Bibliographic Citation. Internet Supplement. 2001（http://www.nlm.nih.gov/pubs/formats/ internet.pdf）.
11. 古谷実，改訂された「参照文献の書き方」：SIST 02 2007 年版について，*情報管理* **50**, 155-161（2007）.
12. SIST 02:2007. 参照文献の書き方（補遺）電子文献参照の書き方（http://sist-jst.jp/handbook/sist02sup/main.htm）.
13. J-STAGE 推奨基準（http://info.jstage.jst.go.jp/data/society/standard/j-stage_good_practice_1.0.pdf）.
14. 菅野育子，書誌記述における雑誌名と機関名の扱い：SIST 05, SIST 06 の改訂による完全表記，*情報管理* **50**, 162-166（2007）.
15. Marcia J. Bates, Special Topic Issue: 50th Anniversary, *Journal of the American Society for Information Science* **50**, 958-959（1999）.

付録2　読書案内

　この読書案内には，一つの狙いがあります。それは諸君に学術コミュニティの「空気が読める」人間になってほしいということです。学術コミュニティには特有の雰囲気があります。それは「自律」というしきたりがあることです。近年，私たちの社会には，法律に触れなければなんでも許される，といった気分が充ちています。だが，学術コミュニティではそれは通りません。研究者に対して逸脱を許さない慣行があります。

　この自律の精神は，マニュアルだけを心得ていたのでは身につかない。こう，私は考えます。それは，先輩の諸姉兄が，それぞれに築きあげてきた言葉遣い，研究のしきたりなどに反映しているはずです。そうしたものを心得るためには，つまり学術コミュニティの「空気を読む」ためには，自分の関心テーマについて，より広い見地から理解する必要があるはずです。

　「引用」についてもそうです。これを上下，前後，右左の方向からみてほしい。それも肯定的な意見，否定的な意見を併せてみてほしい。

　私は，諸君がすべて引用の専門家になるなどは考えておりません。だから，ここに紹介するものは，まず，読んで面白い本，それから，読みやすい日本語の本にとどめました。じゃあ，本論に入りましょう。（以下，「この本」とは書評の対象になった本，「本書」とはこの *引用する極意　引用される極意* を指します。）

1　ウンベルト エコ，*論文作法：調査・研究・執筆の技術と手順*，谷口勇 訳（而立書房，1991；原著1977）．
　前ワープロ時代の本です。だが，なお，見落とせない示唆を含んでいます。とくに，「引用」と「敷衍」と「剽窃」とはどこが違うのか。これを例文を挙げて詳細に説明しています。流石，エコというべきか，この部分は，そのまま引用すると剽窃になりそうですし，さりとて敷衍すると意味不明になりそうです。つまり，引用しにくいように記述されています。読者は，書店なり図書館なりで，この部分にアクセスしてください。
　このエコの本に匹敵するマニュアルとして，リチャード・J・ウィンジェルの *音楽の文章術*（宮沢淳一・小倉真理 訳，春秋社，1994）があります。音楽という不可視の，しかも文字で表現できないものをテキスト化するコツが書いてあります。引用

についても，ていねいなマニュアルがついています．

2　ネルソン グッドマン，*世界制作の方法*，菅野楯樹 訳（筑摩書房, 2008；みすず書房 1987 の再刊；原著 1978).
　この本は第3章（pp.85-112）で「引用にかんするいくつかの課題」を論じています．ここに引用の基礎論がある，といってよいでしょう．知るということは，ジグソー・パズルの一片をはめこむようなもの，その一つの道具として「引用」がある．これが著者の言い方です．ここには引用の表現法について，あれこれの例が抽象的かつ論理的に示されています．あなたがジグソー・パズルの愛好者であれば，それこそ，この本の魅力にはまってしまうのではないかな．

3　F. ハント，*レトリック流法律学習法*，平野敏彦 訳（木鐸社, 1992；原著 1983).
　この本は付録五（pp.222-226）で「文献の引用学」を扱っています．引用に関心のある学生は必読．ただし，引用に関心のない学生も読んでみて損はないはず．コアの部分をほんの少々引用してみましょうか．

　　……独身主義男性という法概念は，従来は，「独身主義男性とは，幸いなことに妻のいない男性である」という定義によって説明される．……．実務的引用学者（どの学者も実務的引用学者である）であれば，この文章を次のように書くだろう．

　　一人（1）の独身主義男性（2）とは，……男性（10）である（11）．

　　（1）これについては，連邦憲法裁判所判例集第1巻18頁以下の，「一つの」という概念の合憲性についての基礎となる決定を，参照．……．（2）独身主義男性の概念については，シュルツフェ＝フェアドロスのミュンヘン大学学位論文「独身主義男性——法秩序への未解決の挑戦」（1978年）が，……．

4　中村稔，*私の昭和史・戦後編（上）（下）*（青土社, 2008).
　詩人兼弁護士の著者が，詩人たちとの交流，かかわった訴訟などとからめながら戦後史を語っています．ここには——とくに下巻では——自分と友人の詩作品，また，同時代の訴訟資料，新聞記事，政治パンフレット，教科書，百科事典などが，縦横に，しかも逐語的に引用されています．ただし，自分の文章と引用文との主従関係はつねに明確であり，引用文については，そのつど典拠が示されています．伝聞や，孫引きもありますが，学術論文ではないので，コピー・アンド・ペースト手法を模範的に駆使している，といってよいでしょう．引用に関する上質の見本として紹介します．

5 R. K. マートン, 科学社会学の歩み：エピソードで綴る回想録, 成定薫 訳（サイエンス社, 1983；原著 1977）.
　研究者グループの内幕話です。師匠筋の G・サートンが新しいジャーナルを刊行することによって新しい研究領域——科学史——を作った話。弟子のド・ソラ・プライスが物理からの参入者だったために，その計量文献学の成果（次項参照）を専門家から認知してもらえなかった話。工学者のユージン・ガーフィールドによる新しい道具——サイエンス・サイテーション・インデクス（次々項参照）——が研究分野を拡大した話。後輩のトーマス・クーン——パラダイム論の主張者——が謝辞や脚注に細心だった話など。
　仲間褒め——引用を含む——の秘訣など，時代，国，専門分野は違っても，それなりに示唆をえられるのではないかな。

6 D. プライス, 科学の科学・科学情報：リトルサイエンス・ビッグサイエンス, 島尾永康 訳（創元社, 1970；原著 1963）.
　計量文献学の最初のモノグラフといってもよいでしょう。草創期の文献だけに，記述は粗いが，このときに示された知見の骨子は半世紀たった現在でも動いていません。新しい分野を切り開こうという著者の意気込みが伝わり，それが読み手にとっても快く感じられます。

7 窪田輝蔵, 科学を計る：ガーフィールドとインパクト・ファクター（インターメディカル, 1996）.
　ガーフィールドという化学工学者が，まず，ジャーナル目次のコピー・サービスを始め，これを サイエンス・サイテーション・インデクス に拡張し，さらにインパクト・ファクターという概念を実用化する，その物語です。さらに計量文献学の入門書として読むこともできます。とはいいながらも，計量文献学に距離をおいた書き方をしています。

8 倉田敬子, 学術情報流通とオープンアクセス（勁草書房, 2007）.
　メディアのデジタル化は，学術論文の流通のパターンにどんな影響をもたらしたのか。この本は，これを事実にそくして，包括的かつ多面的かつ詳細に紹介したモノグラフです。この意味では，類書なし，といえるでしょう。
　なお，倉田さんには 電子メディアは研究を変えるのか（勁草書房, 2000）という編著もあります。

9　山崎茂明, パブリッシュ・オア・ペリッシュ：科学者の発表倫理（みすず書房, 2007）.

　この著書は, 最近, しばしば露顕するようになった論文偽造について, これを事実にそくしながらまとめたものです. 偽造問題は, 学術コミュニティの自律性, ピア・レビューの有効性などについて疑義を示す事実です.

　つけ加えますと, この著者には文献計量学に関する著書が多数あります. そのなかから一つを選ぶとすれば, 生命科学論文投稿ガイド（中外医学出版社, 1996）ということになるでしょうか.

10　白楽ロックビル, バイオ研究の動向と研究者（羊土社, 1999）.

　バイオの分野における研究者の処世術とはどんなものか, これがこの本の主題です. 研究者の処世術のなかには「被引用論」もあるはずです. これについて, この本は付録としてではありますが, 簡潔かつ的確に伝えています.（被引用論は本書の独創のはず, と自信をもっていたのですが, 先人がここにいました. 敬意を表します.）バイオ分野における研究システムは, 現在, きびしい競争に曝されています. この意味で, 他の分野の研究システムも, しだいにこの形に移行していくでしょう.

　類書の古典として, カール・J・シンダーマンの サイエンティスト・ゲーム（山崎昶 訳, 学会出版センター, 1987）があります.

11　ジョセフ L. サックス, 「レンブラント」でダーツ遊びとは：文化的遺産と公の権利, 都留重人 訳（岩波書店, 2001；原著 1999）.

　この本は, テキストの研究に対するあれこれの障害——たとえば秘匿, 著作権——について紹介しています. L・D・ブランダイスの法廷資料, T・S・エリオットの手紙, S・フロイト一家の記録, それに死海文書など. いずれも人文系の研究にかかわるものですので, 本書第 3 部の説明では手薄であった点を補完してくれます. 引用にかかわる議論をしたものではありませんが, 人文系学術におけるテキストの扱い方の慣行が示されており, 参考になります. 野次馬的な興味で読んでもおもしろい.

12　清水幾太郎, 論文の書き方（岩波書店, 1959）.

　文章読本として評判のロング・セラーです. 著者はここで引用の逸脱形について語っています. その逸脱形とは, すべては先人の業績のなかにある, 後人のつけ加えるべきことはなにもない, という極端論です. 著者は, これを哲学者ジェルジ・ルカーチの引用という形で示しています.

支配的な学説によれば，人生の問題にせよ，学問の問題にせよ，一切の問題に対する解答は，マルクス及びエンゲルスのうちに，なかんずく，スターリンの著作のなかに横たわっているのであった。……「思想とは何か」と嘗てドイツの或る同志が言った。「思想とは，引用符の結合のことである」。

清水は，この引用につぎのコメントをつけています。

authority という言葉は，一方，出典や典拠を示し，他方，権威を意味している。権威と認められている学者や思想家から引用することによって，その権威を自分の文章へ借りて来ることが出来る。本来ならば自分で証明しなければならぬ事柄も，権威者の一句を引用することによって，自分を証明の義務から素早く解放してしまう。

清水の引用自体が authority に頼っていますね。

13　ジャン＝リュック　エニグ，*剽窃の弁明*，尾河直哉 訳（現代思潮新社，2002；原著1997）．
　引用のとなりに剽窃もあります。この本は剽窃のカタログを紹介しています。それを列挙しますと，(1) コラージュ，(2) カットアップ，(3) 詰め物テキスト，(4) 割れたテキスト，(5) ひこばえテキスト，(6) S＋7法，(7) 引きちぎられたページ，(8) ネズミに喰われたテキスト，ということになります。それぞれがどんなものなのかは，直接，この本を参照してください。
　だれかから剽窃されないために，つまり自衛のために剽窃の手口を知悉しておきたいという人にとっては，有益な本です。

14　レーモン　クノー，*文体練習*，朝比名弘治 訳（朝日出版社，1996；原著1947）．
　冒頭に 320 字のメモがあります。著者はこれを 102 通りに言い換えているんですね。まず，メモですが，つぎのように始まります。

「Ｓ系統のバスのなか，混雑する時間。……」

言い換えの例も示しましょう。

「バスのデッキが混んでいることといったら！　まったくひどいもんだった！　……」
「バスはゆくゆく　バスはゆく　Ｓ系統のバスはゆく　……　人込みのなかバスのなか　足を踏んだとうなり出す　……」

「昼は，バス．満員のころはさらなり．やうやう乗り込んだデッキぎは，……」
「昼のバスＳにおいて，座っている乗客全体を集合Ａとし，立っている乗客全体を集合Ｄとする．ある停留場において待っている人の集合はＰである．……」

最初のメモに対して，あとの言い換え文は，著作権法上，どのように扱われるのか．これを考えながら，この本を読んでください．もう一つ，それぞれが学術論文であったとしたときに，その扱いは変わるのかどうか．これも考えてみてください．

つまり，この本は「文体練習」というタイトルをもっていますが，「著作権練習」と読み替えることができます．さらに「パロディ練習」「盗作練習」としてみることができるかもしれませんね．

15　米沢嘉博 編，マンガと著作権：パロディと引用と同人誌と（青林工芸社，2001）．
　コミックマーケット準備会の主催したシンポジウムの記録です．マンガ家が，評論家，法律家を相手に議論しています．マンガの世界では，パロディや引用が自在にできないと面白みが失われます．実作者が，これについてキタンのない意見を交換しています．この本の特徴は，議論のレベルが高い，という点にあります．それはソンジョソコラの前衛芸術評論家のオシャベリをはるかに抜いています．たとえば，

　　原典がバレないと困るのがパロディ，原典がバレて困るのが盗作．

と，スパット切り分けています．
　ついでにパロディ論の理論編を挙げるとすれば，リンダ・ハッチオンの パロディの理論（辻麻子 訳，未來社，1993）があります．

16　デビッド ワインバーガー，インターネットはいかに知の秩序を変えるのか：デジタルの無秩序がもつ力，柏野零 訳（エナジクス，2008；原著2007）．
　だれもが，だれに対してもリンクを張れる．登録さえすればよい．許可は不要．あとはクリックをすればよい．このように簡単な手順で組み立てられる知識の体系がどんなものになるのか．これを論じた本です．
　主張が過激のわりには，プロローグと終章は平凡です．ここから読みはじめないように．なお，この著作自体は紙であり，デジタルではないのですから，著者の主張にしたがえば，きちんとした索引と文献リストを付けるべきでした．それがないのは残念．あるいは訳者か出版社が勝手に省いたのかもしれませんが．
　検討対象をウィキペディアにかぎり，ワインバーガーと同様の主張を展開している本があります．アスリーヌ他の ウィキペディア革命（佐々木勉 訳，岩波書店，

2008）がそれです。

17　林紘一郎，*情報メディア法*（東京大学出版会，2005）．
　およそ法律書というものは，著作権法の本であれば著作権法だけを扱い，その枠組みを外すことはない，という態度で書かれています．ただし，この本は違います．林は，著作権法を情報にかかわるあれこれの法との関係のなかで語っています．したがって，著作権法の位置づけ，背景などを知るには格好の参考書にあります．林は，この方法をさらに進め，著作権を経済学との関係のなかで整理した本も書いています．それは林（編著）の *著作権の法と経済学*（勁草書房，2004）および田中・林（編著）の *著作権保護期間*（勁草書房，2008）です．
　引用の問題は，すでに，あなたがたも理解したと思いますが，著作権制度のなかに納まりきるものではありません．その意味で，この課題を考えるためには，著作権法を相対化してみる必要があります．林の本はこのために役立つものと確信します．

18　名和小太郎，*学術情報と知的所有権：オーサシップの市場化と電子化*（東京大学出版会，2002）．
　最後に自己宣伝めきますが，名和自身の本を紹介させてください．この本の表紙カバーは私がデザインしたのですが，表紙の真ん中に天使を肩に担いだ僧侶の絵があります．この絵は，シャルトルのステンドグラスからとったもので，そのタイトルは *巨人の肩の上* というものです．「巨人たちの肩の上」の意味についてはすでに第1章，第9章に紹介しました．
　つぎに，この絵の周囲に，A，T，C，G をランダムに並べたアルファベット列を置きました．これはヒトの DNA 配列について最初に認められた米国特許（5,817,479）から引用したものです．こちらの引用の意味も自明でしょう．
　ということで，このカバーは，学術情報の共有性と市場性とがこの本のテーマになっていることを示しています．なお，12世紀のステンドグラスのデザインには著作権はありませんし，特許の図面は米国政府の情報ですので，これにも著作権はありません．自由に利用できます．
　この本の各論にあたるものとして，名和の *サイバースペースの著作権*（中央公論社，1996）および *情報の私有・共有・公有：ユーザーから見た著作権*（NTT出版，2006），また，基礎論にあたるものとして，名和 *ディジタル著作権：二重標準の時代へ*（みすず書房，2004）があります．

索　引

アルファベット

All Rights Reserved　86
APA　43, 70, 98, 104, 115, 212
Chicago　43, 70, 98, 104, 115
DMCA　76
EBM　135
ERIH　171
『e-プリント・アーカイブ』　162, 163, 165, 195
HTML　76
ISO 15489　141
ISO 3602　180
ISO 690:1987　209
ISO 690-2:1997　209, 211
JIS X 0807:1999　209, 211
JIS X 0902-1 記録管理　141
JST　140, 165, 169, 210, 211
J-STAGE　169
J-STAGE 推奨基準　140, 211
Mimeo　21
MLA　43, 70, 71, 98, 104, 115, 210, 212
NIH　140, 166, 170, 183
passim　102
PLoS　165-167
Publish or Perish　120
RFC　82
『Science』　108, 112
SIST　209, 210
SIST 02:2007 参照文献の書き方　210
SIST 02:2007（補遺）　211
Some Rights Reserved　86
SPARC　160, 166
transformative　78
URL　70, 73, 75
Web2.0　78, 180, 193-195
Who Is Publishing In Science　180

ア行

アイディア　6, 13, 15-17, 21, 55, 66
アウラ　46
『アーカイブ』　163　→　『e-プリント・アーカイブ』を見よ
アクセス　11
『アーツ・アンド・ヒューマニティズ・サイエンス・サイテーション・インデックス』　187
アップロード　163, 170
『イエール・ロー・ジャーナル』　129
意匠権　116
イタリック（斜体）　112
インゲルフィンガーの原則　195
インセンティブ（ヴ）　14, 46, 64
インタレスト・グループ　82
『インデックス・メディカス』　146
インデキシング・マニュアル　189, 190
インパクト・ファクター　128, 133, 160, 187, 194, 197
引用して利用　28, 31
引用のコピー　57, 176
引用符　4, 17
引用文献　97, 109, 116, 142, 186, 188, 192
インライン・リンク　75
ウィキペディア　58, 71, 196
ウィンジェル，リチャード J.　127
ウェブ・オブ・サイエンス　191
ウェブ・サイト　61
ウェブ 2.0　→　Web2.0 を見よ
ウェブ・ログ　70
エコ，ウンベルト　127, 140
エニグ，ジャン＝リュック　217
エポニミー　144
エルゼビア　160, 161, 167, 181, 191
エルドレッド　26
エルドレッド事件　27

索　引

エンバーゴ　166
『オーガニック・レターズ』　160
オークション　31, 50
奥付　121
オーサーシップ　155, 158, 172, 176-179, 182
お勧め方式　104
オーソリティ　129, 135, 139, 142
オープン・アクセス　163, 165-167, 170
オープン・アクセス・ジャーナル　167, 170
オープン化　→　オープン・アクセスを見よ
オリジナリティ　125, 145, 217
オリジナル　43, 63

カ行

該当ページ　104
改変　54
　意に反する——　53
　やむを得ない——　53
科学技術情報流通規格　→　SIST を見よ
科学技術振興機構　→　JST を見よ
ガーフィールド，ユージン　186, 215
『カレント・コンテンツ』　186
機関リポジトリ　167
企業秘密　134, 150, 154, 155, 177
偽造　137-140, 184, 216
木下是雄　126, 127
脚注　13
キャッシュ　75
キャッシュト・リンク　75
寄与　10, 145
共同著作物　85
巨人たちの肩の上　143, 149, 150
許諾　7, 22, 31, 33, 54, 65, 66, 105
　黙示の——　76
ギンスバーグ，ポール　162, 195
禁転載　40
グーグル　157, 187, 188, 191, 196
グーグル・スカラー　191, 196, 211
グッドマン，ネルソン　214
クノー，レーモン　217
倉田敬子　215
クリエイティブ・コモンズ　170

クレジット　107, 159, 178, 179
クロスレフ　165
経済スパイ法　154, 155
計量文献学　215, 216
研究図書館協会（SPARC）　160
検索　3, 61, 164, 166, 188-192, 194, 196
検索エンジン　157, 190
検索エンジン最適化　197
検索語　141, 189-191
検証・反証　11, 118
現代言語協会（米国）　→　MLA を見よ
『現代思想』　159
権利の制限　86
権利の不行使　84
権利保護期間　25, 26, 29
言論の自由　26, 117
原文のまま　38, 39
コア・ジャーナル　136, 160, 184-186, 189-191, 197
公衆送信　73
公衆送信権　72
公正な慣行　29, 31, 37, 52, 67
公正な利用　64
公表　20, 21, 28, 29, 67, 81, 107, 120
コクラン・プロジェクト　138
国立医学図書館（米国）　210
国立衛生研究所（米国）　→　NIH を見よ
国立情報学研究所　165
孤児の著作物　177
国会図書館　169
固定　45, 46
コピー・アンド・ペースト（コピペ）　2, 19, 57, 58, 61
コピーライト・クリアリング・センター（CCC）　168
コペルニクス的転回　12

サ行

『サイエンス』　95, 129, 136, 158, 183, 184, 187
サイエンス・ウォーズ　137
『サイエンス・サイテーション・インデクス』　128, 133, 142, 181, 185-187, 194, 197, 215

索　引　　　223

サイト・ライセンス　161, 169, 171
査読　96　→　ピア・レビューを見よ
サーベイ　8, 38
サーベイ論文　12
サムネイル画像　75, 77
参考文献　97
参照型引用　47
シェパードのサイテーション法　186
自己アーカイビング　167, 170, 196
事実　17, 134, 149-151, 153
思想　13, 152, 153
『思想』　159
執筆者倫理　10
私的使用　66, 67
支分権　49
清水幾太郎　217
氏名表示権　12, 33, 74
借用　29
シャックマン, ハワード K.　148
『ジャーナル・オブ・バイオロジカル・ケミストリ』　149
シャルトルのベルナール　150
集合知　196
集合著作物　85
取材源の秘匿　117
主従関係　21, 32, 33, 35, 68
出所　11, 28, 32, 36, 67, 121
出典　11, 13, 17, 32, 41, 43, 57, 58, 80, 96
出版地　115
『ジュリスト』　159
商業出版社　159, 161, 163-165, 167-169, 171, 191, 194, 209
消尽　49, 50, 63
消尽理論　27
商標権　116
書誌情報　100
　全──　98
書誌データ　121, 126, 130, 209-211
シリアル・クライシス　159, 160
人格権　12
深層リンキング　72
シンダーマン, カール J.　182, 183, 216

スカラー・コモンズ　170
スコープス　191
スタンフォード大学　148
スティビッツ, V.　146
スポンサーシップ費　167
正当な範囲内　29, 32, 33, 37, 52, 67
生物医学雑誌への統一投稿規定　129, 130, 135, 136, 140, 141, 155, 176-178, 183
節録引用　22, 36
先取権　140
先取性　125, 145, 155, 158
送信可能化　69, 81
送信可能化権　72
ソーカル, アラン　136, 137
ソシアル・サイエンス・サイテーション・インデクス　187
ソシアル・テキスト　136
ソロス, G. R.　166

タ行

第一著者　142, 182, 183　→　筆頭著者を見よ
ダウンロード　155, 163, 166, 168, 169, 210, 211
ただ乗り（free ride）　11
チェビシェフ, ペー・エル　180
注記　99
著作権管理団体　168
著作権の制限　65
著作権の放棄　84
著作権フリー　30
著作者人格権　28, 33, 34, 37, 53, 54, 68, 98
著作物性　22, 104
ディスカッション・ペーパー　9
デジタル・オブジェクト・アイデンティファイアー　194
デジタル財　64
データ　17, 118, 153, 154
データベース　55, 85
データベース供託ポリシー　136
撤回　139-141
撤回声明　139, 140

テトラヘドロン・レターズ　160
デファクト　82
デュラック，デービッド T.　146
電気・電子技術者協会（米国）　210
典拠コントロール　179
典拠ファイル　179, 196
展示権　49
電子ジャーナル　157, 161-163, 166, 168, 169, 192, 211
電子出版　82
テンプレート　13, 94, 112
伝聞　56, 57
同一性保持権　33, 39, 53, 54, 74
統一投稿規定　→　生物医学雑誌への統一投稿規定を見よ
投稿規定　96, 132, 158, 168
盗作　5, 18
盗用　5, 6
ドキュメント・デリバリー・サービス　169
独創　7
独創性　8, 15, 38, 107
図書館　160, 161, 164, 168, 169, 179, 185, 189, 194, 209
ド ソラ プライス, D.　146
トムソン・サイエンティフィック　181
特許権　13, 134, 149, 150, 152, 153, 155, 177, 196
特許法　153
ドッグ・イヤー　82
トムソン・ロイター　191
取込型引用　47, 48, 78

ナ行

中村研一　127
中村稔　214
二次的著作物　15, 54, 105, 107
『ニューイングランド・ジャーナル・オブ・メディスン』　129, 184, 187, 195
ニュートン，アイザック　143, 149, 150
『ネイチャー』　127, 131, 132, 139, 153, 158, 170, 176, 178, 180, 181, 184, 187

ハ行

『バイオメド・セントラル』　170
バイ・ドール法　148
ハイパーテキスト　63, 165
ハウツー　2, 15
白楽ロックビル　180, 216
パスティーシュ　48
ハッチオン，リンダ　137, 218
バナール，J. D.　146
『ハーバード・ロー・レビュー』　129, 132
『パブメド』　140, 183
『パブメド セントラル』　166
パブリック・ドメイン　29, 81
バミューダ合意　167
パラダイム　12
バリュー・チェーン　12
パロディ　15, 21, 31, 42, 48, 55, 136-138, 148
ハント，F.　214
ピア・レビュー　9, 136, 137, 140, 147, 153, 155, 157, 158, 160, 162, 163, 170, 184, 195, 196　→　査読を見よ
非競合性　24
額に汗　27
ビッグ・ディール　161, 164
筆頭著者　120　→　第一著者を見よ
非排他性　24
ヒト・ゲノム計画　154, 167, 181, 183
表現　13, 14, 16, 17, 55, 66, 134, 149-152
　ありふれた──　66, 151
標準化　209, 210
剽窃　5, 7, 9, 55, 137, 138, 140, 141, 213, 217
『フィジカル・レビュー』　173
フェア・ユース　49, 54, 76, 78, 170
敷衍　213
フォトコピー　155, 168, 169, 189
『フォーリン・アフェアーズ』　159
フォークソノミー　193
複製　44, 45, 154
複製権　45, 72
藤田節子　210
不正競争防止法　154

ブダペスト・オープン・アクセス・イニシアティブ　166
フック，R.　149, 150
ブラウジング　186, 188, 192
ブラッドフォードの法則　185, 186
『ブリティッシュ・メディカル・ジャーナル』　195
ブルックス，テレンス A.　173
『ブルーブック』　99, 129, 130, 141, 172, 183
プレプリント　9, 21, 162, 189
フレーム内リンク　74
文化の発展　23
文理解釈　51
米国化学会（ACS）　160, 195, 210
米国心理学会　→　APA を見よ
米国統計協会　167
米国物理学会　177, 181
ヘクスター，J. H.　125, 126
ページ数の示し方　102, 112
ページ・チャージ　157
ページランク　187, 188, 196
ベルヌ条約　45
編集者　119
編集著作物　54, 85
報道型引用　47
邦訳　115
保護期間　14, 65, 66
保護水準　24
ポータル　165
ポッド・キャスト　70
ボルヘス，ホルヘ ルイス　194
翻案　15, 42, 51, 54, 55, 107
本歌取り　41, 48
翻訳　50
翻訳引用　53

マ行

孫引き　56, 57, 126, 214
マタイ効果　161
マートン，ロバート K.　126, 144, 145, 149, 158, 215
マニュアル　2
ママ　40
丸山真男　132
みなす　81
明瞭区別性　33, 35, 68
無断　5, 7, 22
無断複製　138
メモ　21, 83
メーリング・リスト　70, 81
モノグラフ　131, 132, 156
モンタージュ　34

ヤ行

山内士朗　127
山崎茂明　216
要旨引用　51
要約引用　33, 51–53
米沢善博　218

ラ行

ライブ　46
ラベッツ，ジェローム R.　133, 137, 138, 172, 173, 186
ラポルテ，ロナルド E.　195
『ランセット』　129
利益相反　10
リーナスの法則　139
リンク　72
レフェリー　9
『レビュー・オブ・モダン・フィジクス』　187
レーリ，J. W. S.　146
ロング・テール　185, 191
論文撤回　10　→　撤回を見よ

ワ行

ワインバーガー，デビッド　220

著者略歴

林　紘一郎（はやし　こういちろう）
1941年，台湾に生まれる。
東京大学法学部卒業。経済学博士，博士（法学）。
現在，情報セキュリティ大学院大学学長。
主著，『著作権の法と経済学』（編著，勁草書房，2004年），『情報メディア法』（東京大学出版会，2005年），『進化するネットワーキング』（共著，NTT出版，2006年），『倫理と法──情報社会のリテラシー』（共著，産業図書，2008年）ほか

名和小太郎（なわ　こたろう）
1931年，東京都に生まれる。
東京大学理学部卒業。工学博士。
現在，情報セキュリティ大学院大学特別研究員。
主著，『学術情報と知的所有権』（東京大学出版会，2002年），『ゲノム情報はだれのものか』（岩波書店，2002年），『ディジタル著作権』（みすず書房，2004年），『個人データ保護』（みすず書房，2008年）
日本経営協会文献賞，日本規格協会文献賞，情報処理学会ベストオーサ賞，大川情報通信基金出版賞，日本社会情報学会文献賞

引用する極意　引用される極意
2009年4月15日　第1版第1刷発行

著者　林　紘一郎（はやし　こういちろう）
　　　名和小太郎（なわ　こたろう）

発行者　井村寿人

発行所　株式会社　勁草書房
112-0005　東京都文京区水道2-1-1　振替　00150-2-175253
（編集）電話 03-3815-5277／FAX 03-3814-6968
（営業）電話 03-3814-6861／FAX 03-3814-6854
本文組版　プログレス・堀内印刷所・中永製本

©HAYASHI Koichiro, NAWA Kotaro　2009

ISBN978-4-326-00033-3　　Printed in Japan

JCLS ＜㈱日本著作出版権管理システム委託出版物＞
本書の無断複写は著作権法上での例外を除き禁じられています。複写される場合は，そのつど事前に㈱日本著作出版権管理システム（電話03-3817-5670，FAX03-3815-8199）の許諾を得てください。

＊落丁本・乱丁本はお取替いたします。
　　　http://www.keisoshobo.co.jp

田中辰雄・林紘一郎 編著
著作権保護期間
延長は文化を振興するか？

A 5 判／3,150円
ISBN978-4-326-50308-7

林紘一郎 編著
著作権の法と経済学

A 5 判／4,095円
ISBN978-4-326-50253-0

半田正夫・松田政行 編
著作権法コンメンタール（全3巻）

1巻　1条〜22条の2　　　　　　　　　A 5 判／9,450円
ISBN978-4-326-40252-6

2巻　23条〜90条の3　　　　　　　　A 5 判／9,450円
ISBN978-4-326-40253-3

3巻　91条〜124条，附則，著作権等管理事業法　A 5 判／9,450円
ISBN978-4-326-40254-0

勁草書房刊

＊表示価格は2009年4月現在。消費税は含まれております。